清宫林則徐檔案匯編

7

中國第一歷史檔案館
福建省林則徐研究會
編

海峽出版發行集團
海峽文藝出版社

第七册 目録

江蘇巡撫林則徐題本	審明興化縣民人樊文沅與葉李氏通姦謀殺本夫案分别定擬	道光十三年九月初九日 一八三三年十月二十一日	四〇二
兩江總督陶澍江蘇巡撫林則徐奏摺	審明高成煦蔑倫殺父案擬凌遲梟首（污損）	道光十三年九月十二日 一八三三年十月二十四日	四二六
兩江總督陶澍江蘇巡撫林則徐奏片	委任王夢齡署理海州知州（污損）	道光十三年九月十二日 一八三三年十月二十四日	四三一
兩江總督陶澍江蘇巡撫林則徐奏摺	請以鍾承露調署銅山縣知縣盧元良調署甘泉縣知縣（污損）	道光十三年九月十五日 一八三三年十月二十七日	四三二
江蘇巡撫林則徐題本	題參蕭縣知縣趙毓丹等疎防命案屆滿逃兇無獲（蟲蛀）	道光十三年九月十九日 一八三三年十月三十一日	四三八
江蘇巡撫林則徐題本	核銷上元等州縣衛道光十一年被水災民等撫恤賑濟錢糧（首缺）	道光十三年九月十九日 一八三三年十月三十一日	四四六
江蘇巡撫林則徐題本	題參丹徒縣知縣景壽春等疎防行舟被劫屆滿贓犯無獲	道光十三年十月初六日 一八三三年十一月十七日	四八四
江蘇巡撫林則徐題本	題參睢寧縣知縣劉與權等疎防命案限滿兇犯無獲	道光十三年十月初六日 一八三三年十一月十七日	四九〇
江蘇巡撫林則徐題本	題參睢寧縣知縣劉與權等疎防遠湖窯井命案屆滿兇犯無獲	道光十三年十月初六日 一八三三年十一月十七日	四九六
江蘇巡撫林則徐題本	題參署泰州知州劉文澈等疎防命案屆滿兇犯無獲	道光十三年十月初六日 一八三三年十一月十七日	五〇三

上諭　陶澍林則徐違例著交部議處

道光十三年六月二十三日奉
旨據吏部奏陶澍等請以陳煦補授江蘇鎮江府知
府查鎮江府係請旨要缺例不准在外奏補前出
有江西瑞州府選缺既據該督等扣留以陳煦擬
補應即照例具題兹復請補鎮江府知府前後那
移顯為擇缺起見請將陳煦撤回等語所駁甚是陳
煦著即撤回該督等仍照原題另疏請補瑞州府
知府以符定例所有陶澍林則徐違例奏請之處
著交部照例議處欽此

江蘇巡撫林則徐題本　**題請以時功栂坐補吴江縣知縣**

該部議奏

題

兵部侍郎兼都察院右副都御史巡撫江蘇等處地方提督軍務總理糧儲臣林則徐謹

題爲詳請

題補事據蘇州布政使陳鑾會同江蘇按察使額

騰伊詳稱竊照請陞吳江縣知縣周恭壽因經

徵道光肆伍陸等年漕項銀兩未完先後奉議

降調革職開缺嗣將漕項銀兩全完

題請開復

奏請仍留吳江縣本任業經奉

旨允准旋經部議因開復具題日期已在知照開缺

部行照限減半以外與例不符奏明請

旨將周恭壽撤回仍令引

見吳江縣缺應令時功栴坐補各等因在案所有吳

江蘇巡撫林則徐題本　題請以時功栴坐補吳江縣知縣
道光十三年六月二十八日

江縣知縣員缺係衝繁難兼三要缺例應在外
揀選調補現有在省坐補之員應即請補查有
坐補吳江縣知縣時功栴年伍拾柒歲山東濟
寧州人由甲子科舉人戊辰科中式進士引
見奉
旨以知縣即用分發浙江
題補奉化縣知縣調補鄞縣知縣丁憂服滿赴部
引
見奉
旨發往安徽差遣委用欽此
題補廬江縣知縣迴避對調江蘇宜興縣知縣調
補吳江縣知縣於道光柒年陸月初肆日到任

告病開缺因短交緩漕行月米石被參限内全
完開復病痊并案給咨赴部引
見奉
旨時功栴著准其開復照例坐補原缺欽此道光拾
貳年肆月初伍日到省覆查該員年健才明熟
諳吏治堪以坐補吴江縣知縣與例相符相應
詳候會
題再該員係坐補知縣令補原缺無庸送部引
見合並聲明等情到臣據此該臣查得請陞吴江縣
知縣周恭壽因經徵道光肆伍陸等年漕項銀
兩未完先後奉議降調革職開缺嗣將漕項銀
兩全完

江蘇巡撫林則徐題本　題請以時功栴坐補吳江縣知縣

道光十三年六月二十八日

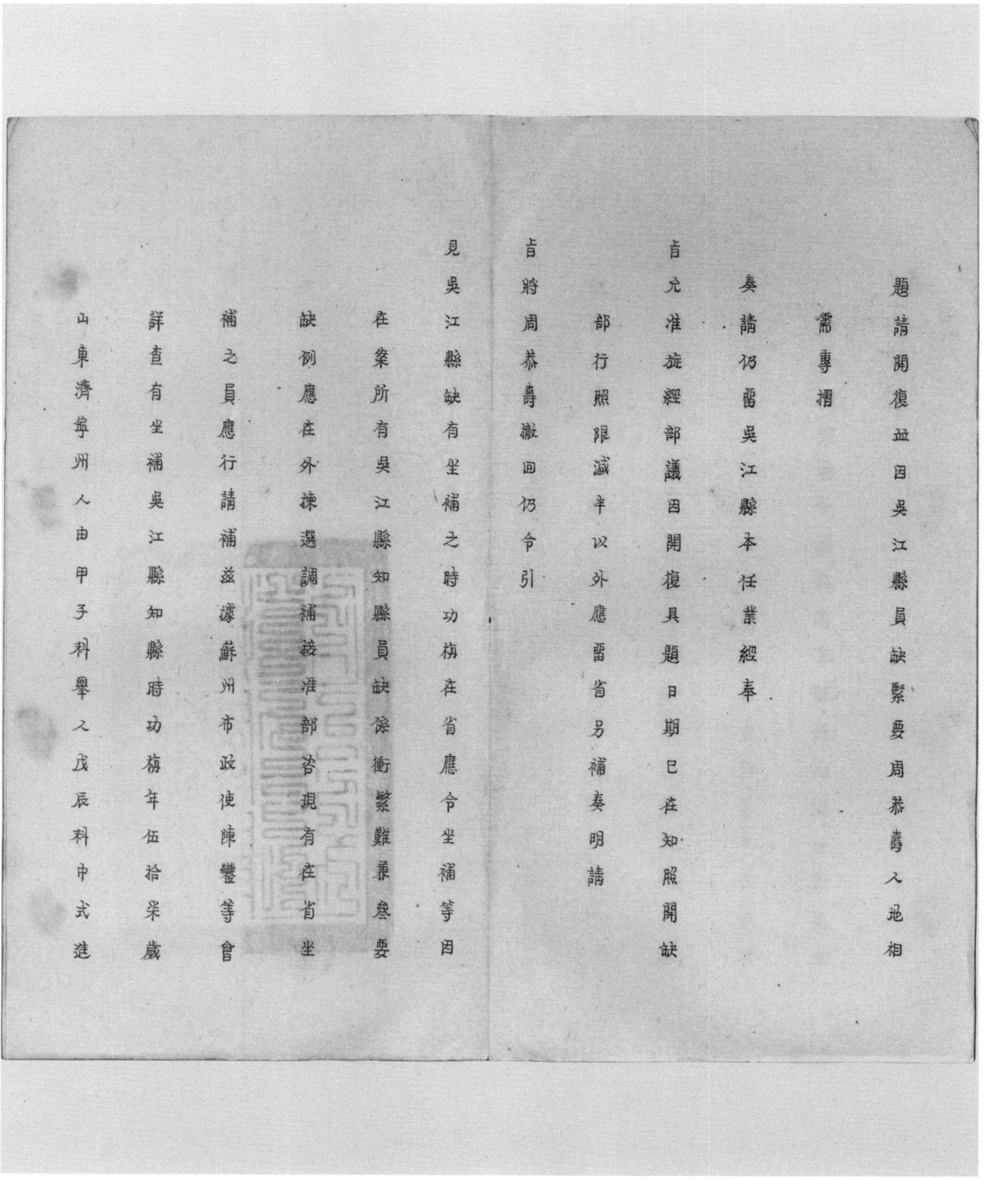

題請開復並因吳江縣員缺緊要周恭壽人地相
需專摺
奏請仍留吳江縣本任業經奉
旨允准旋經部議因開復具題日期已在知照開缺
部行照限減半以外應留省另補奏明請
旨將周恭壽撤回仍令引
見吳江縣缺有坐補之時功栴在省應令坐補等因
在案所有吳江縣知縣員缺係衝繁難兼三要
缺例應在外揀選調補核准部咨現有在省坐
補之員應行請補茲據蘇州布政使陳鑾等會
詳查有坐補吳江縣知縣時功栴年伍拾柒歲
山東濟寧州人由甲子科舉人戊辰科中式進

士引
見奉
旨以知縣即用分發浙江
題補奉化縣知縣調補鄞縣知縣丁憂服滿赴部
引
見奉
旨發往安徽差遣委用欽此
題補廬江縣知縣迴避對調江蘇宜興縣知縣調
補吳江縣知縣於道光柒年陸月初肆日到任
告病開缺因短交緩漕行月米石被參限內全
完開復病痊并案給咨赴部引
見奉

旨時功栫著准其開復照例坐補原缺欽此道光拾
貳年肆月初伍日到省覆查該員年健才明熟
諳吏治堪以坐補吳江縣知縣與例相符詳請
會
題前來臣查時功栫係部議行令坐補之員應即
遵照部文具
題請補吳江縣知縣無庸送部引
見謹會同兩江總督臣陶澍合詞具
題伏乞
皇上聖鑒敕部核覆施行謹題請
旨

江蘇巡撫林則徐題本　題請以時功栴坐補吳江縣知縣
道光十三年六月二十八日

……地方提督軍務總理糧餉臣林則徐

兵部侍郎兼都察院右副都御史巡撫江蘇等處地方提督軍務總理糧餉臣林則徐謹

題爲詳請

題補事。該臣查得請陞吳江縣知縣周恭壽因經

徵道光肆伍陸等年漕項錢糧未完，先後奉議

降調、革職、開缺，嗣將漕項錢糧全完，

題請開復，並因吳江縣員缺緊要，周恭壽人地相

需，專摺

奏請仍留吳江縣本任，業經奉

旨允准，旋經部議，因開復具題日期已在知照開缺

部行限滿半以外，應留省另補，奏明請

旨將周恭壽撤回，仍令引

見。吳江縣缺有坐補之時功栴在省應令坐補等因

在案所有吳江縣知縣員缺係衝繁難兼四要
缺例應在外揀選調補茲准部咨現有在省坐
補之員應行請補茲據蘇州布政使陳鑾等會
詳查有坐補吳江縣知縣時功栴年伍拾柒歲
山東濟寧州人由甲子科舉人戊辰科中式進
士引
見奉
旨以知縣即用分發浙江
題補奉化縣知縣調補鄞縣知縣丁憂服滿赴部
引
見奉
旨發往安徽差遣委用欽此
題補廬江縣知縣迴避對調江蘇宜興縣知縣調
補吳江縣知縣於道光柒年陸月初肆日到任
告病開缺因短交被漕行月米石被參限內全
完開復病痊并案給咨赴部引
見奉
旨時功栴著准其開復照例坐補原缺欽此道光拾
貳年肆月初伍日到省覆查該員年健才明熟
諳吏治堪以坐補吳江縣知縣詳請會
題前來臣查時功栴係部議行令坐補之員應即
遵照部文具
題請補吳江縣知縣謹會題請
旨

江蘇巡撫林則徐題本

題參署嘉定縣知縣姚大成等疏防行舟被劫限滿贓犯無獲

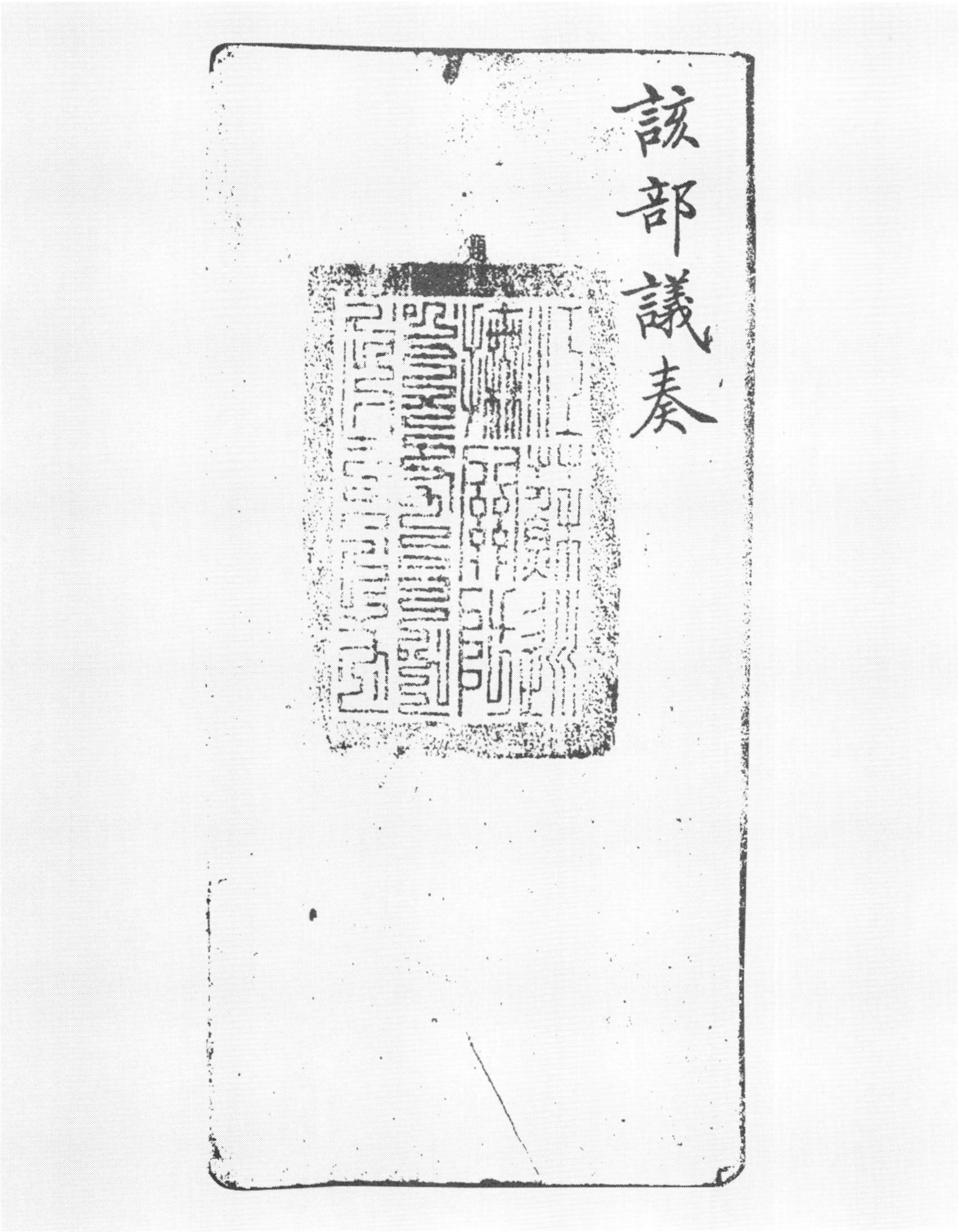
該部議奏

江蘇巡撫林則徐題本　題參署嘉定縣知縣姚大成等疏防行舟被劫限滿贓犯無獲

道光十三年六月二十八日

兵部侍郎兼都察院右副都御史巡撫江蘇等處地方提督軍務總理糧儲臣林則徐謹

題爲詳參疏防文職事據江蘇按察使顏鶚伊詳

稱據太倉州知州李正鼎詳據嘉定縣知縣張

之杲詳稱查接管卷内道光拾貳年拾貳月拾

柒日據上海縣民陳永廷稟稱身駕船生理

拾貳月拾伍日船至縣境吳淞江内被匪柒個

人持械上船打開艙板刦去洋錢叁百叁拾叁

圓并制錢貳拾千文報候勘緝等情到縣據經

前署縣姚大成會營詣訊失事處所勘得吳淞

江係東西通行大江該船停泊南岸查驗船内

木櫃蓋有毀破痕跡勘畢提訊事主船夥人等

供與報詞相同選差勒緝一面錄供通詳蒙批

江蘇巡撫林則徐題本　題參署嘉定縣知縣姚大成等疏防行舟被劫限滿贓犯無獲

道光十三年六月二十八日

緝參在案。茲查疏防限滿，贓盜無獲，合將印捕
職名開報等情，由州道造冊，詳請督撫兼轄職
名前來。除飭勒緝贓盜務獲究報外，該江蘇按
察使額騰伊查得嘉定縣事主陳永廷行舟被
劫錢洋，查案疏防例限肆箇月，應以道光拾貳
年拾貳月拾伍失事之日起，扣至拾叁年肆月
拾伍日滿，贓盜無獲。所有文職疏防職名，印官
係署嘉定縣知縣姚大成，捕官係署嘉定縣縣
丞湯殿芳，督捕係不同城太倉州州同于翼如，
督緝係不同城署太倉州事候補通判吳尚忠，
兼轄係不同城分巡蘇松太道吳其泰。查捕官
湯殿芳已於拾叁年叁月貳拾柒日未經限滿

之先卸事印官姚大成於拾叁年肆月初捌日
卸事督緝知州吴尚忠亦於拾叁年正月拾伍
日卸事均係署事人員不復回任應請議結現
署縣丞陳經及現任知縣張之杲應俟接緝限
滿有無獲犯另行詳參現任知州李正鼎係接
督緝之員例無處分相應聲明開報詳候核參
再此案失事處所離城叁拾陸里離汛貳拾里
並無塘汛防兵合并聲明等情到臣據此該臣
查得嘉定縣事主陳永廷行舟被劫鐵洋壹案
疏防例限肆個月應以道光拾貳年拾貳月拾
伍失事之日起扣至拾叁年肆月拾伍日滿贓
盜無獲開列疏防職名請參前來除飭勒緝贓

盗務獲究報外所有文職疏防職名印官係署
嘉定縣知縣姚大成捕官係署嘉定縣縣丞湯
殿芳督捕係不同城太倉州州同于翼如督緝
係不同城署太倉州事候補通判吴尚忠兼轄
係不同城分巡蘇松太道吴其泰相應列恭聽
候部議查捕官湯殿芳已於拾叁年叁月貳拾
柒日未經限滿之先卸事印官姚大成於拾叁
年肆月初捌日卸事督緝知州吴尚忠亦於拾
叁年正月拾伍日卸事均係署事人員不復回
任應行議結現署縣丞陳經及現任知縣張之
杲應俟接緝限滿有無獲犯另行咨參現任知
州李正鼎係接督緝之員例無處分再此案失

江蘇巡撫林則徐題本　題參署嘉定縣知縣姚大成等疎防行舟被劫限滿贓犯無獲
道光十三年六月二十八日

事處所離城叁拾陸里離汛貳拾里並無墩鋪
防兵合並陳明謹具
題伏乞
皇上聖鑒勅部議覆施行謹題請
旨

道光[illegible]地方提督軍務兼理糧餉臣林則徐

江蘇巡撫林則徐題本　題參署嘉定縣知縣姚大成等疏防行舟被劫限滿贓犯無獲　道光十三年六月二十八日

兵部侍郎兼都察院右副都御史巡撫江蘇等處地方提督軍務兼理糧餉臣林則徐謹
題爲詳參疏防文職事該臣查得嘉定縣事主陳
永廷行舟被劫錢洋壹案疏防例限肆箇月應
以道光拾貳年拾貳月拾伍日失事之日起扣至
拾叁年肆月拾伍日滿賊盜無獲開列疏防職
名請參前來除飭勒將賊盜務獲究報外所有
文職疏防職名印官係署嘉定縣知縣姚大成
捕官係署嘉定縣縣丞湯殿芳督捕係不同城
太倉州州同于龔如督緝係不同城署太倉州
事候補通判吳尚忠兼轄係不同城分巡蘇松
太道吳其泰相應列參聽候部議謹題請
旨

江蘇巡撫林則徐題本

題參碭山縣知縣唐汝明等疏防竊案限滿贓犯無獲（首缺）

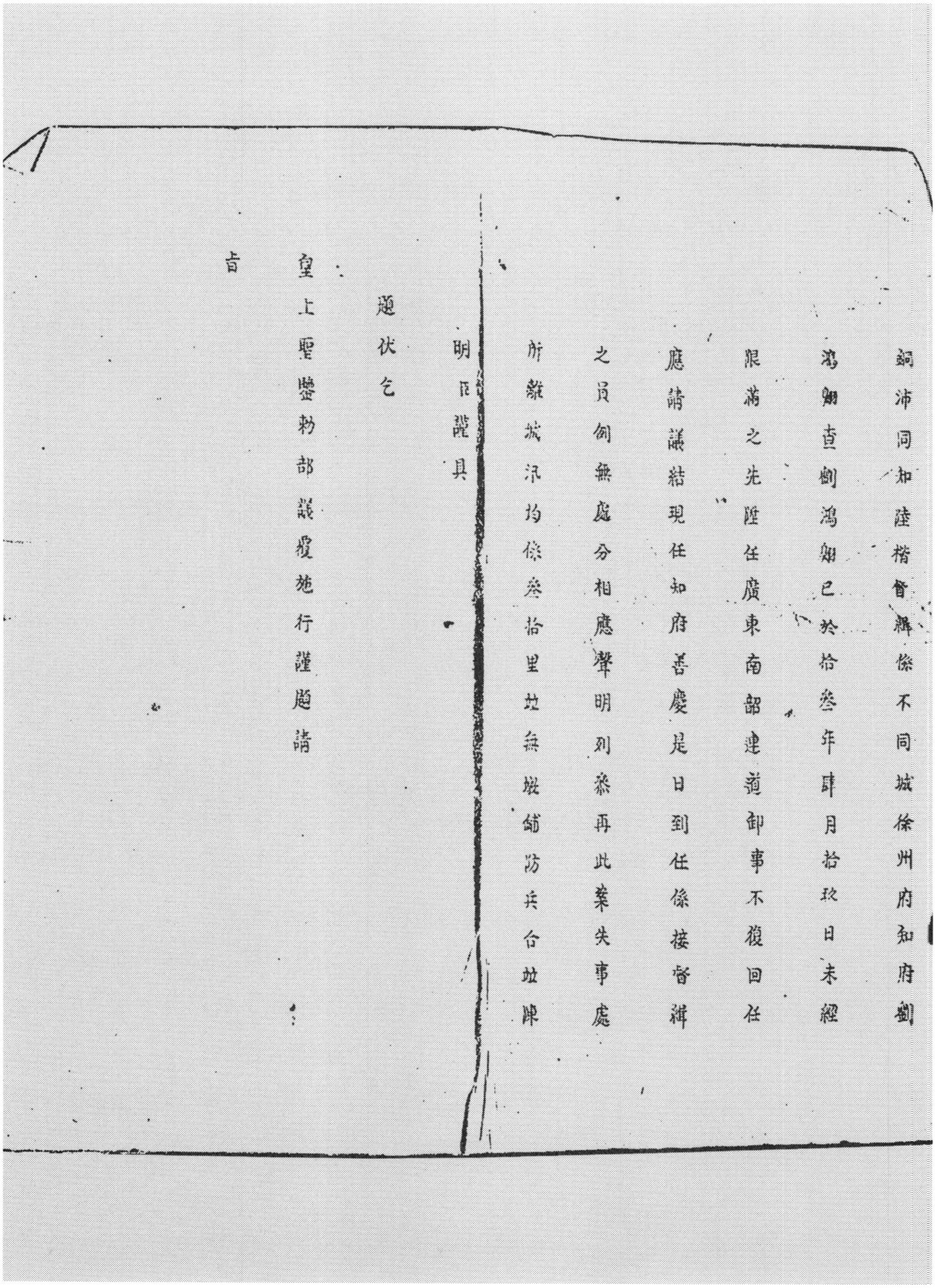
銅沛同知陸楷督緝係不同城徐州府知府劉
鴻翱查劉鴻翱已於拾叁年肆月拾玖日未經
限滿之先陞任廣東南部連道卸事不復回任
應請議結現任知府善慶是日到任係接督緝
之員例無處分相應聲明列參再此案失事處
所離城汛均係叁拾里並無縱舖防兵合併陳
明臣謹具
題伏乞
皇上聖鑒勑部議覆施行謹題請
旨

江蘇巡撫林則徐題本　題參碭山縣知縣唐汝明等疏防竊案限滿贓犯無獲

道光十三年六月二十八日

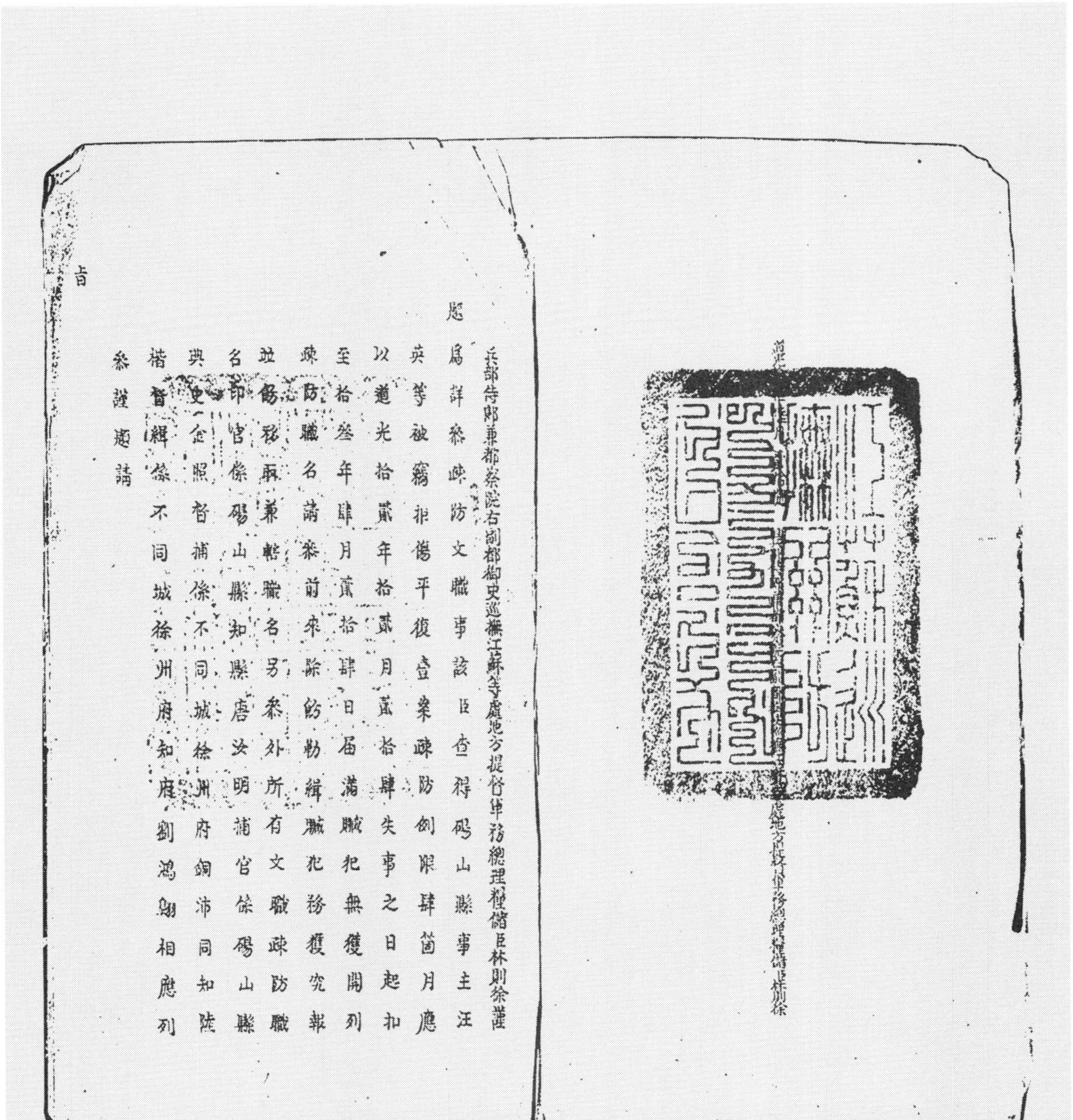
兵部侍郎兼都察院右副都御史巡撫江蘇等處地方提督軍務總理糧儲臣林則徐謹
題為詳參疏防文職事。該臣查得碭山縣事主汪
英等被竊非傷平復壹案，疏防例限肆箇月，應
以道光拾貳年拾貳月貳拾肆失事之日起扣，
至拾叁年肆月貳拾肆日屆滿，贓犯無獲，開列
疏防職名請參前來。除飭緝贓犯務獲究報，
並飭移取兼轄職名另參外，所有文職疏防職
名：印官係碭山縣知縣唐汝明，捕官係碭山縣
典史金照，督捕係不同城徐州府銅沛同知陸
楷，督緝係不同城徐州府知府劉鴻翱，相應列
參。謹題請
旨。

江蘇巡撫林則徐題本　原參江浦縣知縣馮應渭經徵道光八九兩年地丁錢糧全完請開復

道光十三年六月二十八日

江蘇巡撫林則徐題本　**原參江浦縣知縣馮應渭經徵道光八九兩年地丁錢糧全完請開復**

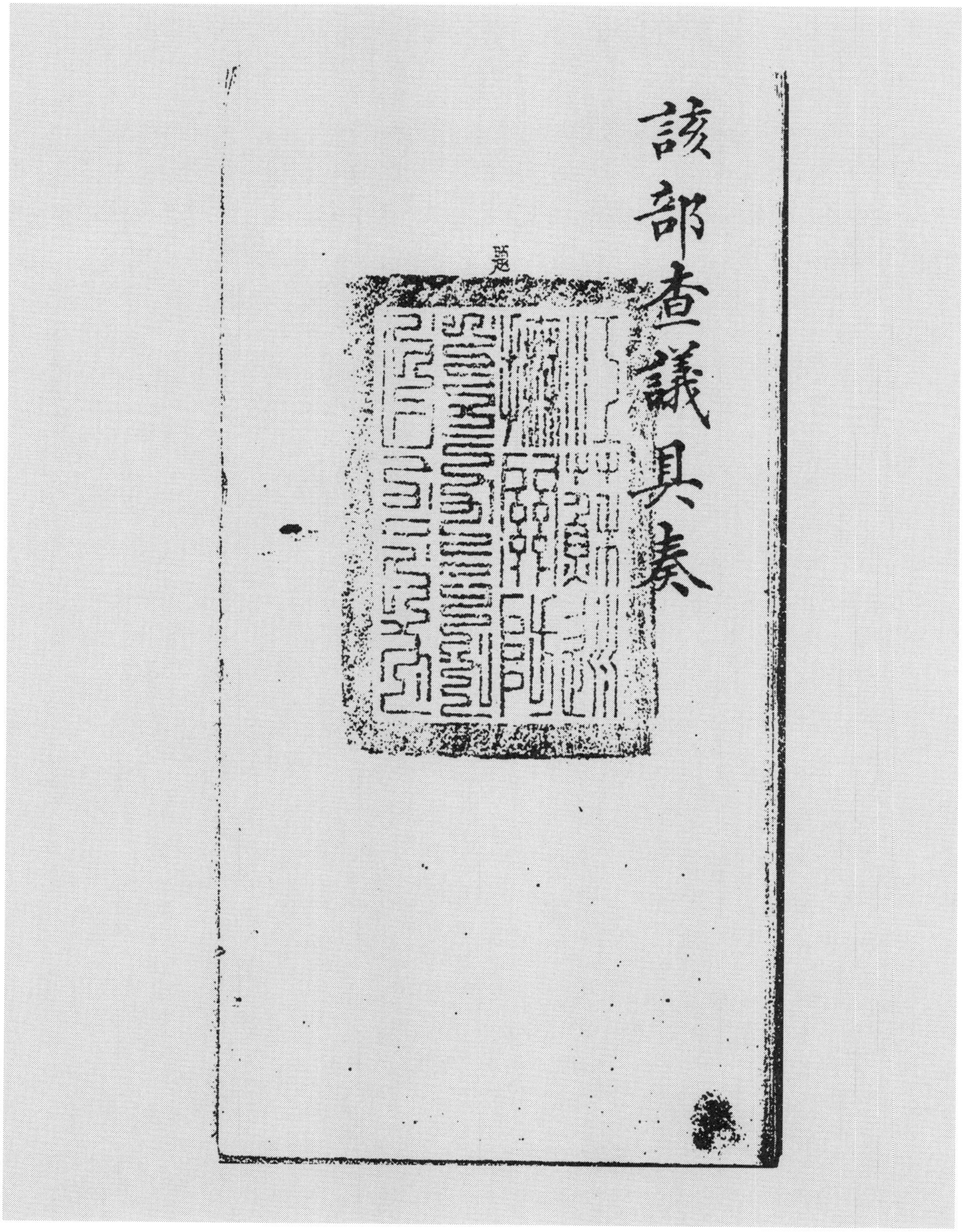

江蘇巡撫林則徐題本　原參江浦縣知縣馮應渭經徵道光八九兩年地丁錢糧全完請開復

道光十三年六月二十八日

兵部侍郎兼都察院右副都御史巡撫江蘇等處地方提督軍務總理糧儲臣林則徐謹

題為經徵錢糧照數全完

題請開復事據江寧布政使趙盛奎詳稱竊照江

寧省道光捌年分地丁未完奏銷冊報江浦縣

經徵知縣馮應渭未完熟田壹分伍釐米壹千

壹百柒拾叁石柒斗伍升又道光玖年分地丁

未完奏銷冊報江浦縣經徵知縣馮應渭未完

熟田壹分壹釐米捌百捌石陸斗貳升又道光

拾年分地丁未完奏銷冊報江浦縣經徵知縣

馮應渭未完熟田壹分陸釐米壹千貳百伍拾

玖石肆斗叁升捌合肆勺前於各該年奏銷案

內彙案開參奉准部議道光捌年分未完項下

未完壹分以上之江浦縣知縣馮應渭罰俸陸
箇月戴罪催徵完日開復道光玖年分未豆項
下未完壹分以上之江浦縣知縣馮應渭罰俸
陸箇月戴罪催徵完日開復道光拾年分未完
壹分以上之江浦縣知縣馮應渭罰俸陸箇月
戴罪催徵完日開復等因在案今催據該縣將
前項捌玖兩年未完米石照數續行徵解全完
所有奉議罰俸戴罪催徵之案相應詳候具
題開復至道光拾年分奏銷原報未完米壹千貳
百伍拾玖石肆斗叁升捌合肆勺除已據續完
米伍拾壹石尚有未完米壹千貳百捌石肆斗
叁升捌合肆勺因該縣道光拾壹年被水成災

江蘇巡撫林則徐題本　原參江浦縣知縣馮應渭經徵道光八九兩年地丁錢糧全完請開復

道光十三年六月二十八日

應行展徵業經專案詳明咨部在案應俟加滿
遞緩停徵日期另行補報考成所有奉議罰俸
陸箇月之案並請具
題照案議結等情到司據此該司查得江寧省道
光捌年分地丁米豆奏銷冊報江浦縣經徵知
縣馮應渭未完熟田壹分伍釐米壹千壹百柒
拾叁石零又道光玖年分地丁米豆奏銷冊報
江浦縣經徵知縣馮應渭未完熟田壹分壹釐
米捌百捌石零又道光拾年分地丁米豆奏銷
冊報江浦縣經徵知縣馮應渭未完熟田壹分
陸釐米壹千貳百伍拾玖石零前於各該年奏
銷案內彙案開叅後准部議道光捌年分米豆

江蘇巡撫林則徐題本　原参江浦縣知縣馮應渭經徵道光八九兩年地丁錢糧全完請開復

道光十三年六月二十八日

省下未完壹分以上之江浦縣知縣馮應渭罰
俸陸箇月戴罪催徵完日開復道光玖年分未
完項下未完壹分以上之江浦縣知縣馮應渭
罰俸陸箇月戴罪催徵完日開復道光拾年分
未完壹分以上之江浦縣知縣馮應渭罰俸陸
箇月戴罪催徵完日開復等因轉行遵照去後
今據江寧布政使趙盛奎詳稱催據該縣將前
項捌玖兩年未完米石照數續行徵解全完所
有奉議罰俸戴罪催徵之案詳候具
題開復并聲明道光拾年分奏銷原報未完米壹
千貳百伍拾玖石零除已據續完米伍拾壹石
尚有未完米壹千貳百捌石零因該縣道光拾

壹年被水成災應行緩徵業經詳請咨部在案

應俟加滿遞緩停徵日期另行補報考成所有

奉議罰俸陸箇月之案並請具

題照案議結等情前來覆核無異相應具

題伏乞

皇上聖鑒勅部議覆施行謹題請

旨

江蘇巡撫林則徐題本　原參江浦縣知縣馮應渭經徵道光八九兩年地丁錢糧全完請開復

道光十三年六月二十八日

道光[illegible]方提督軍務總理糧儲臣林則徐

兵部侍郎兼都察院右副都御史巡撫江蘇等處地方提督軍務總理糧儲臣林則徐謹

題為經徵錢糧限數全完

題請開復事。該臣查得江寧省道光捌年分地丁

米豆奏銷冊報江浦縣經徵知縣馮應渭未完

熟田米壹千壹百柒拾叁石零，又道光玖年分

地丁米豆奏銷冊報江浦縣經徵知縣馮應渭

未完熟田米捌百捌石零，又道光拾年分地丁

米豆奏銷冊報江浦縣經徵知縣馮應渭未完

熟田米壹千貳百伍拾玖石零，前於各該年奏

銷案內彙案開參，接准部議，道光捌年分米豆

項下未完壹分以上之江浦縣知縣馮應渭罰

俸陸箇月，戴罪催徵，完日開復；道光玖年分米

豆項下未完壹分以上之江浦縣知縣馮應渭

江蘇巡撫林則徐題本　原參江浦縣知縣馮應渭經徵道光八九兩年地丁錢糧全完請開復
道光十三年六月二十八日

罰俸陸箇月戴罪催徵完日開復道光拾年分
未完壹分以上之江浦縣知縣馮應渭罰俸陸
箇月戴罪催徵完日開復等因轉行遵照去後
今據江寧布政使趙盛奎詳稱催據該縣將前
項捌玖兩年未完米石照數續行徵解全完所
有奉議罰俸戴罪催徵之案詳候具
題開復并聲明道光拾年分原報未完米壹千貳
百伍拾玖石零除已據續完米伍拾壹石尚有
未完米壹千貳百捌石零因該縣道光拾壹年
被水成災緩徵業經咨部應俟加滿遞緩停徵
日期另行補報考成所有奉議罰俸陸箇月之
案並請具
題開案議結等情前來臣覆核無異謹題請
旨

江蘇巡撫林則徐題本　常熟縣坍沒蘆地草灘查勘屬實題請豁除課賦（首缺）

國賦本部礙難核准應令該撫另委隔屬道府大員詣沙勘丈明確出具勘結繪畫坍存四至弓口明晰全圖送部核辦所有道光肆年以前未完各年民欠蘆課正銀叁千叁百肆拾伍兩伍分叁釐并咨該撫即飭嚴比追完報部撥用等因到司奉經飭委鎮江府詣勘明確取繪圖形送司詳辦并飭蘇州府飭將道光肆年以前各原業未完課銀勒限比追完解造報撥用去後兹據鎮江府詳稱據常熟縣申稱遵查濱海蘆洲據業戶職員朱昆秀等報職等完課沙地坐落青屏沙永壽等圩從嘉慶拾玖年起潮水激湧逐漸坍沒各業賠課力有未逮冀望坍定呈

報令親其形勢稍定詳請咨豁等情由府親詣
該沙督同常熟縣悉心確勘所坍灘地與原報
畝數相符加結同送到冊結並坍存四至弓口
全圖詳咨等情到司覆核無異除飭將道光肆
年以前各原業未完課銀追完解司另行報撥
外相應據情同冊結圖轉詳伏候咨部查照等
情相應咨達前來查常熟縣業户朱昆秀等呈
報青屏等沙坍沒蘆地柒拾肆頃伍畝陸分壹
釐草灘叁拾叁頃捌拾陸畝柒分柒釐柒毫前
據該撫咨稱此項蘆地逼近大海逐漸坍沒取
具圖結咨部請豁經本部查此案坍沒蘆灘即
被潮水冲擊何以積至壹萬柒百餘畝之多行

令另委道府大員勘文明確出具勘結繪畫坍
存全圖送部核辦在案今據該撫咨稱飭委鎮
江府督同常熟縣查文坍存蘆灘悉與原報相
符造具圖冊結送部等語查此案坍没地畝既
據委員確勘造具圖冊送部并結稱並無以少
報多捏飾情事應令該撫照例具題請豁俟題
豁到日再行核辦至道光肆年以前各案未完
節年課銀叁千叁百肆拾伍兩伍分叁釐先據
咨稱勒限完報現在仍未據完報殊屬不合并
令該撫轉飭嚴追解撥勿再延宕干咨可也等
因到院行司奉經移行遵照繪圖造冊取加各
結送司核辦並飭催追道光肆年以前各原業

未完課銀解司報撥去後茲准蘇松太道咨據
蘇州府詳稱奉經札飭常熟縣造具冊結圖說
並移取鎮江府原勘銜名印結送候加轉去後
茲據常熟縣照造坍存四至弓口全圖冊結補
取鄰洲不扶切結並准鎮江府照案補具勘結
前來同送到冊結加具府結詳候鑒核加移轉
詳請
題等情到道將冊結加結咨煩核辦等因到司准
此該蘇州布政使陳鑾查得常熟縣蘆洲項下
青屏沙業戶朱崑秀等呈報永壽等圩坍沒蘆
地草灘先據該縣飭委黃泗浦巡檢查勘屬實
並據該縣親詣覆加查勘委係坍沒入海並無

以少報多情事造具冊結圖形由府道覆勘加
結送司詳奉咨准部覆咨飭另委妥員勘文明
確據實聲報再行核辦等因即經飭府委勘旋
據蘇州府委據昭文縣知縣周岕前詣逐一查
勘實係該沙地灘逼近北面大海全行坍沒詢
之附近沙民僉供從嘉慶拾玖年起連年被潮
冲激以致逐漸坍削各業户賠課力所未逮並
無揑飾及以少報多情事出具勘結取同洲鄰
甘結繪圖由府道遞加印結送轉又經前司梁
章鉅詳奉咨准部覆飭令另委隔屬道府大員
詣勘明確出具勘結繪畫坍存四至弓口明晰
全圖送部核辦等因遵復飭委鎮江府詣勘明

江蘇巡撫林則徐題本 常熟縣坍沒蘆地草灘查勘屬實題請豁除課賦 道光十三年六月二十八日

確取繪圖形送司詳辦即據鎮江府親詣該沙
督同署常熟縣周岱齡悉心確勘所坍灘地與
原報畝數相符實無以少報多情事加結同送
到冊結並坍存四至弓口全圖詳司據經前司
桂良詳請咨覆在案茲奉部行照例具題請豁
到日核辦等因自應遵照辦理覆查常熟縣青
屏沙永奇等圩坍沒蘆地草灘節據委員會縣
查勘屬實由縣造具冊結繪圖詳送府道層層
覆勘並加印結送轉並經委據鎮江府親詣悉
心確勘所坍灘地與原報畝數相符實無以少
報多情事加結送司並無扶捏所有冊開坍沒
蘆地柒拾肆頃伍畝陸分壹釐每畝課銀捌分

伍釐該請豁課銀陸百貳拾玖兩肆錢柒分肆
釐坍沒草灘叁拾叁頃捌拾陸畝柒分柒釐每
畝課銀叁分該請豁課銀壹百壹兩陸錢肆釐
共請豁銀柒百叁拾壹兩柒分捌釐覆核相符
應請准其從道光陸年壓徵伍年起按數豁除
仍俟奉部覆准再於蘆課
奏銷案內開除造報相應照案開造簡明司冊同
送到冊結圖形詳候具
題請豁再道光肆年以前各原業未完課銀現飭
嚴追完解一俟解到造報彙用合並聲明等情
據此該臣查得常熟縣蘆洲項下青屏沙業户
朱崑秀等呈報永壽等圩坍沒蘆地草灘先據

該縣勘明委係坍没入海造具冊結圖形由府
道覆勘加結送司詳咨節准部駁飭令另委隔
屬道府大員勘文先後飭委昭文縣暨鎮江府
詣勘明確由司詳請咨覆嗣准部文行令照例
具題請豁俟題豁到日再行核辦等因轉行遵
照去後今據蘇州布政使陳鑾詳稱常熟縣首
屏沙永奇等圩坍没蘆地草灘節據委員會縣
查勘屬實造具冊結繪圖詳送府道層層覆勘
悉加印結送轉並經委據鎮江府親詣悉心確
勘所坍灘地與原報畝數相符實無以少報多
情事加結送司並無捏飾所有冊開坍没蘆地
柒拾肆頃伍畝零該豁課銀陸百貳拾玖兩零

坍没草灘叁拾叁頃捌拾陸畝零該豁課銀壹

百壹兩零，共請豁銀柒百叁拾壹兩零，應請准

其從道光陸年壓徵伍年起按數豁除，仍俟奉

部覆准再於盧課

奏銷案内開除造報，照案開造簡明司册同送到

册結圖形詳

題請豁，并聲明道光肆年以前名原業未完課銀

現飭嚴追完解，一俟解到造報，撥用等情前來。

臣覆核無異，除册結圖送部查核外，相應據詳

具

題伏乞

皇上聖鑒，勅部核覆施行。謹題請

江蘇巡撫林則徐題本 常熟縣坍没蘆地草灘查勘屬實題請豁除課賦 道光十三年六月二十八日

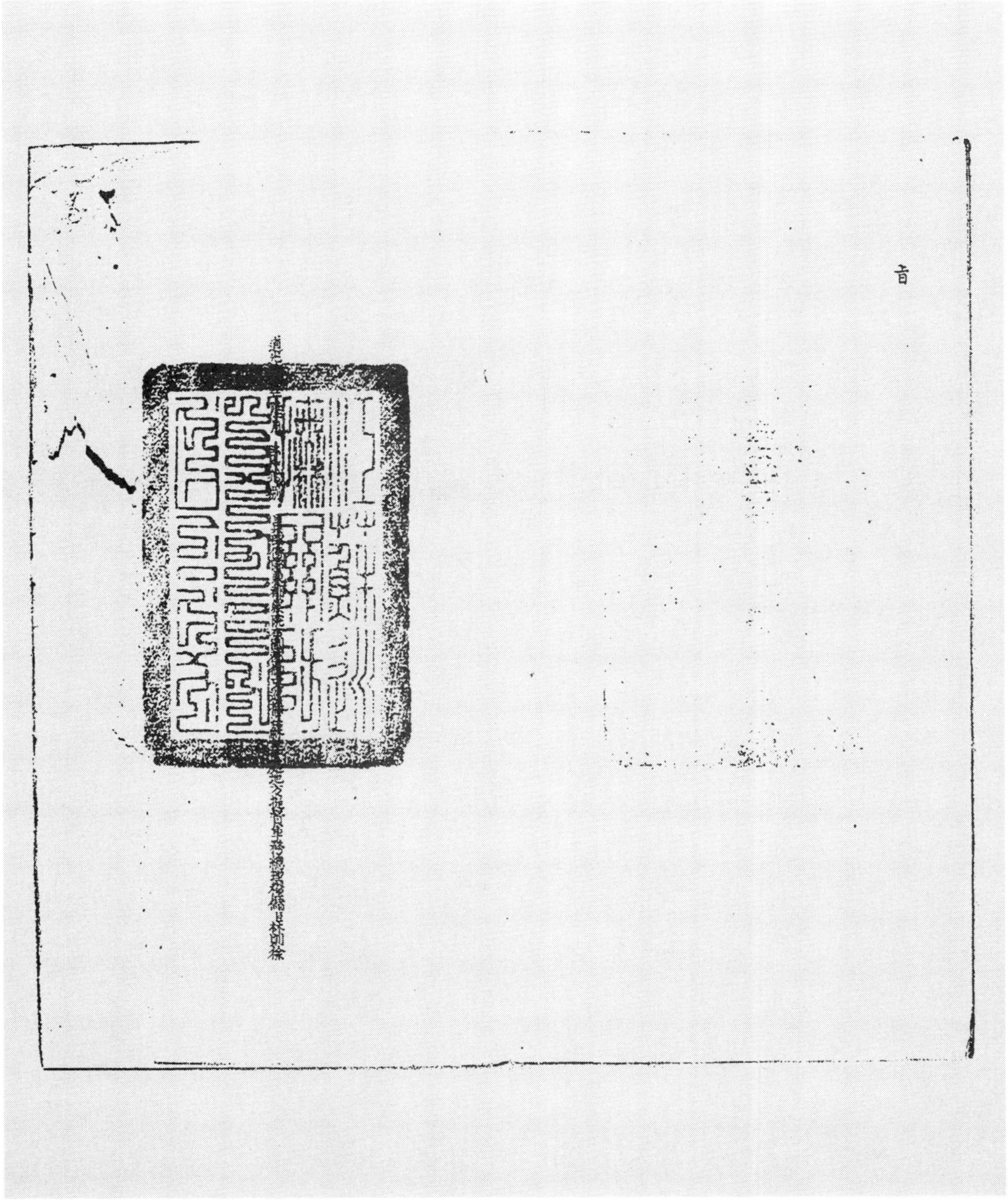

江蘇巡撫林則徐題本　常熟縣坍没蘆地草灘查勘屬實題請豁除課賦

道光十三年六月二十八日

兵部侍郎兼都察院右副都御史巡撫江蘇等處地方提督軍務總理糧儲臣林則徐謹
題爲坍没蘆地草灘查勘屬實
題請豁除課賦以蘇民困事該臣查得常熟縣蘆
洲項下青屏沙業户朱崑秀等呈報永壽等圩
坍没蘆地草灘先據該縣勘明委係坍没入海
造具冊結圖形由府道覆勘加結送司詳咨節
准部駁飭令另委隔屬道府大員勘丈先後飭
委昭文縣暨鎮江府詣勘明確由司詳請咨覆
嗣准部文行令照例具題請豁俟題豁到日再
行核辦等因轉行遵照去後今據蘇州布政使
陳鑾詳稱常熟縣青屏沙永壽等圩坍没蘆地
草灘節據委員會縣查勘屬實造具冊結繪圖
詳送府道層層覆勘逐加印結送轉並經委據
鎮江府親詣悉心確勘所坍灘地與原報畝數
相符實無以少報多情事加結送司並無捏飾
所有冊開坍没蘆地柒拾肆頃伍畝零草灘叁
拾叁頃捌拾陸畝零共請豁銀柒百叁拾壹兩
零應請准其從道光陸年壓徵伍年起按數豁
除照案開造簡明司冊同送到冊結圖形詳
題請豁前來臣覆核無異除冊結圖送部外謹題
請
旨

審明豐縣民王書等捉姦毆斃姦夫韓池案依例重新定擬（首缺）

跌地辱罵復舉左脚向王書踢去王書復用刀
砍傷其左脚心左脚面並砍落脚趾壹節經王
書母舅張榜聞鬧趕至喝住韓池爬回其弟韓
于家內韓于問悉前情因其被毆由與王高氏
姦宿所致未經稟驗詎韓池傷重延至拾伍日
因傷殞命報縣驗詳覆審當因王書既將姦夫
韓池毆跌倒地無難拘執解官乃因其辱罵疊
砍致斃捉姦雖在姦所毆死已非登時將王書
照本夫本婦之伯叔兄弟及有服親屬皆許捉
姦如非登時而殺依擅殺罪人律擬絞監候例
擬絞監候解審前護院勒
題兹奉刑部以本夫及親屬捉姦殺死姦夫例內

七

江蘇巡撫林則徐題本　審明豐縣民王書等捉姦毆斃姦夫韓池案依例重新定擬

道光十三年六月二十八日

祇有即時非即時之分並無倒地不倒地之別若殺姦即在捉姦之時雖傷在倒地以後俱仍以登時論此案王書係姦所獲姦即時毆斃應依登時殺死姦夫科斷殿飭另行妥擬等因遵經提犯研鞫供與原招無異查王書因韓池與伊堂嫂王高氏通姦是夜見其在王高氏牀上睡臥氣忿捉拏與堂兄王義將韓池毆戳致傷跌地辱罵並舉腳向踢該犯王書復砍傷其左腳心腳面並砍落腳趾越日身死是該犯當場獲姦忿激行毆雖韓池死於倒地後被砍之傷而事在頃刻時無間斷核與部駁與業經歇手被罵復毆者不同自應遵駁更正王書應改照

本夫本婦有服親屬捉姦登時殺死姦夫依夜
無故入人家已就拘執而擅殺杖徒例杖壹百
徒叁年犯母馬氏守節已逾貳拾年家無次丁
現在查訊取結另行詳辦王義用木棒毆傷韓
池左腮等處並非折傷王義亦係王高氏故
夫共曾祖堂弟應照例勿論王高氏與韓池通
姦合依軍民相姦例枷號壹箇月杖壹百係犯
姦之婦杖決枷贖所得韓池錢文不記確數請
免著追韓池與王高氏通姦本干例擬業已身
死應無庸議無干人等先已省釋屍棺飭埋所
有擬徒人犯錯擬絞罪違駁更正職名另行開
報請叅等情由府審解到司該江蘇按察使顧

江蘇巡撫林則徐題本 審明豐縣民王書等捉姦毆斃姦夫韓池案依例重新定擬

道光十三年六月二十八日

騰伊提犯親審核擬無異詳候核
題等情具詳到臣覆核無異該臣看得豐縣民王
書因韓池與伊堂嫂王高氏通姦登時毆傷韓
池越日身死壹案緣王書籍隸豐縣與韓池同
莊無嫌王書與已故共曾祖堂兄王太平之妻
王高氏同院分屋居住韓池常至王高氏家閒
談與王高氏見面不避道光拾年陸月間韓池
與王高氏調戲成姦以後遇便姦宿韓池零星
給過王高氏錢文不記數目王書因未見確據
不敢聲張曾向隔院居住之堂兄王義談及王
高氏之子王等年紀已大被韓池欺侮不好做
人總須捉破姦情方可驅逐俟捉拏時大家幫

助拾壹年肆月初柒日更餘時分王高氏將房
門掩上在房紡綫因身體困倦和衣倒臥牀上
睡熟韓池推門進內王高氏先未聽聞及韓池
戲撲王高氏身上驚醒聲喊見係韓池隨將房
門關好韓池先脫衣上牀睡臥王高氏正在收
拾被睡王書聞喊走起先從牕櫺看見韓池赤
身在王高氏牀上睡臥一時氣忿用脚踢開房
門捉拏維時王高氏逃出院內喊救韓池見王
書進房赤身下牀攜取隨帶鐵刀聲言拚命王
書上前撲捉韓池迎面用刀戳破王書棉襖經
在刀頭王書奪過刀子砍傷韓池偏右韓池用
手奪刀被王書戳傷右胳膊右手腕王義聞鬧

江蘇巡撫林則徐題本　審明豐縣民王書等捉姦毆斃姦夫韓池案依例重新定擬　道光十三年六月二十八日

踵至見徐捉拏韓池順取木棒進內幫捉毆傷
韓池左胳膊左手背韓池用左脚向王書踢去
被王書用刀戳傷左臁肕王義再至韓池身後
用棒毆傷其脊背連肩甲並左右後肋韓池又
舉右脚向王書踢去王書用刀背毆傷其右膝
韓池仰面跌地辱罵復舉左脚向王書踢去王
書復用刀砍傷其左脚心左脚面並砍落脚趾
立節經王書母舅張榜聞鬧趕至喝住韓池爬
回其弟韓于家內韓于問悉前情因其被毆由
與王高氏姦宿所致未經稟驗詎韓池傷重延
至拾伍日因傷殞命報縣驗詳覆審當因王書
既將姦夫韓池毆戳倒地無難拘執解官乃因

其辱罵釁砍致斃捉姦雖在姦所毆死已非登
時將王書照本夫本婦之伯叔兄弟及有服親
屬皆許捉姦如非登時而殺依擅殺罪人律擬
絞監候例擬絞監候由府司解經前護撫臣梁
章鉅勘
題接准刑部以本夫及親屬捉姦殺死姦夫例內
祇有即時非即時之分並無倒地不倒地之別
若殺姦即在捉姦之時雖傷在倒地以後俱仍
以登時論此案王書係姦所獲姦即時毆斃應
依登時殺死姦夫科斷駁飭另行妥擬等因轉
飭該縣覆訊改擬由司詳請核
題前來查王書因韓池與伊堂嫂王高氏通姦是

江蘇巡撫林則徐題本　審明豐縣民王書等捉姦毆斃姦夫韓池案依例重新定擬
道光十三年六月二十八日

夜見其在王高氏牀上睡臥氣忿捉拏與堂兄
王義將韓池毆戳致傷跌地辱罵並舉脚向踢
該犯王書復砍傷其左脚心脚面並砍落脚趾
越日身死是該犯當場獲姦忿激行毆雖韓池
死於倒地後被砍之傷而事在頃刻時無間斷
誠如部駁與業經毆手被罵復毆者不同自應
遵駁更正王書應改照本夫本婦有服親屬捉
姦登時殺死姦夫依夜無故入人家已就拘執
而擅殺杖徒例杖壹百徒叁年犯母馬氏守節
已逾貳拾年家無次丁現飭查訊取結另行辦
理王義用木棒毆傷韓池左胳膊等處並非折
傷王義亦係王高氏故夫共曾祖堂弟應照例

勿論王高氏與韓池通姦合依軍民相姦例枷
號壹箇月杖壹百係犯姦之婦杖決枷贖所得
韓池錢文不記確數應免著追韓池與王高氏
通姦本干例擬業已身死應無庸議無干人等
槩先省釋屍棺飭埋所有擬徒人犯錯擬杖罪
遵駁更正職名飭取另參臣謹具
題伏乞
皇上聖鑒飭部核覆施行。再此案審限肆箇月應以
道光拾叁年貳月貳拾壹奉文之日起除自縣
由府解司程限貳拾玖日統應扣至柒月貳拾
日全限屆滿合並陳明謹題請
旨

江蘇巡撫林則徐題本　審明豐縣民王書等捉姦毆斃姦夫韓池案依例重新定擬

道光十三年六月二十八日

道光

[…]處地方提督軍務總理糧儲臣林則徐

兵部侍郎兼都察院右副都御史巡撫江蘇等處地方提督軍務總理糧儲臣林則徐謹

題為報驗事該臣看得豐縣民王書因韓池與伊
堂嫂王高氏通姦登時毆傷韓池越日身死壹
案緣王書與韓池同莊無嫌王書與已故共曾
祖堂兄王太平之妻王高氏同院居住道光拾
年正月韓池與王高氏調戲成姦王書曾向
堂兄王義說及拾壹年肆月初柒日更餘時分
王高氏將房門掩上和衣側臥牀上睡熟韓池
推門進內王高氏驚醒聲喊王書聞喊走起從
牕櫺看見韓池赤身在王高氏牀上睡臥一時
氣忿踢開房門捉拏王高氏逃出韓池下牀用
刀戳破王書棉襖攥住刀頭王書奪過刀子戳

傷韓池偏右韓池用手奪刀致王書截傷右胳
膊右手腕王義聞鬧趕至順取木棒毆傷韓池
左胳膊左手背韓池用左脚向王書踢去被王
書用刀戳傷左臁肕王義門至韓池身後用棒
毆傷其脊背連肩甲並左右後肋韓池又舉右
脚向王書踢去王書用刀背毆傷其右膝韓池
仰面跌地辱罵復舉左脚向王書踢去王書復
用刀砍傷其左脚心左脚面並砍落脚趾壹節
詎韓池傷重延至拾伍日因傷殞命報驗訊詳
審將王書照本夫本婦之伯叔兄弟及有服親
屬皆許捉姦如非登時而殺依擅殺罪人律擬
絞監候例擬絞監候由府司解經前護撫臣梁
章鉅劾
題接准刑部以王書係姦所獲姦即時毆斃應依
登時殺死姦夫科斷駁飭另行妥擬等因轉飭
該縣覆訊改擬由司詳請核
題前來查王書因韓池與伊堂嫂王高氏通姦當
場捉獲忿激行毆雖韓池死於倒地後致砍之
傷而事在頃刻時無間斷誠如部駁與業經毆
手被屬復毆者不同自應遵駁更正王書應改
照本夫本婦有服親屬捉姦登時殺死姦夫依
夜無故入人家已就拘執而擅殺杖徒例杖壹
百徒叁年謹題請
旨

江蘇巡撫林則徐題本　**題明改選浙江新昌縣知縣秦廷杰親母在籍病故例應丁憂**

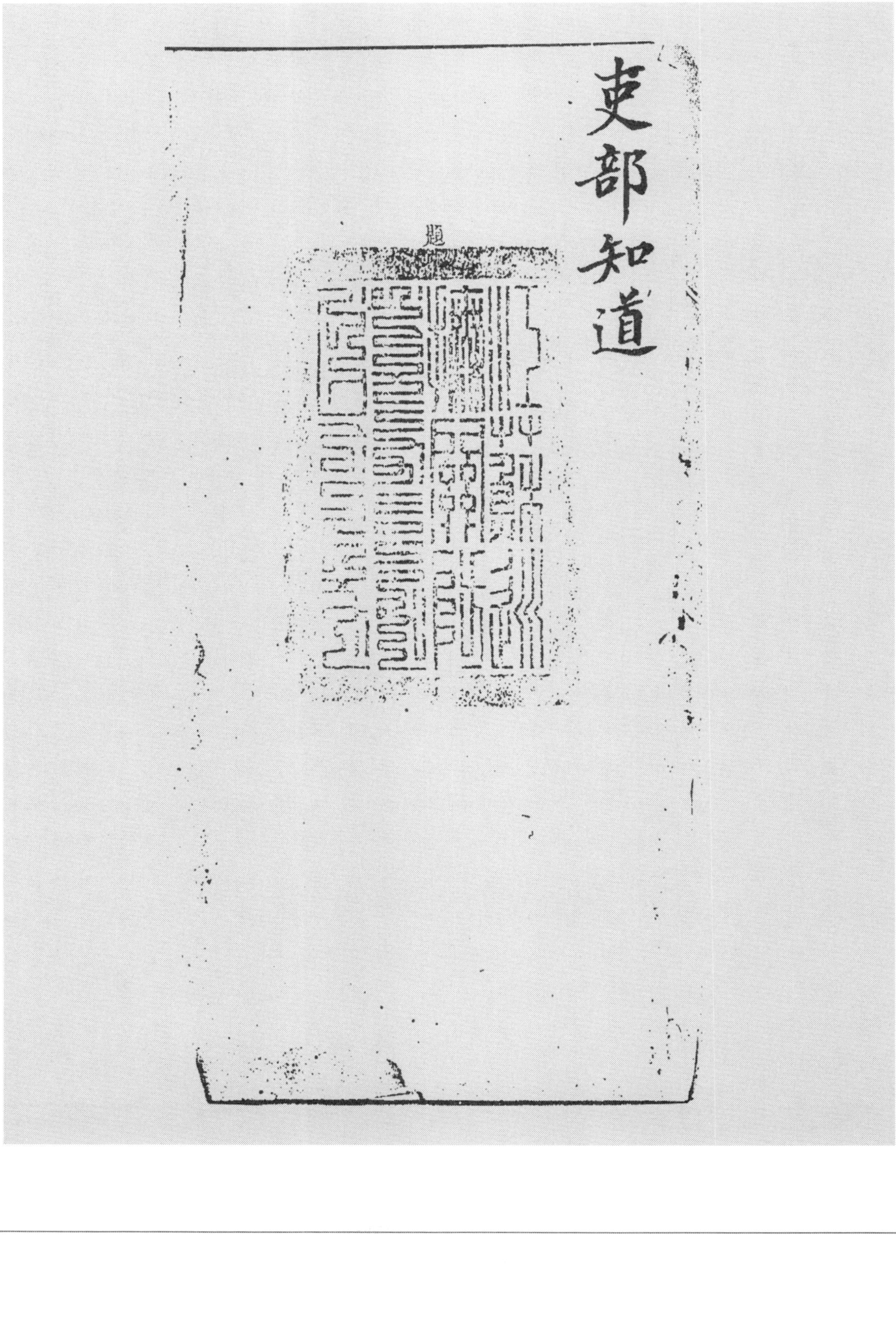

江蘇巡撫林則徐題本　題明改選浙江新昌縣知縣秦廷杰親母在籍病故例應丁憂

道光十三年七月初五日

兵部侍郎兼都察院右副都御史巡撫江蘇等處地方提督軍務總理糧儲臣林則徐謹

題為報明丁憂事據金匱縣知縣江之紀申稱據

家屬秦升呈稱家長秦廷杰係金匱縣人由廩

生選授雲南恩安縣調補蒙自縣知縣聞訃丁

憂服滿赴部候選道光拾叁年正月選授山

西夏縣知縣因親老告近貳月改選浙江新昌

縣知縣叁月初壹日引

見奉

旨依擬用欽此往部領憑赴任肆月初拾日至山東

汶上縣地方患病報驗留調於貳拾陸日治痊

起程沿途風水阻滯於陸月貳拾壹日經行本

籍知家長親母吳氏於陸月貳拾日在籍病故

江蘇巡撫林則徐題本 題明改選浙江新昌縣知縣秦廷杰親母在籍病故例應丁憂

道光十三年七月初五日

家長係屬親子並無過繼例應丁憂守制合具
供結并聞訃到籍日期同文憑一并呈繳等情
到縣據此除文憑另文詳繳外將遞到供結鈐
連鈐印申送伏候核
題等情到臣據此該臣查得金匱縣人原任雲南
蒙自縣丁憂服滿親老改選浙江新昌縣知縣
秦廷杰在部領憑赴任於本年陸月貳拾壹日
經行本籍知親母吳氏於陸月貳拾日在籍病
故該員係屬親子並無過繼例應丁憂守制由
金匱縣知縣江之紀取結呈報前來除結揭移
吏部科暨浙江撫臣外臣謹具
題伏乞

江蘇巡撫林則徐題本 題明改選浙江新昌縣知縣秦廷杰親母在籍病故例應丁憂

道光十三年七月初五日

皇上聖鑒勅部查照施行謹具題

聞

道光

處地方提督軍務總理糧餉臣林則徐

江蘇巡撫林則徐題本　題明改選浙江新昌縣知縣秦廷杰親母在籍病故例應丁憂
道光十三年七月初五日

兵部侍郎兼都察院右副都御史巡撫江蘇等處地方提督軍務總理糧餉臣林則徐謹
題為報明丁憂事該臣查得金匱縣人原任雲南
蒙自縣丁憂服滿親老改選浙江新昌縣知縣
秦廷杰在部領憑赴任於本年陸月貳拾壹日
經行本籍知親母吳氏於陸月貳拾日在籍病
故該員係屬親子並無過繼例應丁憂守制由
金匱縣知縣江之紀取結呈報前來除結揭移
吏部科暨浙江撫臣外謹具題
聞

江蘇巡撫林則徐題本

題參甘泉縣知縣鍾承露等疎防停舟被劫限滿贓犯無獲

該部議奏
題

江蘇巡撫林則徐題本　題參甘泉縣知縣鍾承露等疎防停舟被劫限滿贓犯無獲
道光十三年七月十八日

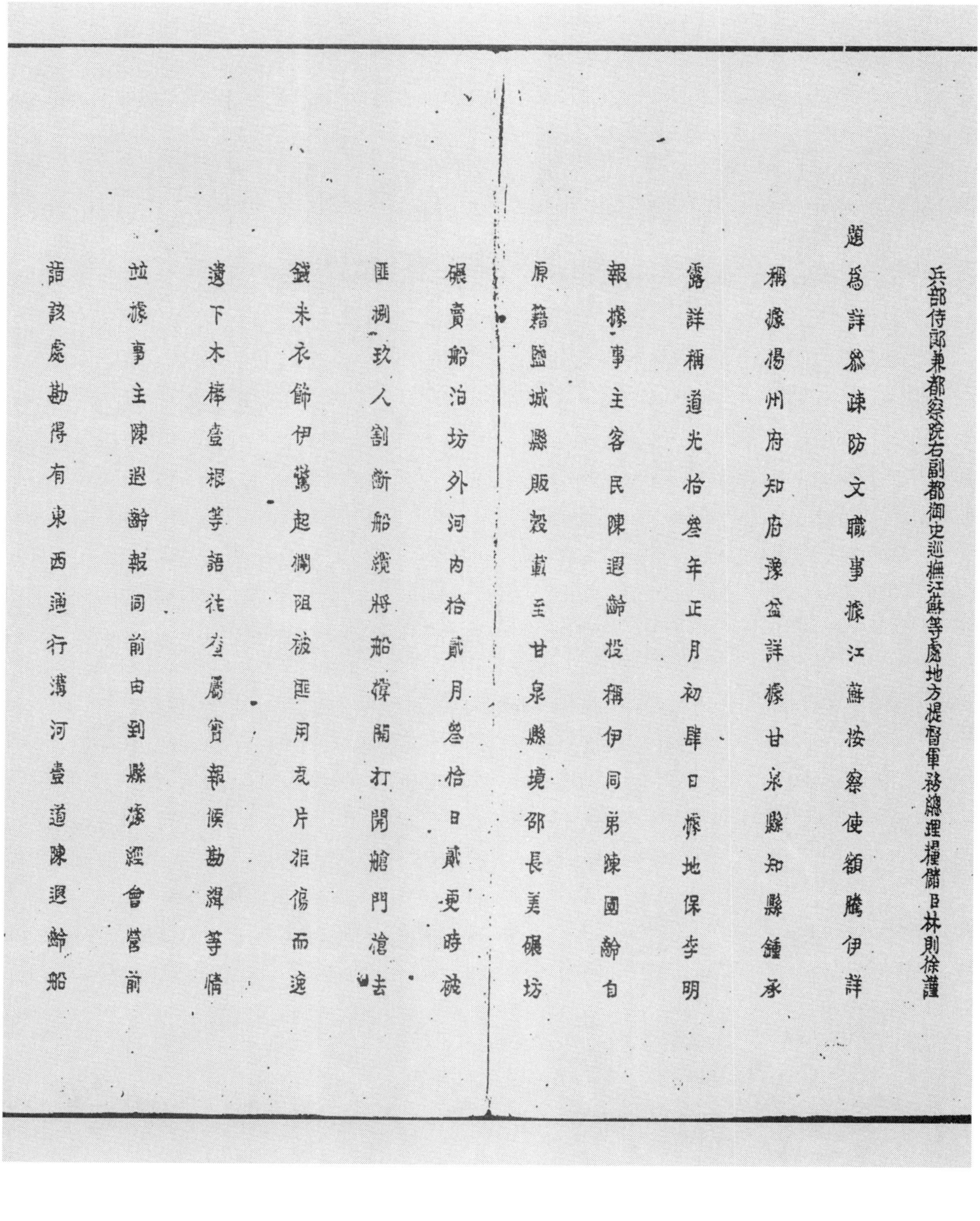
兵部侍郎兼都察院右副都御史巡撫江蘇等處地方提督軍務總理糧儲臣林則徐謹
題為詳參疎防文職事。據江蘇按察使額騰伊詳
稱，據揚州府知府豫益詳據甘泉縣知縣鍾承
露詳稱，道光拾叁年正月初肆日據地保李明
報，據事主客民陳退齡投稱，伊同弟陳國齡自
原籍鹽城縣販穀載至甘泉縣境邵長美碾坊
碾賣，船泊坊外河內。拾貳月叁拾日貳更時被
匪夥玖人割斷船纜，將船撐開，打開艙門，搶去
錢米衣飾。伊驚起攔阻，被匪用瓦片拒傷而逸，
遺下木棒壹根等語。往查屬實，報候勘詳等情。
並據事主陳退齡報同前由到縣，據經會營前
詣該處勘得，有東西通行溝河壹道，陳退齡船

隻泊於南岸相距碾坊約有叁箭許查驗舱門
有破損形跡提訊地鄰事主人等供與報詞相
同飭仵驗得陳遐齡左眼胞下連鼻梁瓦片傷
壹處皮破青腫估計失賊值銀壹百肆拾捌兩
壹錢玖分分別填單取結附卷木棒帶回貯庫
選差勒緝錄供通詳蒙批緝獲在案茲查此案
疎防限届賊匪無獲飭查事主傷已平復合將
印捕職名開報等情由府道遞開督捕督緝兼
轄各職名到司除飭勒緝賊匪務獲究報外該
江蘇按察使額騰伊查得甘泉縣事主客民陳
遐齡停舟被搶拒傷平復壹案疎防例限肆箇
月應以道光拾貳年拾貳月叁拾失事之日起

扣至拾叁年肆月叁拾日滿賊匪無獲所有文
職疏防職名印官係甘泉縣知縣鍾承露備官
係甘泉縣邵伯司巡檢程煥章督補係同城揚
州府總捕同知趙廷熙督緝係同城前任揚州
府調補江寧府知府王青蓮兼轄係不同城署
淮揚道王貽象再督捕同知趙廷熙於拾叁年
肆月拾壹日奉督院委赴通州守提案犯曹永
春等解省審辦公出應俟公回接扣限滿另詳
督緝知府王青蓮先於拾叁年正月拾玖日未
經限滿之先調任江寧府卸事應請議結現任
知府豫益係接督緝之員例無處分相應聲明
伏候核參再此案失事處所離城柒拾里離汛

拾測里該處並無塘堡防兵合并聲明等情到
臣，據此，該臣查得甘泉縣事主客民陳迴齡停
舟被搶拒傷平復壹案，疎防例限肆箇月，應以
道光拾貳年拾貳月叁拾失事之日起扣至拾
叁年肆月叁拾日滿，贓匪無獲，開列疎防職名
請
參前來。除飭勒緝贓匪務獲究報外，所有文
職疎防職名，印官係甘泉縣知縣鍾承露，捕官
係甘泉縣邵伯司巡檢程煥章，督捕係同城揚
州府總捕同知趙廷熙，督緝係同城前任揚州
府調補江寧府知府王青蓮，兼轄係不同城署
淮揚道王賜象，再督捕同知趙廷熙於拾叁年
肆月拾壹日委赴通州守提案犯曹永春等解

省審辦公出應俟公回接扣限滿另咨督緝知
府王青蓮先於拾叁年正月拾玖日未經限滿
之先調任江寧府卸事應行議結現任知府豫
益係接督緝之員例無處分相應聲明列參再
此案失事處所離城柒拾里離汛拾捌里該處
並無墩堡防兵合並陳明臣謹具
題伏乞
皇上聖鑒勅部議覆施行謹題請
旨

江蘇巡撫林則徐題本　題參甘泉縣知縣鍾承露等疏防停舟被劫限滿贓犯無獲

道光十三年七月十八日

兵部侍郎兼都察院右副都御史巡撫江蘇等處地方提督軍務總理糧儲臣林則徐謹

題為詳參疏防文職事該臣查得甘泉縣事主客
民陳遐齡停舟被搶拒傷平復壹案疏防例限
肆箇月應以道光拾貳年拾貳月叁拾失事之
日起扣至拾叁年肆月叁拾日滿賊匪無獲開
列疏防職名請參前來除飭勒緝賊匪務獲究
報外所有文職疏防職名印官係甘泉縣知縣
鍾承露捕官係甘泉縣邵伯司巡檢程煥章督
捕係同城揚州府總捕同知姚廷熙督緝係同
城前任揚州府調補江寧府知府王青蓮兼轄
係不同城署淮揚道王貽象相應列參謹題請

旨

道光[illegible]地方提督軍務總理糧儲臣林則徐

江蘇巡撫林則徐題本　**審明通州民人張余同等槍斃胡添貴案分別定擬**

三法司核擬具奏

兵部侍郎兼都察院右副都御史巡撫江蘇等處地方提督軍務總理糧儲臣林則徐謹

題爲稟報事據江蘇按察使額騰伊詳准常鎮通

道李彥章移據署通州知州傅璋詳稱道光拾

貳年閏玖月貳拾叁日據地保張克來報據民

人胡添富投稱閏玖月貳拾貳日邢士青央伊

胞兄胡添貴同王庭貴姜四往邢轉松田內爬

毀佈種麥子被張余同邢禮麻子施放鳥鎗將

伊兄胡添貴轟傷身死王庭貴姜四亦俱受傷

等語往查屬實張余同邢禮麻子均已逃逸報

候驗解等情並據屍兄胡添富報同前由各到

州據即帶領吏仵親詣屍所如法相驗據仵作

康金喝報已死胡添貴問年肆拾陸歲驗得仰

面不致命右肩甲槍子傷壹點右曲脷槍子傷
壹點致命右乳槍子傷兩點俱焦黄色皮未損
肚腹槍子傷壹點焦黑色損皮肉入深叁分右
脇槍子傷壹點焦黑色損皮肉入深不及壹分
不致命右膀槍子傷壹點右腿槍子傷壹點俱
焦黄色皮未損餘無故奏係受傷身死報畢親
驗無異首驗原穿衣褲俱有槍傷焦孔比對屍
傷相符填格取結屍飭棺殮又督仵驗得王慶
貴右肩甲右手腕右膝蓋各有槍子傷壹點右
乳肚腹各有槍子傷兩點俱焦黄色皮未損右
腿有槍子傷叁點黄色皮未損又驗得姜四左
脇有槍子傷壹點黄色皮未損分別填單附卷

江蘇巡撫林則徐題本　審明通州民人張余同等槍斃胡添貴案分別定擬　道光十三年七月十八日

提訊邢轉松據供邢士書憑伊父邢寶千作中
將田當與馬雄執業因馬雄不肯給與佃種私
懇伊父出名贖仍邢士書承種交租道光拾貳
年閏玖月間伊父因邢士書欠租無償致被馬
雄催逼即自往田種麥貳拾貳日伊見邢士書
同胡添貴王庭貴姜四在田爬毀佈種麥子隨
糾同張余同邢撞麻子前往阻止並令張余同
等各帶防夜鳥槍向空施放嚇唬不期張余同
放槍致傷胡添貴身死邢撞麻子亦槍傷王庭
貴姜四等供訊之屍親胡添富及邢士書等各
供相符飭起鳥槍兩杆查驗均無編列名號係
屬私槍帶回貯庫邢轉松收禁王庭貴等所受

各傷發醫調治飭供通報一面防差嚴緝張余
同等究辦去後驗於拾壹月初捌貳拾伍等日
先後緝獲張余同邢蔭麻子到案隨傳集人證
提同邢轉松逐一研訊據地保張克來供與報
詞同據屍弟胡添富供胡添貴是胞兄道光拾
貳年閏玖月貳拾貳日邢士書怎樣糾約哥子
並王庭貴姜四到邢轉松田內爬毀麥子被張
余同邢蔭麻子施放鳥槍把哥子并王庭貴姜
四打傷小的先不知道是隨後曉得趕去查看
哥子已因傷身死小的就投保報驗的如今小
的查明哥子實被張余同用鳥槍轟傷身死只
求究祇是實據應訊王庭貴姜四同供小的們

江蘇巡撫林則徐題本　審明通州民人張余同等槍斃胡添貴案分別定擬　道光十三年七月十八日

與邢士書熟識交好道光拾貳年閏玖月貳拾貳日邢士書說他有田肆畝憑邢寶千作中賣與馬雄管業私懇邢寶千出名承佃仍自佈種交租如今邢寶千因他欠租不還自行種麥他心裏忿恨要把邢寶千佈種麥子耙毀央懇小的們相幫的話小的們應允邢士書又邀允胡添貴同往邢寶千的兒子邢轉松糾同張余同邢潼麻子攜帶鳥槍趕來攔阻邢士書不服與邢轉松爭吵揪扭小的們與胡添貴看見正在攏前勸護不料張余同施放鳥槍把胡添貴轟傷倒地小的們也被邢潼麻子放槍打傷張余同們當時走散胡添貴就因傷身死的小的們

所受各傷現都平復是實據應訊邢士書供通
州人邢寶千是小的堂弟道光拾年上小的憑
邢寶千作中把田肆畝賣與馬雄管業仍要租
回承種馬雄不肯小的私懇邢寶千出名向馬
雄立種小的又轉向邢寶千立種佃種每年租
息給邢寶千轉交馬雄收受從來小的欠少租
錢叁年馬雄屢向邢寶千索討拾貳年閏玖月
裏邢寶千向小的追討新陳租欠小的只還新
租未把陳租一并清還邢寶千不依逼令小的
把田吐退交他自種邢月貳拾貳日小的見邢
寶千已在田内佈種麥子心裏忿恨糾約胡添
貴王庭貴姜四同去爬毀邢寶千的兒子邢轉

松斜同張余同邢潼麻子攜帶鳥槍趕來攔阻
小的不服與邢轉松爭吵扭結胡添貴們攏前
幫護被張余同施放鳥槍把胡添貴轟傷倒地
王庭貴姜四丑被邢潼麻子放槍打傷邢轉松
們走散胡添貴就因傷身死的並沒起釁別故
是實據應訊邢寶千供邢士書是堂兄邢轉松
是小的兒子道光捌年邢士書憑小的作中把
田肆畝賣與馬雄管業邢士書仍總租回承種
馬雄不肯邢士書私憑小的出名向馬雄立種
邢士書又轉向小的立種佃種每年租息給小
的轉交馬雄收受後來邢士書欠少租錢叁年
馬雄屢向小的索討拾貳年閏玖月裏小的向

江蘇巡撫林則徐題本　審明通州民人張余同等槍斃胡添貴案分別定擬
道光十三年七月十八日

邢士書追討新淶祖父邢士書只還新祖所欠
陳祖分文不還小的不依叫他把田出退自在
田內佈種麥子那月貳拾貳日兒子忽樣因邢
士書同胡添貴們在田犯毀麥子斜向張余同
邢搶麻子攜帶鳥槍前往理阻張余同施放鳥
槍轟傷胡添貴身死邢搶麻子也放槍打傷王
庭貴姜四那時小的外出並不曉得鳥槍是兒
子向過路不識姓名舊貨擔上買存防夜並非
私造是實據原謀邢轉松供通州人年貳拾貳
歲父親邢寶千年伍拾伍歲母親錢氏年伍拾
貳歲兄弟邢闊松小的並未娶妻邢士書是堂
伯道光捌年邢士書憑父親作中把田肆畝賣

與馬雄管業邢士書仍想租回承種馬雄不肯
邢士書私想父親出名向馬雄立租他又轉向
父親立租佃種每年租息給父親轉交馬雄收
受後來邢士書欠少租錢恐年馬雄屢向父親
索討拾貳年閏九月裏父親向邢士書追討新
陳租欠邢士書只還新租不給陳租父親不依
叫他把田吐退自在田內佃種麥子那月貳拾
貳日父親外出小的見邢士書同胡添貴王庭
貴姜四在田犁毀麥子適斜允堂兄邢潼麻子
並素識的張余同同往攔阻適有鳥槍兩杆裝
好火藥放在家內預備防夜小的就分給邢潼
麻子張余同攜帶囑俟理論不服把鳥槍向空

江蘇巡撫林則徐題本 審明通州民人張余同等槍斃胡添貴案分別定擬
道光十三年七月十八日

勉於嚇唬張余同們聽允一同走到田邊小的
上前理阻邢士書不依與小的爭吵扭結那知
張余同們就各放槍嚇唬因胡添貴們正値上
前幫護致張余同槍傷胡添貴倒地邢權麻子
也被傷王庭貴姜四小的與張余同們害怕當
各走散不料胡添貴就因傷死了並非預謀致
死也沒起釁別故及另有在場幫毆的人鳥槍
是向過路不識姓名舊貨擔上買存防夜委非
私造已蒙起案是實據從犯邢權麻子供通州
人年貳拾捌歲父親已故母親張氏年陸拾歲
兄弟邢復復妻子張氏生有兩女小的種田度
日與王庭貴姜四們認識無嫌道光拾貳年閏

玖月貳拾貳日堂弟邢轉松來向小的說堂伯
邢士書把田肆畝賣與馬雄管業私瞞他父親
出名仍歸邢士書租種後因邢士書欠租不還
他父親自己佈種麥子如今邢士書糾人在田
爬毀麥子邀小的同往攔阻小的應允邢轉松
又約素識的張余同同去走過邢轉松家適有
防夜鳥槍兩杆先已裝好火藥放在那裏邢轉
松分給小的與張余同各帶壹杆囑俟與邢士
書理論不服把鳥槍向空施放唬嚇小的與張
余同就各帶鳥槍同邢轉松走到田邊邢轉松
上前理阻邢士書不依彼此爭吵揪扭小的與
張余同各自向空放槍嚇唬邢知胡添貴們正

近前幫護致胡添貴被張余同槍傷倒地王庭貴美四也被小的槍傷小的與張余同們害怕當各走散後聞胡添貴因傷身死逃往各處躲避被獲解案的小的實是聽從邢轉松往阻邢士書們爬毀田麥向空放槍唬嚇不料把王庭貴美四轟傷並沒起釁別故鳥槍已經交還邢轉松起案逃後也沒另犯行兇不法及知情容留的人是實據兇犯張余同供通州人年貳拾叁歲祖父張配衛年柒拾伍歲祖母顧氏父親張正揚俱故母親季氏年肆拾捌歲並沒弟兄妻子小的種田度日與胡添貴鄰村認識並無嫌隙道光拾貳年閏玖月貳拾貳日有同村素

好的邢轉松來向小的說他堂伯邢士書把田
肆畝賣與馬雄管業私懇他父親出名仍歸邢
士書佃種後因邢士書欠租不還他父親自已
佈種麥子如今邢士書糾人在田爬毀麥子他
已邀邢撞麻子同往理阻央小的同去相幫的
話小的應允走過邢轉松家適有防夜鳥槍兩
杆先已裝好火藥放在那裏邢轉松分給小的
與邢撞麻子各帶壹杆囑俟與邢士書理論不
服把鳥槍向空施放嚇唬小的與邢撞麻子就
各帶鳥槍同邢轉松走到田邊邢轉松上前理
阻邢士書不依彼此爭吵揪扭小的與邢撞麻
子各自向空放槍嚇唬那知胡添貴們正近前

江蘇巡撫林則徐題本　審明通州民人張余同等槍斃胡添貴案分別定擬　道光十三年七月十八日

帮護致胡添貴被小的槍傷倒地王庭貴姜四
也被邢撞麻子槍傷小的與邢撞麻子們害怕
當各走散後聞胡添貴因傷身死逃往各處躲
避被獲解案的小的實是聽從邢轉松往阻邢
士書們毀麥向空放槍唬嚇適傷胡添貴身死
並非預謀有心致死逃後也沒另犯行兇不法
及知情容留人家鳥槍已交還邢轉松起案是
實各等供據此將犯收禁查驗王庭貴姜四傷
俱平復同邢士書等分別保釋錄供通詳奉批
飭審道光拾叁年正月貳拾壹日據禁卒稟報
張余同在監患病撥醫詳咨於貳月貳拾日報
痊前來隨傳提犯證覆訊各供均與前審無異

不敘外該署通州知州傅琦審看得張余同放槍轟傷胡添貴身死壹案緣張余同邢撞麻子邢轉松均籍隸通州與胡添貴王庭貴姜四素識無嫌邢轉松堂伯邢士書於道光捌年間憑邢轉松之父邢寶千作中將田肆畝賣與馬雄執業仍歸租回承種馬雄不允邢士書私懇邢寶千出名向馬雄立據邢士書又轉向邢寶千立據佃種每年租錢邢士書給邢寶千轉交馬雄收受嗣邢士書欠少租錢叁年馬雄屢向邢寶千索討拾貳年閏玖月間邢寶千向邢士書追討新陳租欠邢士書止交新租未將陳租清還邢寶千不依令其將田吐退自在田內佈種

麥子邢士書心懷忿恨於是月貳拾貳日糾約
胡添貴王庭貴姜四往田毀麥時邢寶千外出
邢轉松瞥見糾同堂兄邢撞麻子並素識之張
余同前往理阻適家存鳥槍兩杆裝好火藥預
備防夜邢轉松即分給張余同邢撞麻子攜帶
囑候與邢士書理論不服向空施放唬嚇張余
同等應允偕至田邊邢轉松上前理阻邢士書
不依與邢轉松爭吵扭結張余同邢撞麻子即
各自向空放槍嚇唬適胡添貴與王庭貴姜四
近前幫護致張余同所放鳥槍轟傷胡添貴右
肩甲肚腹等處倒地邢撞麻子亦將王庭貴姜
四轟傷張余同等畏懼各散胡添貴旋即因傷

江蘇巡撫林則徐題本　審明通州民人張余同等槍斃胡添貴案分別定擬　道光十三年七月十八日

殞命屍弟胡添富投保報州驗訊先後獲犯訊
供通詳奉批飭審遵復提犯研鞫據供前情不
諱詰非預謀有心欲殺亦無起釁別故及另有
在場幫毆之人矢口不移案無遁飾查例載因
爭鬬擅將鳥槍施放殺人者以故殺論傷人者
發雲貴兩廣煙瘴少輕地方充軍又律載故殺
者斬監候若同謀共毆人因而致死原謀不問
共毆與否杖壹百流叁千里各等語此案張余
同聽從邢轉松往阻邢士書等毀麥不服輒放
鳥槍向嚇致傷胡添貴身死應按例問擬張余
同合依因爭鬬擅將鳥槍施放殺人者以故殺
論故殺者斬律擬斬監候秋後處決照例先行

刺字邢擅麻子施放鳥槍轟傷王庭貴姜四平
復合依將鳥槍施放傷人者發雲貴兩廣煙瘴
少輕地方充軍例發雲貴兩廣煙瘴少輕地方
充軍仍照名例以足肆千里爲限到配杖壹百
折責安置邢轉松糾約張余同等往向邢士書
阻毀田麥囑令張余同等攜帶鳥槍施放嚇唬
致張余同放槍轟傷胡添貴身死卽與謀毆無
異應照原謀科斷邢轉松除私藏鳥槍輕罪不
議外合依原謀杖壹百流叁千里律杖壹百流
叁千里到配折責安置邢士書之祖毀麥肇釁
釀命請照不應重律杖捌拾折責發落所欠租
錢照追給領王庭貴姜四聽糾毀麥本有不合

姑念已受槍傷從寬免議王庭貴等傷俱平復
應無庸議無干省釋責槍之不識姓名人請免
查提屍棺給屬領埋兇器鳥槍解驗犯係早職
自行查拏連械起獲究辦失察職名例免開參
等情由道審解到司因恐案情未確札委署蘇
州府知府陳經確審茲據該府審無別故仍照
原擬詳解請來該江蘇按察使額騰伊提犯親
訊核擬無異解候勘
題等情招解到臣提犯親審無異該臣看得通州
民張余同放槍轟傷胡添貴身死壹案緣張余
同邢檀麻子邢轉松均籍隸通州與胡添貴王
庭貴姜四素識無嫌邢轉松堂伯邢士書於道

光捌年間憑邢轉松之父邢寶千作中將田肆
畝賣與馬雄執業邢士書仍欲扭回承種馬雄
不允邢士書私慫邢寶千出名向馬雄立權邢
士書又轉向邢寶千立權佃種每年租錢邢士
書給邢寶千轉交馬雄收受嗣邢士書欠少租
錢叁年馬雄屢向邢寶千索討拾貳年閏玖月
間邢寶千向邢士書追討新陳租欠邢士書止
交新租未將陳租清還邢寶千不依令其將田
吐退自在田内佈種麥子邢士書心懷忿恨於
是月貳拾貳日糾約胡添貴王庭貴姜四往田
毀麥時邢寶千外出邢轉松瞥見糾同堂兄邢
撞麻子並素識之張余同前往理阻適家存鳥

槍兩杆裝好火藥預備防夜邢轉松即分給張
余同邢擡扁子攜帶燭候與邢士書理論不服
向空施放嚇唬張余同等應允偕至田邊邢轉
松上前理阻邢士書不依與邢轉松爭吵扭結
張余同邢擡扁子即各自向空放槍嚇唬適胡
添貴與王庭貴姜四近前幫護致張余同所放
鳥槍轟傷胡添貴右肩甲胠朖等處倒地邢擡
扁子亦將王庭貴姜四轟傷張余同等畏懼各
散胡添貴旋即因傷殞命屍弟胡添富投保報
州驗訊先後獲犯訊詳審供不諱詰非預謀有
心欲殺亦無起釁别故及另有在場幫毆之人
矢口不移案無遁飾查例載因爭鬬擅將鳥槍

江蘇巡撫林則徐題本　審明通州民人張余同等槍斃胡添貴案分別定擬

道光十三年七月十八日

施放殺人者以故殺論傷人者發雲貴兩廣煙
瘴少輕地方充軍又律載故殺者斬監候若同
謀共毆人因而致死原謀不問共毆與否杖壹
百流叁千里各等語此案張余同聽從邢轉松
往阻邢士書等毀麥不服輒放鳥槍向嚇致傷
胡添貴身死應按例問擬張余同合依因爭鬬
擅將鳥槍施放殺人者以故殺論故殺者斬律
擬斬監候秋後處決照例先行刺字邢檀麻子
施放鳥槍轟傷王庭貴姜四平淮合依將鳥槍
施放傷人者發雲貴兩廣煙瘴少輕地方充軍
例發雲貴兩廣煙瘴少輕地方充軍仍照名例
以足肆千里為限到配杖壹百折責安置邢轉

松糾約張余同等往向邢士書阻毆甲麥囑令
張余同等攜帶鳥槍施放嚇唬致張余同放槍
轟傷胡添貴身死即與謀毆無異應照原謀科
斷邢韓松除私藏鳥槍輕罪不議外合依原謀
杖壹百流叁千里律杖壹百流叁千里到配折
責安置邢士書欠租毆麥肇釁釀命應照不應
重律杖捌拾折責發落所欠租錢照追給領王
庭貴姜四聽糾毆麥本有不合姑念已受槍傷
從寬免議王庭貴等傷俱平復應無庸議無干
省釋賣槍之不識姓名人免其查提屍棺飭埋
兇器鳥槍發回貯庫犯係該州自行查拏連案
起獲究辦并案聯名例免開參臣謹具、

題伏乞
皇上聖鑒敕下三法司核覆施行再此案審限陸箇
月應以道光拾貳年閏玖月貳拾叁報驗之日
起除封印扣犯病委審各壹月自州由道解司程
限拾捌日統應扣至拾叁年柒月拾壹日全限
屆滿合並陳明謹題請
旨

江蘇巡撫林則徐題本　審明通州民人張余同等槍斃胡添貴案分別定擬
道光十三年七月十八日

兵部侍郎兼都察院右副都御史巡撫江蘇等處地方提督軍務總理糧儲臣林則徐謹
題為稟報事。該臣看得通州民張余同放槍轟傷
胡添貴身死一案。緣張余同、邢獐麻子、邢轉松
均與胡添貴、王庭貴、姜四素識無嫌。邢轉松堂
伯邢士書於道光元年間憑邢轉松之父邢賓
千作中，將田肆畝賣與馬雄執業。邢士書仍欲
租回承種，馬雄不允。邢士書私懇邢賓千出名
向馬雄立權，邢士書又轉向邢賓千立權佃種，
每年租錢邢士書給邢賓千轉交馬雄收受。嗣
邢士書欠少租錢，遞年馬雄屢向邢賓千索討。
拾貳年玖月間，邢賓千向邢士書追討新陳
租欠，邢士書止交新租，未將陳租清還。邢賓千
不依，令其將田出退，自在田內佈種麥子。邢士
書心懷忿恨，於是月貳拾貳日糾約胡添貴、王
庭貴、姜四往田毀麥，待邢賓千外出，邢轉松瞥

道光十三年七月十八日兵部侍郎兼都察院右副都御史巡撫江蘇等處地方提督軍務總理糧儲臣林則徐

江蘇巡撫林則徐題本　審明通州民人張余同等槍斃胡添貴案分別定擬
道光十三年七月十八日

見斜同堂兄邢樟麻子並素識之張余同前往
理阻適家存鳥槍兩杆裝好火藥預備防夜邢
轉松郎分給張余同邢樟麻子攜帶適張余與邢
士書理論不服向空施放嚇唬張余同等應允
帶至田邊邢轉松上前理阻邢士書不依與邢
轉松爭吵扭結張余同邢樟麻子節各自向空
放槍恐嚇適胡添貴與王庭貴姜四近前幫護
致張余同所放鳥槍轟傷胡添貴右肩甲并腹
等處倒地邢樟麻子亦將王庭貴姜四轟傷胡
添貴旋即因傷殞命報驗獲犯訊詳審供不諱
張余同依三爭鬪擅將鳥槍施放殺人者以故
殺論故殺者斬律擬斬監候秋後處決邢樟麻
子依將鳥槍施放傷人例發雲貴兩廣煙瘴少
輕地方充軍邢轉松依原謀故流律杖壹百流
叁千里達題請
旨

江蘇巡撫林則徐題本 訪聞江都縣民人田繼廣等毆斃王潮佐私埋案審明分別定擬

江蘇巡撫林則徐題本　訪聞江都縣民人田繼廣等毆斃王潮佐私埋案審明分別定擬

道光十三年七月十八日

兵部侍郎兼都察院右副都御史巡撫江蘇等處地方提督軍務總理糧儲臣林則徐謹
題爲訪聞事據江蘇按察使頴騰伊詳據揚州府
知府豫益詳據江都縣知縣鄭祖經詳稱道光
拾貳年柒月拾壹日卑職訪聞縣民田繼廣有
毆傷王潮佐身死私埋之事飭差查拏閒即據
民人王潮佑喊稟伊兄王潮佐因欠少田繼廣
託賣親戚女孩身價洋錢於柒月初捌日從田
繼廣門首經過被田繼廣拉進家內縛吊毆傷
伊聞信趕護亦被綑縛關緊廂房初玖日早田
繼廣向告伊兄已經脫逃將伊放回未見伊兄
回家連日找尋無蹤恐被致死滅跡稟求提訊
等情催據原差於柒月拾肆日將田繼廣獲解

前來隨訊據田繼廣供認於道光拾貳年貳月
間有伊戚徐三等因年荒難度將女孩叁口託
伊覓主價賣伊轉託王潮佐並妻母施徐氏帶
領坐王潮佑船隻與梁有才同赴金壇一帶覓
賣伊隨後往找王潮佐已將兩女賣去僅得身
價洋錢共拾叁圓又被挪用肆圓伊嫌價少將
壹女自行賣得洋錢拾陸圓王潮佐挪洋延約
不還伊先回揚留施徐氏在彼等候至伍月間
伊復往討見施徐氏住在王三媽飯店患病聞
知王潮佐等已往溧陽伊即赴討王潮佐慫恿
回揚措交伊隨回金壇問知施徐氏已趁船先
回伊轉回不見施徐氏到家至柒月初捌日下

午見王潮佐從伊門首經過卽向索欠爭吵伊
氣忿將王潮佐拉進屋內喊同伊妻施氏將王
潮佐兩手用繩縛住拴在院內天篷橫木上用
木棒板打傷其左右腿王潮佐將棒板踢斷伊
又用抽屜木板毆傷其左膝左臁肕左臂等處
王潮佑聞知趕至幫護伊又同妻將王潮佑細
縛關禁廂房令其還洋放走王潮佐在院辱罵
伊妻掌毆其左腮頰壹下伊又用抽屜板毆傷
其左耳根經王大桂添璮至勸解放下不料王
潮佐傷重身死伊起意埋屍滅跡適伊甥吳加
子走至央允相幫是夜叁更將王潮佐屍身用
蘆席包裹細縛攔帶鐵鍬將屍擡往義塚掩埋

次日捏稱王潮佐已經脫逃向王潮佑告知將
其放走等語傳訊鄰證供亦相同隨帶吏仵押
同犯證前詣勘得田繼廣住屋朝南開設大門
內朝北照屋叁間朝南住房叁間東西廂房兩
間簷下短木欄杆壹道院內天蓬橫木貳根飭
據屍弟王潮佑指稱伊兄王潮佐被田繼廣將
兩手縛住拴在東首天蓬橫木上毆打伊聞知
趕護亦先被拴縛欄杆後被關禁西廂房內等
語查驗橫木上有擦損痕跡自木至地量高陸
尺貳寸又詣勘得離田繼廣家半里路有義塚
壹處據田繼廣指明埋屍處所查看浮土爬鬆
蘆席微露飭令刨開該屍用蘆席包裹外紮麻

飭諭令屍弟王潮佑及保鄰人等認明屍穿服
色委係王潮佐屍身移放平地據仵作常洪回
稟該屍左膀無存血盆骨左肋俱有殘缺週身
腐爛無憑相驗卑職親驗無異將屍棺殮標封
交保看管細屍麻繩帶回貯庫錄供詳請委員
檢辦蒙臬司札委署高郵州張志邃會同卑職
檢驗確訊詳辦等因移准高郵州張志邃束裝
來郡會同卑職於道光拾貳年拾月初叁日天
氣晴朗各帶吏仵傳集人證監提兇犯田繼廣
同赴起棺驗明檯至廠所眼同屍親人證開棺
查驗該屍週身皮肉消化無存飭將骨殖取出
加法烝檢據高郵州仵作錢貴江都縣仵作常

洪喝報檢得王潮佐髑髏骨壹具查生年叁拾
叁歲仰面上齒生前脫落壹箇下齒脫落貳箇
軀子骨心坎骨左肩井臆骨左血盆骨左橫髃
骨左飯匙骨左胳膊骨左右兩肘骨左臂骨左
髀骨左手踝骨左手外踝骨左腕骨左手掌骨
左手五指骨俱缺無存不致命左腿骨木器傷
壹處長柒分寬肆分右腿骨木器傷壹處長陸
分寬肆分左膝蓋骨木器傷壹處斜長柒分寬
肆分左骭骨木器傷貳處均長陸分寬肆分以
上俱紅色有暈合面致命左耳根骨木器傷壹
處長玖分寬肆分紅色有暈不致命左肋骨第
壹叁肆伍共缺肆條左胯骨後木器傷壹處斜

長玖分寬伍分紅色有暈餘骨齊全無故委係
受傷身死報畢會同親檢無異填格取結當將
屍骨裝桶封固帶回卑江都縣貯庫會提犯證
逐加研訊據仵作錢貴常洪同供小的們檢驗
王潮佐左右兩腿骨左膝蓋骨各有木器傷壹
處左骱骨有木器傷貳處左耳根骨左胯骨後
各有木器傷壹處實係受傷身死至龜子心坎
等骨拾伍塊並左手指骨及左肋骨第壹叁肆
伍肆條都已缺少想是掩埋浮淺被野獸爬開
殘食那時天氣暑熱屍身腐爛易於脫落所以
各骨俱無齒嚙痕跡並沒別故願具結據地保
何松供道光拾貳年柒月初捌日田繼廣如何

江蘇巡撫林則徐題本　訪聞江都縣民人田繼廣等毆斃王潮佐私埋案審明分別定擬
道光十三年七月十八日

向王潮佐索討代賣親戚家女孩身價洋錢爭
吵同他妻子田施氏把王潮佐吊打致傷身死
又央吳扣子埋屍滅跡並把王潮佑關禁廂房
那時小的患病臥牀先不知道後來查知已蒙
訪聞小的隨同差役把田繼廣獲解的今蒙會
檢研訊田繼廣實因向王潮佐討欠爭吵毆傷
身死並沒別故小的先因患病失於查報並沒
賄匿的事是實據鄰佑王遇文周有貴同供道
光拾貳年柒月初捌日田繼廣如何向王潮佐
索討代賣親戚家女孩身價洋錢爭吵同他妻
子田施氏把王潮佐毆傷身死又央吳扣子埋
屍滅跡當時小的們外出沒有看見隨後回家

查知已蒙訪拏究辦今蒙會檢研訊田繼廣實
因向王潮佐討欠爭吵毆傷身死並沒別故是
實據勸證王大桂添同供小的們與田繼廣王
潮佐素識道光拾貳年柒月初捌日下午小的
們同到田繼廣家閒談見王潮佐兩手縛住拴
在院內天蓬橫木上吵嚷辱罵田繼廣的妻子
田施氏趕攏打他左腮頰壹掌田繼廣手拏扭
扁木扳毆傷他左耳根小的們連忙上前解勸
放下問據田繼廣說因王潮佐挪用代賣女孩
身價洋錢向討不還把他拴縛毆打的話不料
王潮佐傷重停了一會就死了小的們恐怕連
累不敢嚷聲就各走回後來田繼廣如何央同

吳扣子把屍身壅埋滅跡小的們並不知道今
蒙會檢研訊田繼廣實因向王潮佐討欠不還
弔打致傷身死的小的們勸阻不及是實據應
訊梁有才供江都縣人王潮佐王潮佑都是妻
兄小的撑船爲業道光拾貳年貳月裏王潮佐
說他素好的田繼廣有親戚家女孩託他領往
金壇一帶售賣坐王潮佑船隻送去邀小的幫
同撑船小的應允田繼廣的妻母施徐氏領了
兩箇小女孩壹箇大女孩下船當即開行搖到
金壇地方王潮佐先把兩箇小女孩託認識的
王興兆即汪老興賣得身價洋錢拾叁圓當交
施徐氏洋錢玖圓餘洋肆圓王潮佐用去叁月

裏田繼廣找到嫌王潮佐賣錢太少自把大女
孩賣焯得洋錢拾陸圓並向王潮佐索討挪用
洋錢王潮佐約赴溧陽親戚家借錢歸還田繼
廣就先自回揚留施徐氏在金壇守討後來王
潮佐把施徐氏送到北門外王三媽即錢岳氏
飯店住歇與王潮佐同小的前赴溧陽探親因
無處借錢又名患病在彼耽閣伍月裏田繼廣
尋到溧陽向王潮佐索討前欠王潮佐聽候回
揚措交田繼廣說他先到金壇見施徐氏在店
患病要去接歸的話隨即轉去小的也因缺少
食用赴安浦一帶撐船生理後來王潮佐回揚
如何被田繼廣索欠爭吵毆傷身死埋屍滅跡

小的不知道是實據屍弟王潮佑供已死王潮
佐是胞兄小的撑船為業道光拾貳年貳月裏
哥子說他素好的田繼廣有親戚家女孩託哥
子領往金壇一帶售賣要小的船隻送去小的
應允哥子就同田繼廣的妻母施徐氏領了兩
箇小女孩壹箇大女孩下船幷邀妹夫梁有才
幫同撑船同到金壇哥子先把兩箇小女孩託
認識的王興兆即汪老興賣得身價洋錢拾叁
圓當交施徐氏洋錢玖圓餘洋肆圓哥子用去
叁月裏田繼廣找到婦哥子賣錢太少自把大
女孩賣掉得洋錢拾陸圓並向哥子索討挪用
洋錢哥子約赴溧陽親戚家借錢歸還田繼廣

就先自回揚寓施徐氏在金壇守討後來哥子
把施徐氏送到北門外王三媽即錢岳氏飯店
住歇與小的同梁有才前赴溧陽探親告貸因
無處借錢又各患病在彼就閣伍月裏田繼廣
尋到溧陽向哥子索討前欠哥子應俟回揚措
交田繼廣說他先到金壇見施徐氏在店患病
要去接歸的話隨即轉去梁有才也因缺少食
用赴安浦一帶撐船生理柒月初間小的與哥
子回到揚州初捌日傍晚聽說哥子路過田繼
廣門首被田繼廣撞見討錢爭毆小的連忙趕
去見哥子被田繼廣拴縛在他家天篷橫木上
用木板毆打小的上前斥護田繼廣不依把小

江蘇巡撫林則徐題本　訪聞江都縣民人田繼廣等毆斃王潮佐私埋案審明分別定擬　道光十三年七月十八日

的也用繩拴在廟屋欄杆上小的掙脫田繼廣
就叫他妻子田施氏幫同把小的細縛關禁廟
房說要小的弟兄還清洋錢始行放回小的當
聽得哥子向田繼廣混罵田繼廣又把哥子毆
打停了一會就不聞聲息到第貳日早田繼廣
向小的說哥子已經脫逃把小的放走小的回
家不見哥子正在各處查找就蒙本縣訪聞赴
案喊稟的今蒙會檢研訊哥子王潮佐實被田
繼廣索欠拴縛毆傷身死至田繼廣如何央同
吳扣子把哥子屍身擡赴義塚掩埋滅跡那時
小的被關廟房沒有知道哥子屍骨殘缺想是
掩埋浮淺被野獸殘食的施徐氏因何未回也

江蘇巡撫林則徐題本　訪聞江都縣民人田繼廣等毆斃王潮佐私埋案審明分别定擬

道光十三年七月十八日

不曉得求訪查究辦是實據埋屍人吳扣子供
江都縣人年貳拾玖歲田繼廣是母舅小的與
已死王潮佐素不認識道光拾貳年柒月初捌
日晚小的因乏錢使用到母舅家挪借母舅密
向小的說貳月裏他有親戚家女孩叁箇託王
潮佐領往金壇賣掉挪用身價洋錢沒還被他
在門口遇見拉進家内討要爭鬧把王潮佐拴
縛毆傷身死央小的幫同理屍滅跡不要嘖聲
許給錢文小的應允到叁更時分母舅把王潮
佐屍身用蘆席包裹細繩綁了鐵鋤與小的擡
到義塚掩埋回歸給了小的錢壹百文走散是
有的今蒙會檢研訊母舅如何把王潮佐毆傷

江蘇巡撫林則徐題本 訪聞江都縣民人田繼廣等毆斃王潮佐私埋案審明分別定擬 道光十三年七月十八日

自死小的並沒看見委沒在場幫毆是實據犯
妻田施氏供江都縣人年貳拾玖歲田繼廣是
丈夫道光拾貳年貳月裏婦人表兄徐三有拾
歲拾貳歲兩箇女兒婦人哥子施文魁有拾柒
歲壹箇女兒都因年荒不能養活央丈夫覓主
價賣丈夫向素好的王潮佐告知王潮佐邀丈
夫領往鎮江金壇一帶託賣時值丈夫家裏有
事不能同去因婦人的母親施徐氏向在婦人
家過活隨央母親帶了叁箇女孩與王潮佐們
先赴金壇領賣隨後丈夫找往因王潮佐把徐
三的兩箇女兒賣去止得身價洋錢拾叁圓丈
夫自把施文魁的女兒賣得洋錢拾陸圓並因

王潮佐用去洋錢肆圓叫母親在彼守討先自
回家到伍月裏丈夫因母親總沒回歸又往金
壇探望見母親在金壇北門外王三媽即錢岳
氏飯店患病問知王潮佐們赴溧陽探親丈夫
當給母親錢貳百文叫他等候同歸又往溧陽
找見王潮佐們索欠王潮佐許俟回揚交楚就
回到金壇往接母親據王三媽說母親先已起
船回歸丈夫回家不見母親轉回正在各處查
尋到柒月初捌日下午見王潮佐從婦人家門
首走過丈夫向索欠錢並因母親無著要他幫
同找尋不允爭鬧喊同婦人把王潮佐拉進屋
內用繩縛他兩手拴在院內天篷橫木上王潮

江蘇巡撫林則徐題本　訪聞江都縣民人田繼廣等毆斃王潮佐私埋案審明分别定擬
道光十三年七月十八日

佐混罵丈夫順拏木緯板打他兩腿王潮佐用
脚亂踢把緯板踢斷丈夫又拏抽屉木板打他
左膝左臁肕左臂等處那時王潮佐的兄弟王
潮佑趕來幫護也被丈夫用繩拴在廂屋欄杆
上王潮佑掙脫丈夫又叫婦人幫同把王潮佑
細縛關禁廂房說要他弟兄還清洋錢始行放
回王潮佐在院愈加辱罵婦人走攏用掌打他
左腮頰壹下丈夫又用抽屉木板打他左耳根
壹下當有王大桂添走來解勸放下不料王潮
佐傷重停了一會就死了王大們畏累不敢聲
張當即走去丈夫害怕就與婦人把王潮佐屍
身擡放空屋起意私埋滅跡適有外甥吳如子

走來借錢文夫密向告知情由央同擡理許給
錢文囑勿嚷聲吳扣子應允到叁更時候文夫
把王潮佐屍身用蘆席包裹細縛帶了鐵鋤同
吳扣子擡到義塚掩埋給與吳扣子錢壹百文
走散第貳日早文夫向王潮佐捏説王潮佐已
經脱逃把王潮佐放走後蒙訪聞把文夫拏獲
究辦的今蒙會檢研訊文夫田繼廣實因向王
潮佐索討欠洋並央他幫尋母親不允爭吵把
他拴縛毆傷身死婦人委止幫同拴縛並掌毆
王潮佐左腮頰壹下吳扣子也止事後聽從擡
理並沒在場幫毆的事母親至今未回不知現
在何處求訪查是實據兇犯田繼廣即田起廣

供江都縣人年肆拾伍歲父母俱故兄弟田繼
發妻子施氏生有兩子小的先於嘉慶拾陸年
因私鑄小錢未成犯案擬軍親老留養平日小
本營生與已死王潮佐素識無嫌道光拾貳年
貳月裏小的妻子的表兄徐三有拾歲拾貳歲
兩箇女兒並妻兄施文魁有拾柒歲壹箇女兒
都因年荒不能養活央小的覓主價賣小的向
王潮佐告知王潮佐說鎮江金壇一帶他有親
戚可以轉託領賣邀小的帶同前往時值小的
家裏有事不能同去因妻母施徐氏向在小的
家過活隨央妻母領了那叁箇女孩與王潮佐
坐了他兄弟王潮佑船隻並有他妹夫梁有才

幫同撐船前往許侯賣後回來酬送錢文到是
月裏小的因不見他們回歸找赴金壇探問知
王潮佐已把徐三的兩個女兒賣與張姓于姓
共得身價洋錢拾叁圓交存妻母洋錢玖圓餘
洋肆圓王潮佐挪用小的因嫌王潮佐賣價過
少自己把施文魁的女兒賣與王姓得洋錢拾
陸圓同施徐氏所存洋錢一并收取當向王潮
佐索討餘價王潮佐約赴溧陽親戚家借錢歸
還小的就央妻母在彼守討先自回揚把賣得
身價洋錢分交徐三施文魁收用到伍月裏小
的因妻母日久不回又赴金壇探望見妻母在
金壇北門外王三媽即錢岳氏飯店患病問知

王潮佐們已往溧陽探親小的當給妻母錢貳
百文叫他等候同歸自往溧陽找見王潮佐索
欠王潮佐因無處借錢懇候回揚措交小的無
奈隨即回到金壇去接妻母隊王三媽說妻母
先已趁船回去小的歸家不見妻母轉回正在
各處查尋到本月初捌日下午見王潮佐從小
的門首走過小的向索欠少洋錢並因妻母無
着央令幫同找尋王潮佐回覆沒錢又不肯幫
找彼此爭吵小的氣忿就喊同妻子把王潮佐
拉進屋內用繩縛他兩手拴在院內天篷橫木
上王潮佐混罵小的順拏木縴板打他左右腿
各壹下王潮佐用腳亂踢把縴板踢斷小的又

拏抽屉木板毆傷他左膝左臁肕左臂等處那
時王潮佐的兄弟王潮佑趕來幫護小的不依
把王潮佑也用繩拴在廟屋欄杆上王潮佑掙
脫小的又叫妻子幫同把王潮佑細縛關禁廟
房說要他弟兄還清洋錢始行放回王潮佐在
院愈加辱罵妻子走攏用掌打他左腮頰壹下
小的又用抽屉板毆傷他左耳根壹下當有王
大桂添走來解勸放下不料王潮佐傷重停了
一會就死了王大們畏累不敢嘖聲當即走去
小的害怕就同妻子把王潮佐屍身擡放空屋
起意私埋滅跡適有外甥吳加子走來借錢小
的密向告知情由央同擡埋許給錢文囑勿聲

張吳加子應允到三更時候小的把王潮佐屍
身用蘆蓆包裹細繩帶了鐵鍬與吳加子擡到
義塚掩埋給與吳加子錢壹百文走散第貳日
早小的向王潮佑捏說王潮佐已經脫逃把王
潮佑放走後蒙訪聞把小的拏獲的今蒙研審
小的實因向王潮佐索欠並央他幫尋妻毋不
允爭吵把他拴縛毆傷身死並非有心致死也
沒起意另別故妻子田施氏實止幫同拴縛掌毆
王潮佐左腮頰壹下吳加子也止事後幫同擡
埋並未在場幫毆兇器繩板柚屜板都已燒燬
至王潮佐屍骨殘缺想是掩埋浮淺被野獸爬
開殘食的妻沒殘毀的事妻毋施徐氏因何至

江蘇巡撫林則徐題本　訪聞江都縣民人田繼廣等毆斃王潮佐私埋案審明分别定擬
道光十三年七月十八日

今未歸來訪查是實各等供據此將犯還禁移
准金壇縣覆稱准經飭傳王三媽即錢岳氏到
案訊據供稱道光拾貳年肆月間有江都縣人
王潮佐送一年老婦人施徐氏到伊店內住歇
言明每日房錢拾文後來施徐氏患病說要趁
搭江北便船回去就收拾出門知今因何尚未
回揚不知道求訪查等供除飭差訪查施徐氏
下落再行移知外擬合移覆等因並據差稟查
明徐三已故施文魁外出未回無從查傳等情
前來隨會查江都縣卷內開田繼廣即田起廣
於嘉慶拾陸年因起意私鑄小錢未成被獲稟
入徐長發等糾夥私鑄案內審擬私鑄未成爲

江蘇巡撫林則徐題本 訪聞江都縣民人田繼廣等毆斃王潮佐私埋案審明分別定擬 道光十三年七月十八日

首擬軍例改發足肆千里充軍親老留養枷責
發落交保梁廣元管束在卷除仍由甲江都縣
覆審招解外當經錄供通詳蒙批審解正在覆
審詢拾壹月貳拾日據禁卒稟報田繼廣在監
患病醫治詳咨於拾貳月貳拾壹日報痊時值
封印隨於開篆後提集犯證研訊各供均與前
審無異不敘外該江都縣知縣鄭祖經審看得
民人田繼廣等毆傷王潮佐身死埋屍滅跡壹
案緣田繼廣即田起廣籍隸江都先於嘉慶拾
陸年因私鑄小錢未成犯案擬軍親老留養枷
責發落小本營生與王潮佐素識無嫌道光拾
貳年貳月田繼廣之戚徐三有拾歲拾貳歲兩

江蘇巡撫林則徐題本　訪聞江都縣民人田繼廣等毆斃王潮佐私埋案審明分別定擬
道光十三年七月十八日

女又伊妻尼施文魁有拾柒歲壹女均因歲歉
難度央田繼廣覓主價賣田繼廣向王潮佐告
知王潮佐以鎮江金壇一帶伊有親戚可以託
賣囑令田繼廣帶同前往時値田繼廣有事不
能同去因伊妻毋施徐氏向依伊家過度隨央
施徐氏領同女孩叁口與王潮佐先往詩僕價
賣回歸酬送錢文王潮佐即坐其弟王潮佑船
隻並邀其妹夫梁有才幫同撐船與施徐氏等
一同前赴金壇先將徐三丙女託素識之王與
光即汪老與賣與張姓于姓共得身價洋錢拾
叁圓當交施徐氏洋錢玖圓餘洋肆圓王潮佐
挪用叁月間田繼廣找往因嫌王潮佐賣去丙

女身價過少自將施文魁之女賣與王姓得洋
錢拾陸圓同施徐氏所存洋錢玖圓一并收取
並向王潮佐索討餘價王潮佐約赴溧陽親戚
家借錢歸還田繼廣即留施徐氏在金壇守討
先自回揚將賣得身價洋錢分交徐三施文魁
收用王潮佐旋將施徐氏送至北門外王三媽
即錢岳氏飯店住歇與王潮佈梁有才同赴溧
陽探親告貸伍月間田繼廣因施徐氏未歸復
往探望見施徐氏在王三媽飯店患病並詢知
王潮佐等已赴溧陽當給施徐氏錢貳百文約
令等候同歸又自往溧陽找見王潮佐索欠王
潮佐因到彼患病無處借錢懇俟回揚措還田

江蘇巡撫林則徐題本　訪聞江都縣民人田繼廣等毆斃王潮佐私埋案審明分别定擬
道光十三年七月十八日

繼廣應允回至金壇住接施徐氏稼王三媽告
知施徐氏先已趁船回揚田繼廣歸家不見施
徐氏轉回正在查尋本月初捌日下午見王潮
佐從伊門首走過向索欠少洋錢並以施徐氏
無着令其幫同找尋王潮佐不允致相爭吵田
繼廣氣忿即喊同伊妻田施氏將王潮佐拉進
屋内用繩縛其兩手拴在院内天篷横木上王
潮佐混駡田繼廣順取木縴板毆傷其左右腿
王潮佐用脚亂踢將縴板踢斷田繼廣又取抽
屜木板毆傷其左膝左𦟛肋左臂等處維時王
潮佑聞知趕往斥護田繼廣不依將王潮佑亦
用繩拴在廂屋欄杆上王潮佑掙脱田繼廣又

江蘇巡撫林則徐題本　訪聞江都縣民人田繼廣等毆斃王潮佐私埋案審明分別定擬

道光十三年七月十八日

令田施氏幫同將王潮佑細縛關禁廟房聲言必須王潮佐弟兄將洋錢清還方行放回王潮佐在院愈加辱罵田施氏趕攏拿批其頰田繼廣又用抽屉板毆傷其左耳根經王大柱添踵至解勸放下詎王潮佐傷重旋即殞命王大等畏累不敢聲張各走回田繼廣畏懼即同田施氏將屍擡放空屋起意私埋滅跡適伊甥吳加子往向告貸田繼廣密告情由央令幫同擡埋許給錢文囑勿聲張吳加子應允即於是夜三更時分田繼廣將王潮佐屍身用蘆席包裹細縛欄帶鐵鍬同吳加子擡至義塚掩埋給與吳加子錢壹百文各散次早田繼廣向王潮佑

揑稱王潮佐已經脫逃將其放回王潮佑不見
王潮佐回歸正在查尋經卑職訪聞差拏王潮
佑即赴縣喊稟獲犯訊認詣驗屍身業已腐爛
並被野獸殘食無憑相驗錄供詳奉飭委署高
郵州張志遂會同檢驗訊供通詳奉批飭審遵
復提犯研鞫據供前情不諱究非有心謀殺亦
無起釁別故及另有在場幫毆之人案無遁飾
查律載威力制縛人拷打致死者絞監候又共
毆人致死餘人杖壹百又例載毆故殺人案內
兇犯起意埋屍滅跡及雇覓埋者照地界內有
死人不報官司而輒移藏律杖捌拾各等語此
案田繼廣因王潮佐挪用代賣伊戚女孩身價

洋錢向索無還並邀幫尋伊妻毋施徐氏不允
爭吵輒將王潮佐拴縛用木板毆傷斃命埋屍
滅跡應按律問擬田繼廣即田起廣除鬭禁王
潮佐並私埋各輕罪不議外合依威力制縛人
拷打致死者絞律擬絞監候秋後處決田施氏
幫同拴縛拿毆應照餘人律杖壹百係婦人照
律收贖吳扣子訊止受雇擡埋並未在場幫毆
應照毆故殺人案內兇犯起意埋屍滅跡受雇
擡埋者照地界內有死人不報官司而輒移藏
律杖捌拾例擬杖捌拾折責發落所得田繼廣
錢文照追入官地保何松於毆斃人命私埋之
案失於查報應照不應重律杖捌拾折責革役

江蘇巡撫林則徐題本　訪聞江都縣民人田繼廣等毆斃王潮佐私埋案審明分別定擬

道光十三年七月十八日

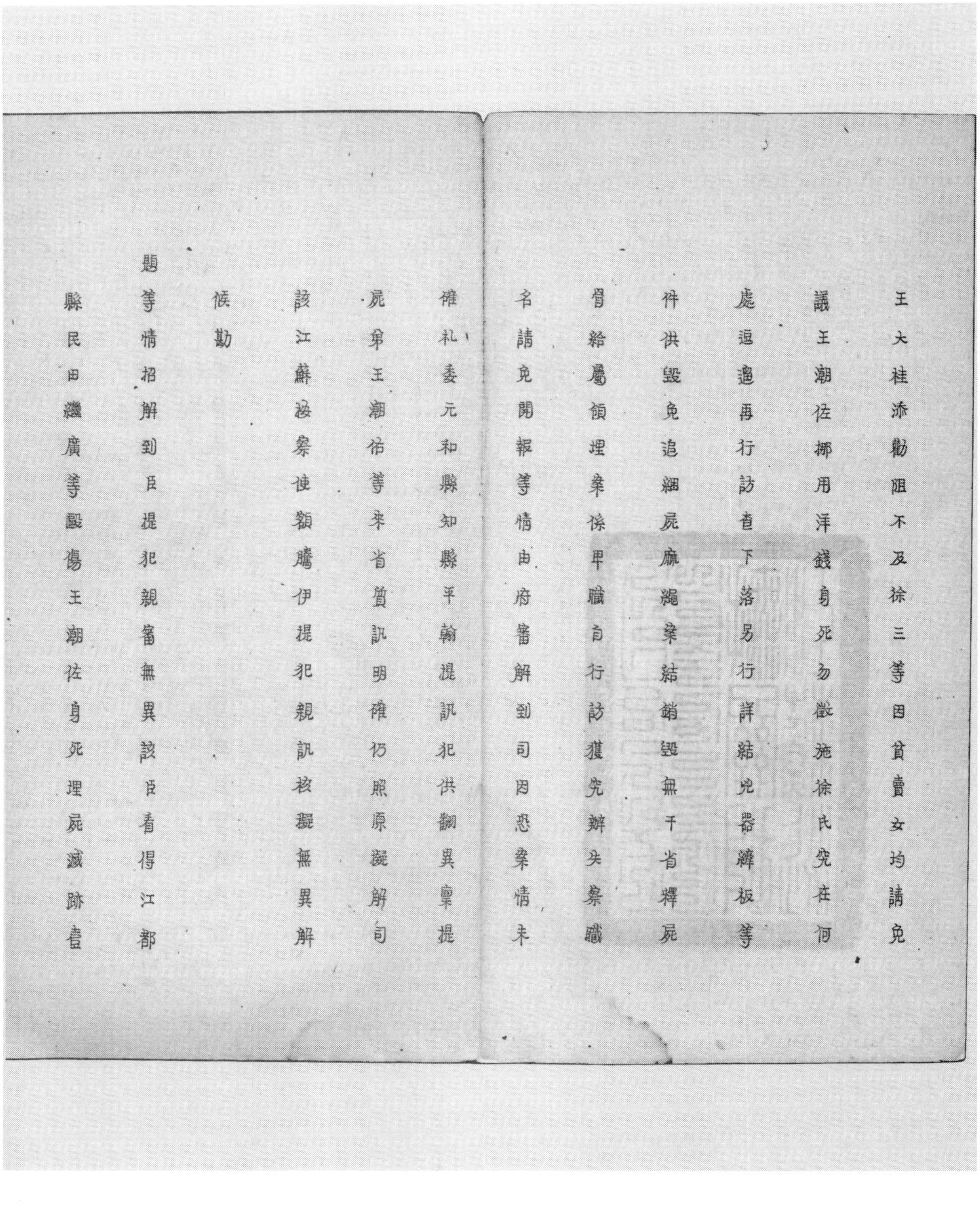
王大桂添勸阻不及徐三等因貧賣女均請免
議王潮佐挪用洋錢身死勿徵施徐氏究在何
處逗遛再行訪查下落另行詳結兇器鏟板等
件供毀免追綑屍麻繩業經銷毀無干省釋屍
骨給屬領埋案係卑職自行訪獲究辦失察職
名請免開報等情由府審解到司因恐案情未
確札委元和縣知縣平翰提訊犯供翻異稟提
屍弟王潮佑等來省質訊明確仍照原擬解司
該江蘇按察使額騰伊提犯親訊核擬無異解
候勘
題等情招解到臣提犯親審無異該臣看得江都
縣民田繼廣等毆傷王潮佐身死埋屍滅跡壹

案移田繼廣即田起廣籍隸江都先於嘉慶拾
陸年因私鑄小錢未成犯案擬軍親老留養枷
責發落小本營生與王潮佐素識無嫌道光拾
貳年貳月田繼廣之戚徐三有拾歲拾貳歲兩
女又伊妻兄施文魁有拾柒歲壹女均因歲歉
難度央田繼廣覓主價賣田繼廣向王潮佐告
知王潮佐以鎮江金壇一帶伊有親戚可以託
賣囑令田繼廣帶同前往時值田繼廣有事不
能同去因伊妻母施徐氏向係伊家過度隨央
施徐氏領同女孩急口與王潮佐先往許俟價
賣回歸酬送錢文王潮佐即坐其弟王潮沛船
隻並邀其妹夫梁有才幫同撐船與施徐氏等

江蘇巡撫林則徐題本　訪聞江都縣民人田繼廣等毆斃王潮佐私埋案審明分別定擬

道光十三年七月十八日

一同前赴金壇先將徐三兩女託素識之王興
兆即汪老興賣與張姓予姓共得身價洋錢拾
叁圓當交施徐氏洋錢玖圓餘洋肆圓王潮佐
挪用叁月間田繼廣找往因嫌王潮佐賣去兩
女身價過少自將施文魁之女賣與王姓得洋
錢拾陸圓同施徐氏所存洋錢玖圓一并收取
並向王潮佐索討餘價王潮佐約赴溧陽親戚
家借錢歸還田繼廣即留施徐氏在金壇守討
先自回揚將賣得身價洋錢分交徐三施文魁
收用王潮佐旋將施徐氏送至北門外王三媽
即錢岳氏飯店往歇與王潮佑梁有才同赴溧
陽探親告貸伍月間田繼廣因施徐氏未歸復

往探望見施徐氏在王三媽飯店患病並詢知
王潮佐等已赴溧陽當給施徐氏錢貳百文約
令等候回歸又自往溧陽找見王潮佐索欠王
潮佐因到彼患病無處借錢懇俟回揚措還田
繼廣應允回至金壇往接施徐氏據王三媽告
知施徐氏先已趁船回揚田繼廣歸家不見施
徐氏轉回正在查尋本月初捌日下午田繼廣
見王潮佐從伊門首走過向索欠少洋錢並以
施徐氏無著令其幫同找尋王潮佐不允致相
爭吵田繼廣氣忿即喊同伊妻田施氏將王潮
佐拉進屋內用繩縛其兩手拴在院內天篷橫
木上王潮佐混罵田繼廣順取木縴板毆傷其

江蘇巡撫林則徐題本　訪聞江都縣民人田繼廣等毆斃王潮佐私埋案審明分別定擬

道光十三年七月十八日

左右腿王潮佐用脚亂踢將縛板踢斷田繼廣
又取抽屜木板毆傷其左膝左臁肋左臂等處
維時王潮佑聞知趕往斥護田繼廣不依將王
潮佑亦用繩拴在廂屋欄杆上王潮佑掙脫田
繼廣又令田施氏幫同將王潮佑綑縛關禁廂
房聲言必須王潮佐弟兄將洋錢清還方行放
回王潮佐在院愈加辱駡田施氏趕攏拿批其
頰田繼廣又用抽屜板毆傷其左耳根經王大
桂添踵至解勸放下詎王潮佐傷重旋即殞命
王大等畏累不敢聲嚷當各走回田繼廣畏懼
即同田施氏將屍擡放空屋起意私埋滅跡適
伊甥吳扣子往向告貸田繼廣密告情由央令

幫同擡埋許給錢文囑勿聲張吳扣子應允即
於是夜四更時分田繼廣將王潮佐屍身用蘆
席包裹細繩綑帶鐵鍬同吳扣子擡至義塚掩
埋給與吳扣子錢壹百文各散次早田繼廣向
王潮佑捏稱王潮佐已經脫逃將其放回王潮
佑不見王潮佐回歸正在查尋經該縣訪聞差
拏王潮佑即赴縣喊稟獲犯訊認詣驗屍身業
已腐爛並被野獸殘食無憑相驗錄供詳委署
高郵州張志遂會同該縣檢驗訊詳審供不諱
究非有心欲殺亦無起釁別故及另有在場幫
毆之人案無遁飾查律載威力制縛人拷打致
死者絞監候又共毆人致死餘人杖壹百又例

江蘇巡撫林則徐題本　訪聞江都縣民人田繼廣等毆斃王潮佐私埋案審明分別定擬

道光十三年七月十八日

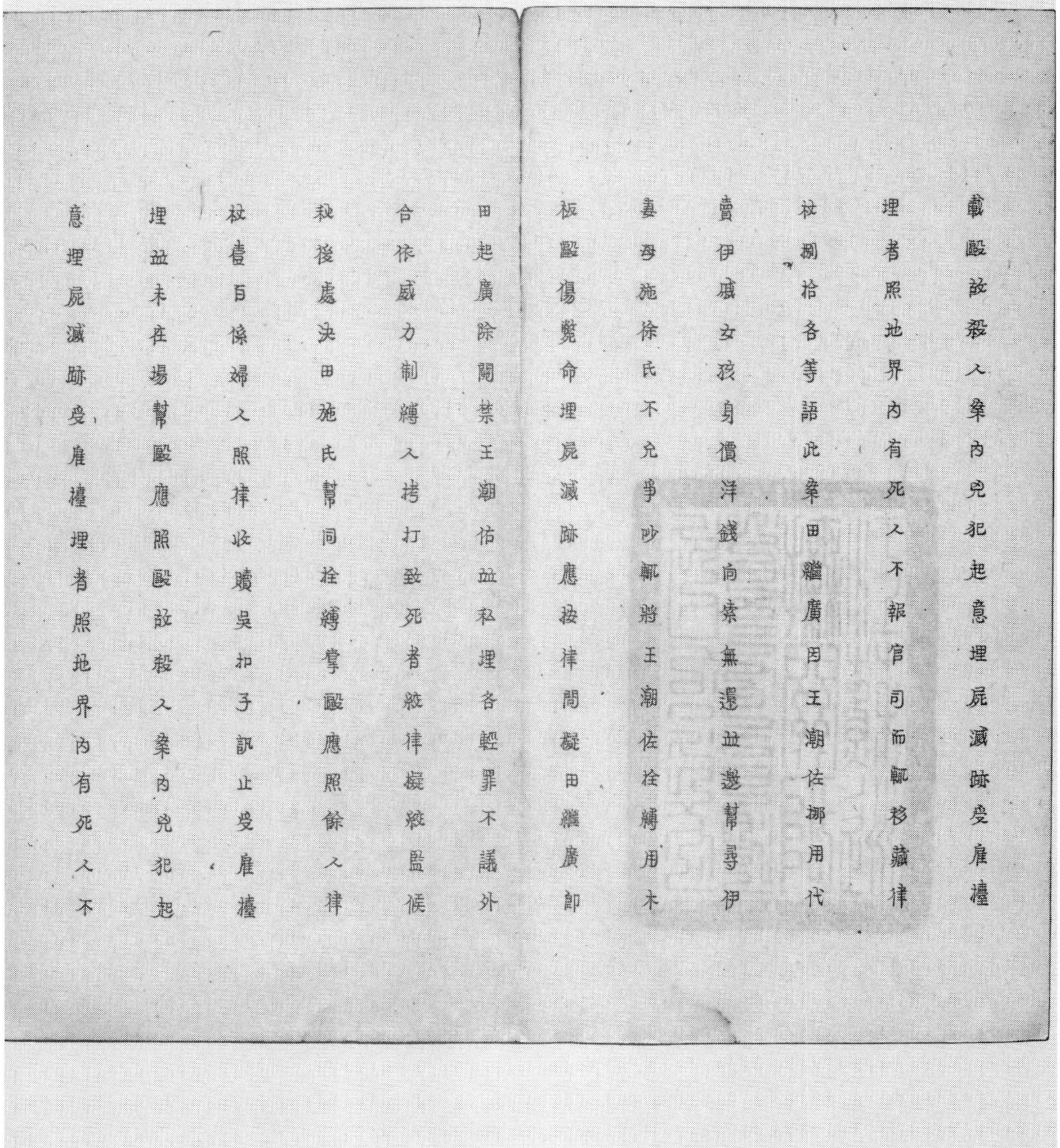

載毆故殺人案內兇犯起意埋屍滅跡受雇擡
埋者照地界內有死人不報官司而輒移藏律
杖捌拾各等語此案田繼廣因王潮佐挪用代
賣伊戚女孩身價洋錢向索無還並邀幫尋伊
妻母施徐氏不允爭吵輒將王潮佐拴縛用木
板毆傷斃命埋屍滅跡應按律問擬田繼廣即
田起廣除關禁王潮佐並私埋各輕罪不議外
合依威力制縛人拷打致死者絞律擬絞監候
秋後處決田施氏幫同拴縛聾毆應照餘人律
杖壹百係婦人照律收贖吳扣子訊止受雇擡
埋並未在場幫毆應照毆故殺人案內兇犯起
意埋屍滅跡受雇擡埋者照地界內有死人不

江蘇巡撫林則徐題本　訪聞江都縣民人田繼廣等毆斃王潮佐私埋案審明分別定擬

道光十三年七月十八日

報官司而輒移藏律杖捌拾例杖捌拾折責發
落所得田繼廣錢文照追入官地保何松於毆
斃人命私理之案失於查報應照不應重律杖
捌拾折責革役王大桂添勸阻不及徐三等因
貧賣女均免置議王潮佐挪用洋錢身死勿徵
施徐氏究在何處逗遛飭再訪查下落另結兇
器繩板等件供毀免追細屍麻繩案結銷毀無
干省釋屍骨飭屬領理案係該縣自行訪獲究
辦失察職名請免開報臣謹具
題伏乞
皇上聖鑒勅下三法司核覆施行再此案縣審分限
兩箇月應以道光拾貳年拾月初四開檢之日

起除犯病封印各壹月扣至拾叁年貳月初叁
日滿據於叁月初貳日解府計遲延貳拾玖日
所有承審遲延不及壹月職名係江都縣知縣
鄭祖經開報附參該府審限貳拾日據於拾叁
年肆月初貳日解司除程限拾日並未遲逾臬
司因案情未確即於是日發委元和縣提訊犯
供翻異於肆月初肆日稟提要證王潮佑等解
蘇質訊行據江都縣於伍月初玖日提齊解司
發審除提解例限貳拾日往返程限拾伍日並
未遲逾至司院分限各貳拾日應以伍月初玖
解到王潮佑等發審之日起除委審限壹月統
應扣至柒月拾玖日全限屆滿合並陳明謹題

江蘇巡撫林則徐題本　訪聞江都縣民人田繼廣等毆斃王潮佐私埋案審明分別定擬

道光十三年七月十八日

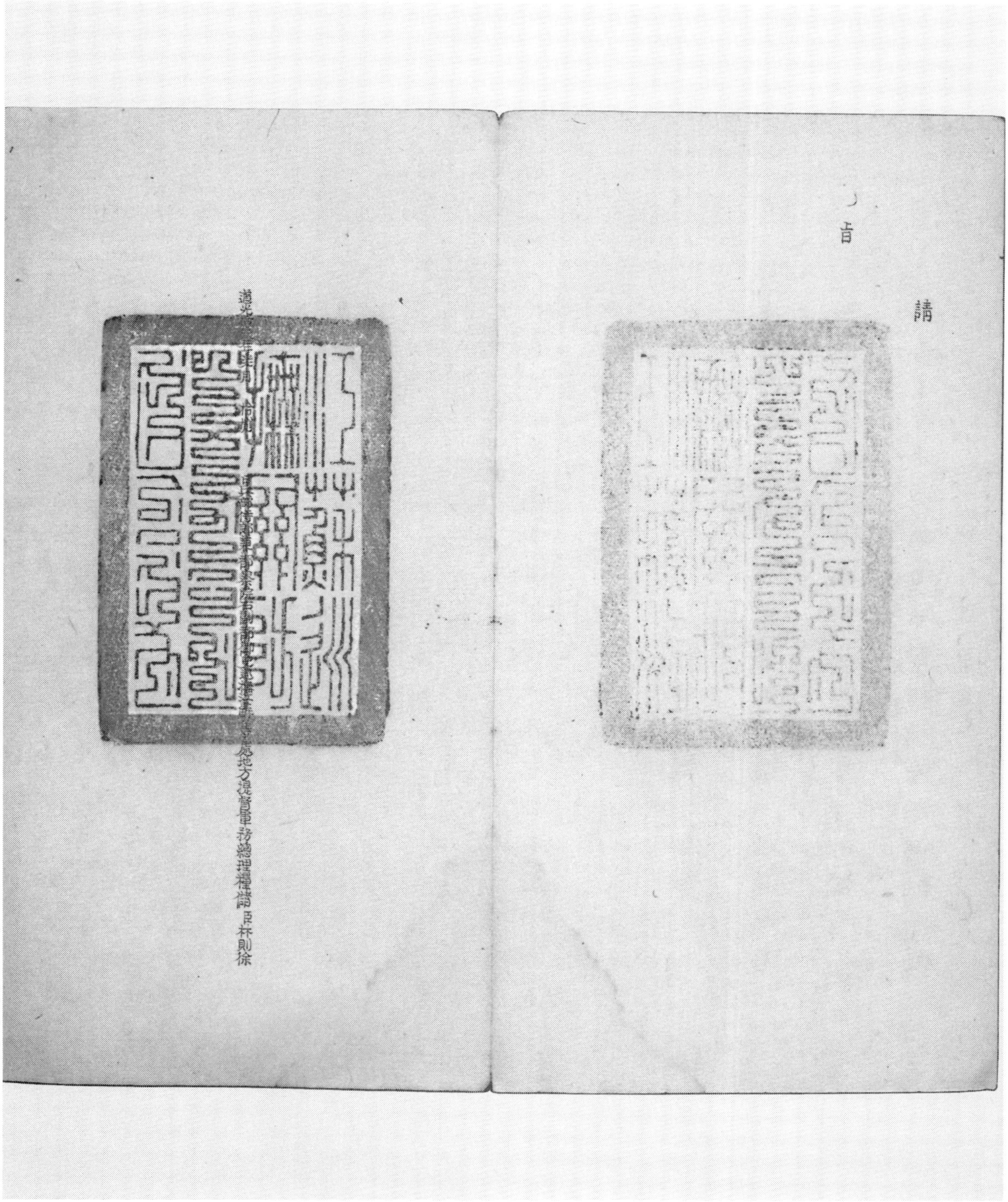

江蘇巡撫林則徐題本　訪聞江都縣民人田繼廣等毆斃王潮佐私埋案審明分別定擬
道光十三年七月十八日

兵部侍郎兼都察院右副都御史巡撫江蘇等處地方提督軍務總理糧儲臣林則徐謹
題爲訪聞事。該臣看得江都縣民田繼廣等毆傷
王潮佐身死，理屍滅跡，壹案。緣田繼廣與王潮
佐素識無嫌。道光拾貳年貳月，田繼廣之戚徐
三有拾歲、拾貳歲兩女，又伊妻兄施文魁有拾
半歲壹女，均因歲歉難度，央田繼廣覓主價賣。
田繼廣即託王潮佐帶赴金壇出賣，並央伊妻
母施徐氏一同前往。王潮佐先將徐三兩女託
素識之王興兆賣得身價洋錢拾叁圓，當交施
徐氏洋錢玖圓，餘洋肆圓王潮佐挪用。叁月間
田繼廣找往，因嫌王潮佐賣去兩女身價過少，
自將施文魁之女賣與王姓，並向王潮佐索討
挪用洋錢。王潮佐約赴溧陽親戚家借錢歸還。
田繼廣即留施徐氏在金壇守討，先自回揚，將
賣得身價洋錢分交徐三、施文魁收用。王潮佐
將施徐氏送至王三媽即錢岳氏飯店住歇，自
往溧陽探親告貸。伍月間田繼廣復往找見王
潮佐索欠，王潮佐懇俟回家措還，田繼廣往接
施徐氏，先已趁船回揚。迨田繼廣回家，不見施
徐氏轉回，正在查尋。柒月初捌日下午，田繼廣
見王潮佐從伊門首走過，向索欠錢，並以施徐
氏無着，令其幫尋。不允爭吵。田繼廣氣忿，即喊
同伊妻田施氏將王潮佐拉進屋內，用繩縛其

江蘇巡撫林則徐題本　訪聞江都縣民人田繼廣等毆斃王潮佐私埋案審明分別定擬

道光十三年七月十八日

兩手拴在院內天蓬橫木上王潮佐混罵田繼
廣順取木縛板毆傷其左右腿王潮佐用脚亂
踢將縛板踢斷田繼廣又取袖屉木板毆傷其
左膝左臁肋左臂王潮佐愈加辱罵田施氏趕
攏掌批其頰田繼廣又用袖屉板毆傷其左耳
根詎王潮佐傷重旋即殞命田繼廣起意私埋
滅跡適伊甥吳加子前往田繼廣央令幫同將
屍擡至義塚掩埋各散經該縣訪聞差拏獲犯
訊認詣驗屍身腐爛錄供詳委會檢訊詳審供
不諱田繼廣倚威力制縛人拷打致死者絞律
擬絞監候秋後處決謹題請
旨

江蘇巡撫林則徐題本　**題銷蘇松常鎮太五府州屬道光十二年壓徵上年份蘆課銀數**

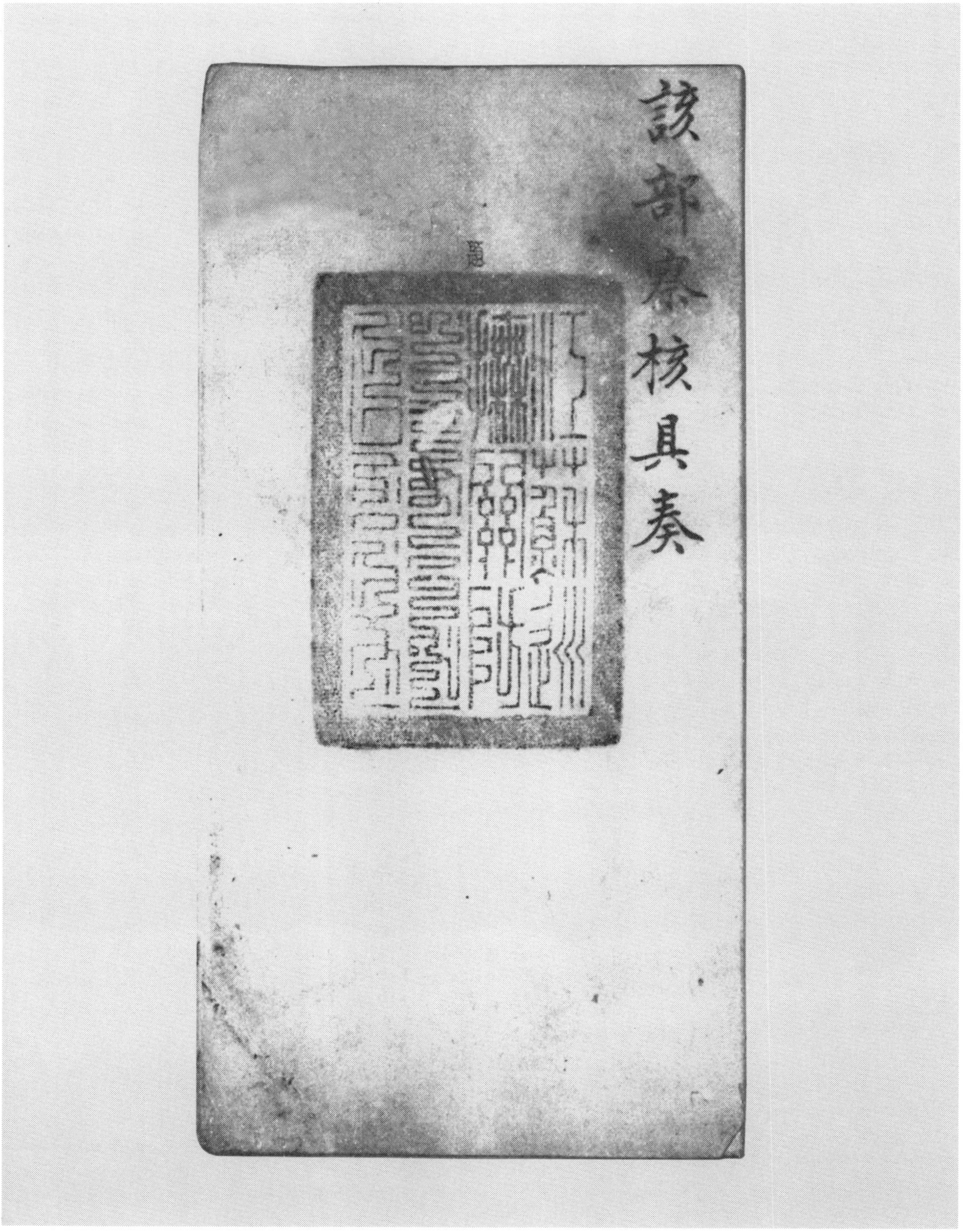

兵部侍郎兼都察院右副都御史巡撫江蘇等處地方提督軍務總理糧儲臣林則徐謹
題爲歲叅蘆課銀兩事。據蘇州布政使陳鑾詳稱：
竊照蘆課錢糧例應歷年造冊詳請
奏銷。今蘇州、松江、常州、鎮江、太倉等伍府州屬道
光拾貳年壓徵拾壹年分蘆課錢糧除動存細
數業於冊内分晰開造，實應舊管原額蘆課并
增入新陞實該蘆課正銀伍萬壹千捌百捌拾
玖兩柒錢肆分伍釐，又隨徵耗羨銀叁千肆百
貳拾肆兩捌錢叁分。新收已完解司正銀叁萬
壹千壹百捌拾伍兩柒錢陸分肆釐，外有吴江
婁縣鎮洋叁縣溢完銀玖分壹釐，開除動放已
造入道光拾貳年秋撥歲撥拾叁年春撥估餉

江蘇巡撫林則徐題本　題銷蘇松常鎮太五府州屬道光十二年壓徵上年份蘆課銀數　道光十三年七月十八日

冊內歸部撥用銀叁千玖百肆拾玖兩捌錢叁
分叁釐又動放委員元和縣主簿周詰採辦京
口旗營鉛斤部價銀叁拾肆兩貳分共銀叁千
玖百捌拾叁兩捌錢伍分叁釐實在存庫正銀
貳萬柒千貳百貳兩貳釐內有吳江震澤鎮洋
叁縣溢完銀玖分壹釐存俟造入道光拾叁年
秋撥估餉冊內報部撥用係此次
奏銷案內報完之項又已完耗羨銀貳千壹拾陸
兩肆錢壹分外有吳江青浦貳縣溢完銀伍分
伍釐內現在造入道光拾貳年耗羨案內報銷
銀貳百陸拾兩叁錢肆分肆釐應俟造入道光
拾叁年耗羨案內報銷銀壹千柒百伍拾陸兩

壹錢貳分壹釐內有吳江青浦貳縣巡充銀伍
分伍釐未完正銀貳萬柒百叁兩玖錢捌分壹
釐耗羨銀壹千肆百捌兩肆錢貳分內有常熟
縣青屏等沙業户朱晃秀等呈報坍沒候豁正
銀柒百叁拾壹兩柒分捌釐耗羨銀叁拾陸兩
伍錢伍分肆釐又武進縣定安洲原業劉振興
之子劉鈞貽坍沒候豁正銀陸拾肆兩肆錢柒
分耗羨銀肆兩伍錢壹分叁釐又江陰縣徐四
等沙坍沒田岸應除正銀柒百貳拾壹兩壹錢
玖釐耗羨銀伍拾兩肆錢柒分捌釐又江陰縣
當清新安等沙坍沒田灘應除正銀貳百玖拾
捌兩壹錢捌分陸釐耗羨銀貳拾兩捌錢柒分

江蘇巡撫林則徐題本　題銷蘇松常鎮太五府州屬道光十二年壓徵上年份蘆課銀數

道光十三年七月十八日

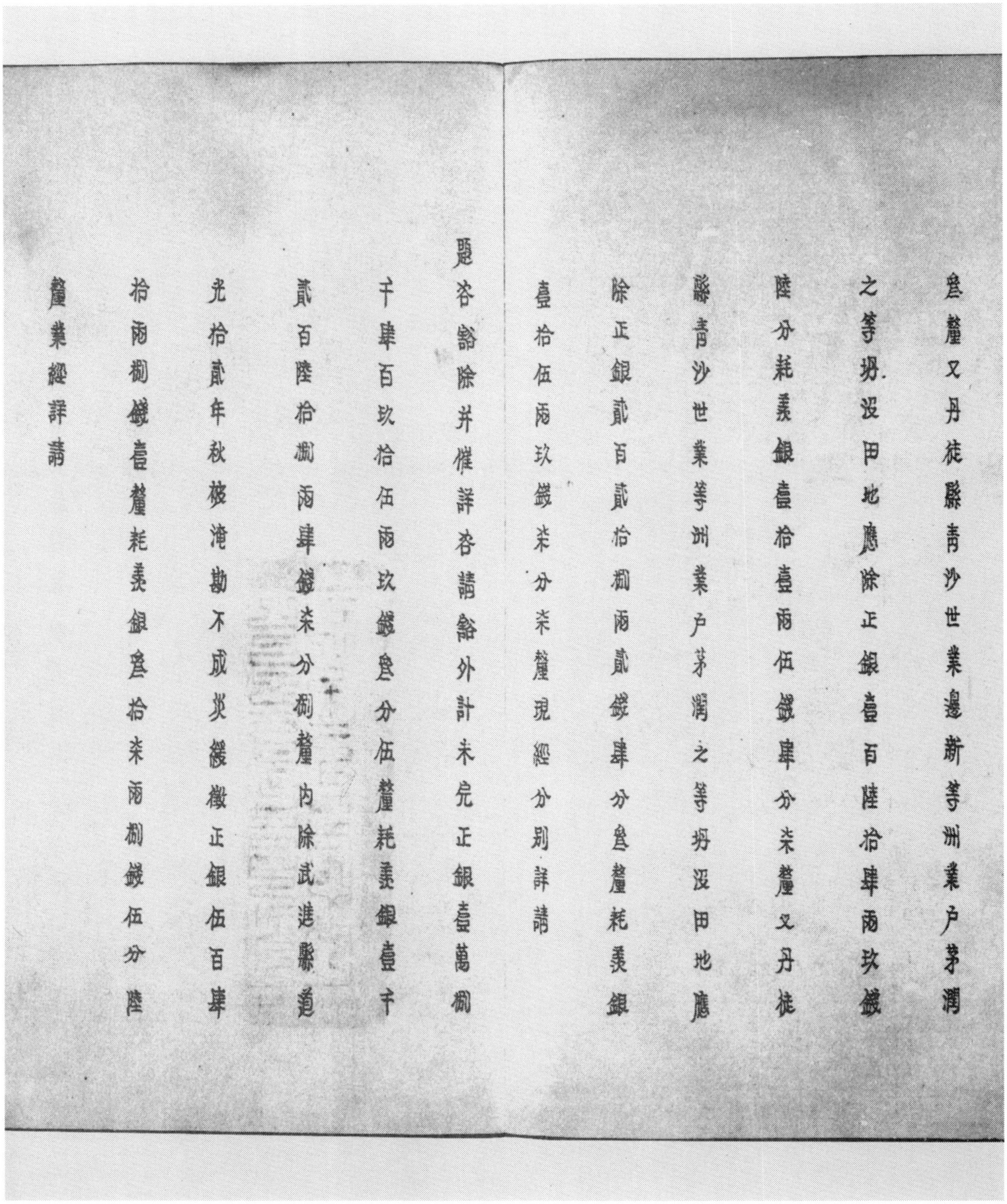

叁釐又丹徒縣青沙世業邊新等洲業戶茅潤
之等坍沒田地應除正銀壹百陸拾肆兩玖錢
陸分耗羨銀壹拾壹兩伍錢肆分柒釐又丹徒
縣青沙世業等洲業戶茅潤之等坍沒田地應
除正銀貳百貳拾捌兩貳錢肆分叁釐耗羨銀
壹拾伍兩玖錢柒分柒釐現經分別詳請
題咨豁除并催詳咨請豁外計未完正銀壹萬捌
千肆百玖拾伍兩玖錢叁分伍釐耗羨銀壹千
貳百陸拾捌兩肆錢柒分捌釐內除武進縣道
光拾貳年秋被淹勘不成災緩徵正銀伍百肆
拾兩捌錢壹釐耗羨銀叁拾柒兩捌錢伍分陸
釐業經詳請

江蘇巡撫林則徐題本　題銷蘇松常鎮太五府州屬道光十二年壓徵上年份蘆課銀數　道光十三年七月十八日

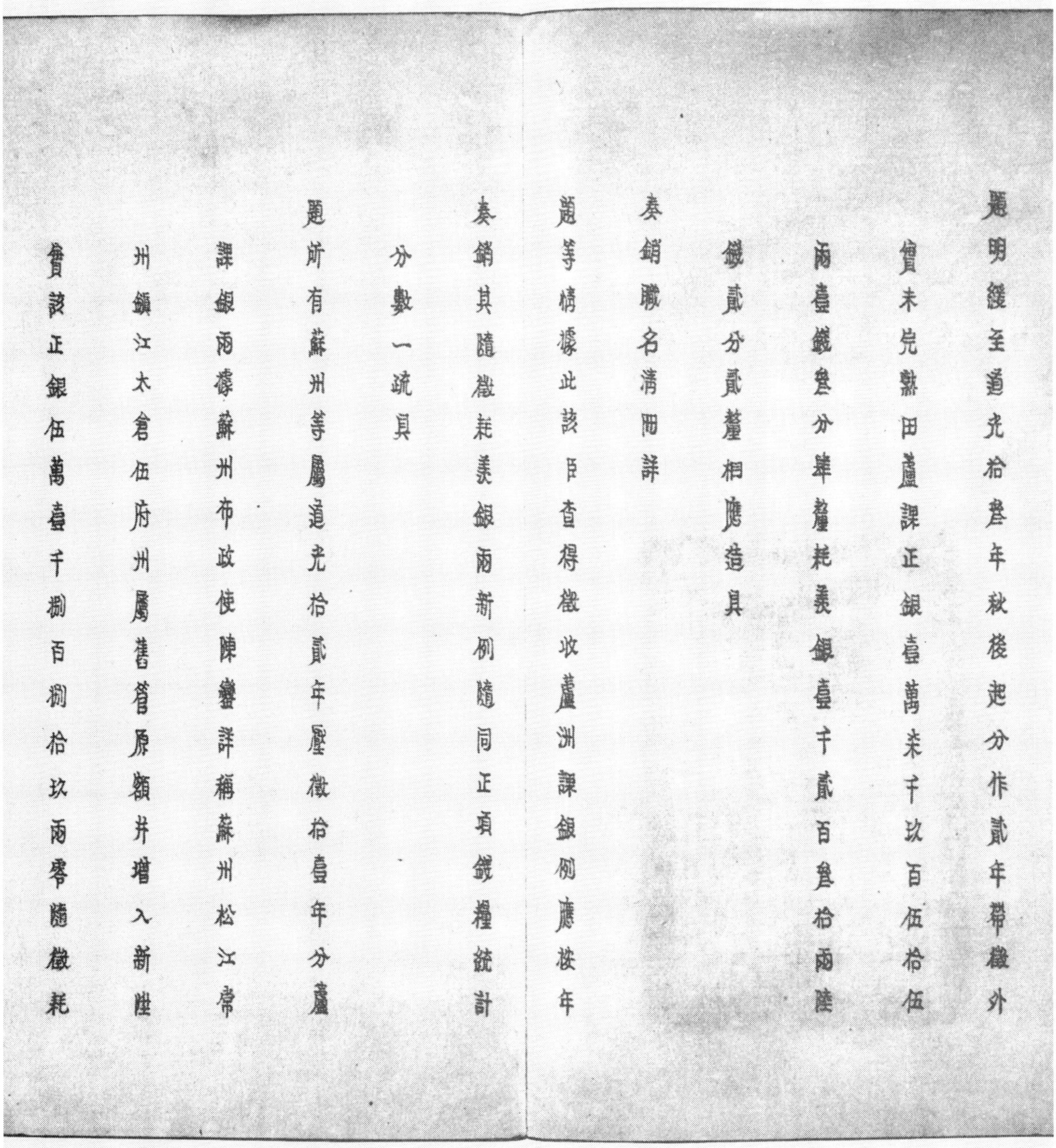
題明經至道光拾叁年秋後起分作貳年帶徵外
實未完熟田蘆課正銀壹萬柒千玖百伍拾伍
兩壹錢叁分肆釐耗羨銀壹千貳百叁拾兩陸
錢貳分貳釐相應造具
奏銷職名清冊詳
題等情據此該臣查得徵收蘆洲課銀例應按年
奏銷其隨徵耗羨銀兩新例隨同正項錢糧統計
分數一疏具
題所有蘇州等屬道光拾貳年壓徵拾壹年分蘆
課銀兩據蘇州布政使陳鑾詳稱蘇州松江常
州鎮江太倉伍府州屬舊管原額并增入新陞
實該正銀伍萬壹千捌百捌拾玖兩零隨徵耗

江蘇巡撫林則徐題本　題銷蘇松常鎮太五府州屬道光十二年壓徵上年份蘆課銀數
道光十三年七月十八日

羨銀叁千肆百貳拾肆兩零新收已完解司正
銀叁萬壹千壹百捌拾伍兩零外有吳江婁縣
鎮洋叁縣溢完銀玖分壹釐已完耗羨銀貳千
壹拾陸兩零外有吳江青浦貳縣溢完銀伍分
伍釐未完正銀貳萬柒百叁兩零耗羨銀壹千
肆百捌兩零內有常熟縣青屏等沙業户朱崑
秀等呈報坍沒候豁正銀柒百叁拾壹兩零耗
羨銀叁拾陸兩零又武進縣定安洲原業劉根
興之子劉鈞貽坍沒候豁正銀陸拾肆兩零耗
羨銀肆兩零又江陰縣徐泗等沙坍沒田岸應
除正銀柒百貳拾壹兩零耗羨銀伍拾兩零又
江陰縣雷溝新寧等沙坍沒田灘應除正銀貳

百玖拾捌兩零耗羡銀貳拾兩零又丹徒縣青
沙世業邊新等洲業户茅潤之等坍沒田地應
除正銀壹百陸拾肆兩零耗羡銀壹拾壹兩零
又丹徒縣青沙世業等洲業户茅潤之等坍沒
田地應除正銀貳百貳拾捌兩零耗羡銀壹拾
伍兩零現經分別詳請
題咨并催詳咨請豁外計未完正銀壹萬捌千肆
百玖拾伍兩零耗羡銀壹千貳百陸拾捌兩零
內除武進縣道光拾貳年秋被淹勘不成災緩
徵正銀伍百肆拾兩零耗羡銀叁拾柒兩零業
經詳請
題明緩至道光拾叁年秋後起分作貳年帶徵外

實未完熟田蘆課正銀壹萬柒千玖百伍拾伍
兩零耗羨銀壹千肆百叁拾兩零造具
奏銷職名清冊詳
題前來臣覆核無異除冊送部查核外相應循例
題報伏乞
皇上聖鑒勅部核覆施行謹題請
旨

江蘇巡撫林則徐題本　題銷蘇松常鎮太五府州屬道光十二年壓徵上年份蘆課銀數

道光十三年七月十八日

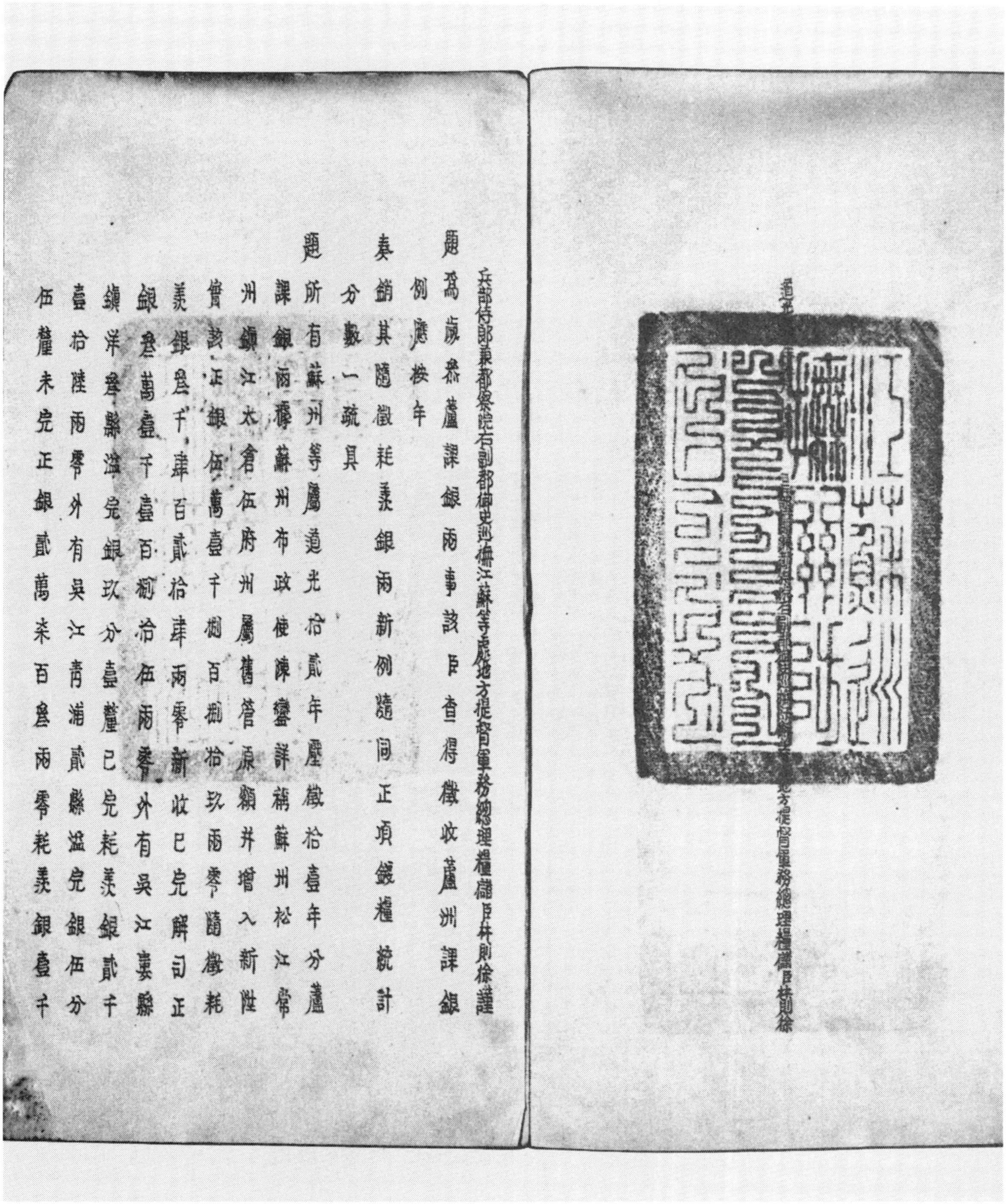

兵部侍郎兼都察院右副都御史巡撫江蘇等處地方提督軍務總理糧餉臣林則徐謹
題為歲解蘆課銀兩事該臣查得徵收蘆洲課銀
例應按年
奏銷其隨徵耗羡銀兩新例題同正項錢糧統計
分數一疏具
題所有蘇州等屬道光拾貳年壓徵拾壹年分蘆
課銀兩專蘇州布政使陳鑾詳稱蘇州松江常
州鎮江太倉伍府州屬舊管原額并增入新陞
實該正銀伍萬壹千捌百捌拾玖兩零隨徵耗
羡銀叁千肆百貳拾肆兩零新收已完解司正
銀叁萬壹千壹百捌拾伍兩零外有吳江震澤
鎮洋叁縣溢完銀玖分壹釐已完耗羡銀貳千
壹拾陸兩零外有吳江青浦貳縣溢完銀伍分
伍釐未完正銀貳萬柒百叁兩零耗羡銀壹千

……地方提督軍務總理糧餉臣林則徐

肆百捌兩零內有常熟縣青屏等沙武進縣定
安洲江陰縣徐四雷溝新寧等沙丹徒縣青沙
世業邊新等洲坍沒田地應除正耗銀兩現經
分別詳請
題咨并催請豁外計未完正銀壹萬捌千肆百玖
拾伍兩零耗羨銀壹千貳百陸拾捌兩零內除
武進縣道光拾貳年秋被淹勘不成災緩徵正
銀伍百肆拾兩零耗羨銀叁拾柒兩零業經詳
請
題明緩至道光拾叁年秋後起分作貳年帶徵外
實未完熟田蘆課正銀壹萬柒千玖百伍拾伍
兩零耗羨銀壹千貳百叁拾兩零造具
奏銷職名清冊詳
題前來臣覆核無異除冊送部外謹題請
旨

上諭　林則徐奏江蘇各屬積欠驛站餘剩銀兩著准予分限提解

道光十三年七月二十九日內閣奉

上諭林則徐奏查明江蘇各屬積欠驛站餘剩銀兩懇請分限提解一摺江蘇省驛站餘剩銀兩延未解清前經戶部奏准勒限嚴催提解茲據該撫查明此項銀兩欠歷多年官非一任均有應抵之款與虧空無著者尚屬有閒姑著照所請所有江寧藩司所屬欠解銀一萬三千九百四十五兩零予限半年全數提清蘇州藩司所屬欠解銀一十四萬三千三兩零予限三年按各年應解之數分限提清報部撥用此次分別予限之後該撫務當督飭各該藩司認真催提如限全完不許絲毫列款作抵藉詞延宕以致有名無實倘屆限未清再行

瀆請展緩斷不能邀允准必將該州縣從嚴懲辦
即該撫及各該藩司均亦不能辭咎勉之凛之欽
此

江蘇巡撫林則徐題本

題參署婁縣知縣周恭壽等疎防竊案限滿贓犯未獲

周恭壽等著議處具奏該部知道

題

七

江蘇巡撫林則徐題本　題參署婁縣知縣周恭壽等疏防竊案限滿贓犯未獲

道光十三年八月初三日

兵部侍郎兼都察院右副都御史巡撫江蘇等處地方提督軍務總理糧儲臣林則徐謹

題爲詳參疏防文職事據江蘇按察使額騰伊詳

據松江府知府沈兆澐詳據署婁縣知縣周恭

壽詳稱道光拾貳年正月初肆日據民人朱泳

祥稟報正月初叁日夜被賊掘洞進內竊去米

物聞警起捕被賊拾餘人持棍毆打負贓逃逸

報候勘緝等情到縣據經會營勘明被竊情形

飭仵驗得朱泳祥右手背有跌磕傷壹處餘無

傷痕核與原報不符傳牙估贓值銀柒兩肆錢

壹分當經造冊錄供通詳奉批覆審飼經節次

飭提該事主朱泳祥避不到案贓匪又無弋獲

查此案報竊勘訊情形雖有不符惟原報係屬

江蘇巡撫林則徐題本　題參署婁縣知縣周恭壽等疎防竊案限滿贓犯未獲

道光十三年八月初三日

夥衆行竊拒捕自應照例開叅未便因事主避
不到案致稽叅限合將印捕職名開報等情由
府開列督捕督緝各職名詳叅到司據此除飭
催傳事主人等到案研訊明確另行詳辦並勒
緝贓賊務獲究報一面移取兼轄職名另詳外
該江蘇按察使額騰伊查得婁縣事主朱泳祥
具報被竊米物拒捕壹案疎防例限肆箇月應
以道光拾貳年正月初叁失事之日起扣至伍
月初叁日滿所有文職疎防職名印官係署婁
縣知縣周恭壽捕官係前署婁縣主簿松江府
知事張雲翮督捕係不同城代理柘林通判現
任華亭縣知縣張慶瑗督緝係同城松江府知

府沈兆澐理合開報查捕官張雲翮已於拾貳
年正月拾玖日未經限滿之先卸事後病故應
請議結接任主簿李琮是日回任接緝應俟接
扣限滿再行詳叅相應聲明詳候核叅至失事
處所離城拾捌里離汛陸里並無墩鋪防兵再
此案因原報與勘訊情形不符屢提事主人等
覆訊未到是以開報稽延合并聲明等情到臣
據此該臣查得婁縣事主朱泳祥具報被竊未
物拒捕壹案疎防例限肆箇月應以道光拾貳
年正月初叁失事之日起扣至伍月初叁日滿
贓賊無獲開列疎防職名請叅前來除飭催傳
事主人等到案研訊明確另行詳辦並勒緝贓

江蘇巡撫林則徐題本　題參署婁縣知縣周恭壽等疎防竊案限滿贓犯未獲　道光十三年八月初三日

賊務獲究報飭取兼轄職名咨參外所有文職
疎防職名印官係署婁縣知縣周恭壽捕官係
前署婁縣主簿松江府知事張雲翩督捕係不
同城代理柘林通判現任華亭縣知縣張慶琰
督緝係同城松江府知府沈兆澐相應列參聽
候部議查捕官張雲翩已於拾貳年正月拾玖
日未經限滿之先卸事後病故應請議結接任
主簿李琮是日回任接緝應俟接扣限滿另行
咨參至失事處所離城拾捌里離汛陸里並無
墩鋪防兵再此案因原報與勘訊情形不符屢
提事主人等覆訊未到是以開報稽延合並陳
明臣謹具

江蘇巡撫林則徐題本　題參署婁縣知縣周恭壽等疎防竊案限滿贓犯未獲

道光十三年八月初三日

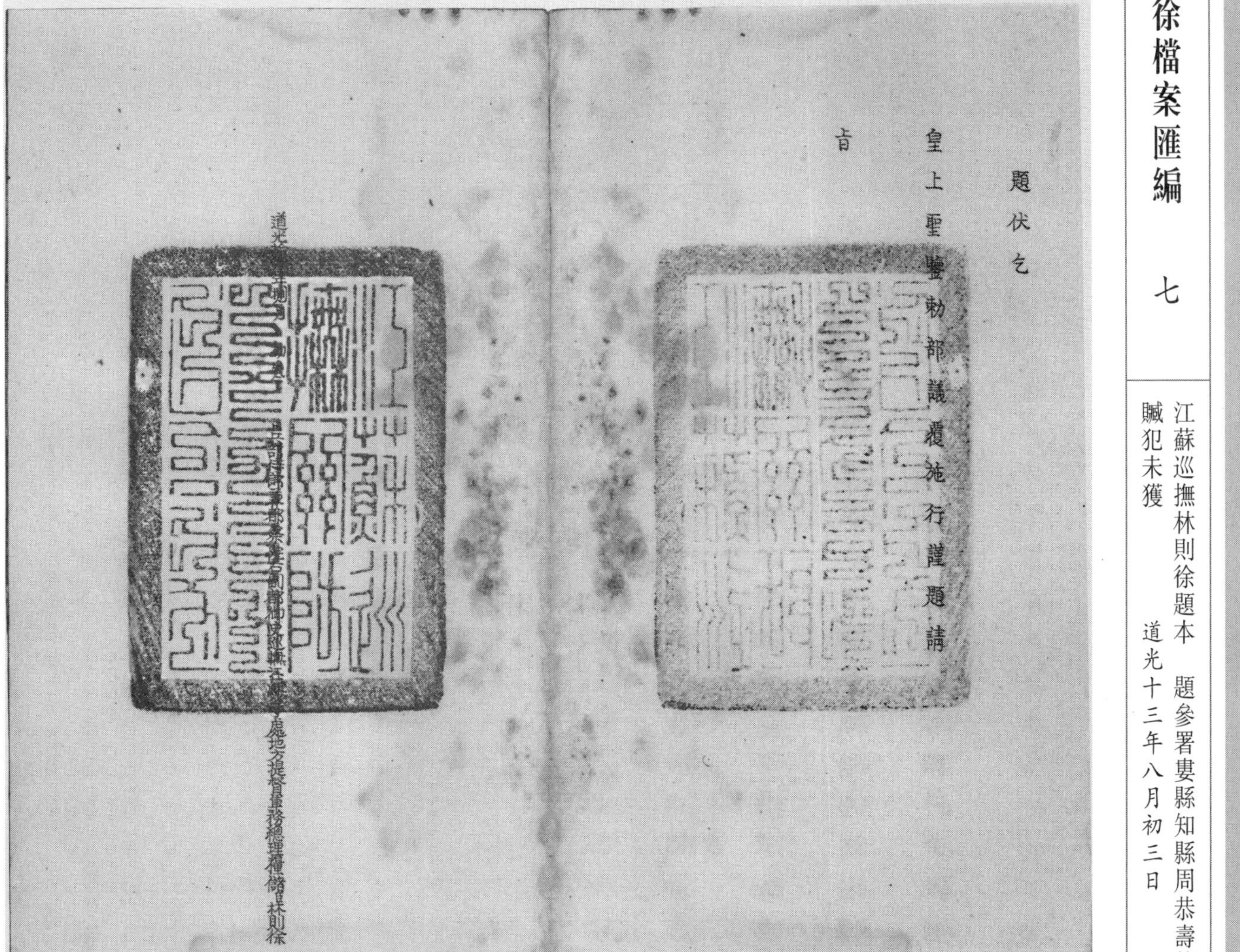

題伏乞

皇上聖鑒勅部議覆施行謹題請

旨

道光十三年八月初三日兵部侍郎兼都察院右副都御史巡撫江蘇等處地方提督軍務總理糧儲臣林則徐

兵部侍郎兼都察院右副都御史巡撫江蘇等處地方提督軍務總理糧儲臣林則徐謹

題爲詳叅疏防文職事該臣查得婁縣事主朱泳祥具報被竊米物拒捕壹案疏防例限肆箇月應以道光拾貳年正月初叁失事之日起扣至伍月初叁日滿限賊無獲開列疏防職名請叅前來除飭勒緝賊務獲究報並飭取兼轄職名咨叅外所有文職疏防職名印官係署婁縣知縣周恭壽捕官係前署婁縣主簿松江府知事張雲翩督捕係不同城代理布林通判現任華亭縣知縣張慶瑗督緝係同城松江府知府沈兆澐相應列叅聽候部議謹題請

旨

江蘇巡撫林則徐題本

題參署銅山縣知縣王文炳等疏防竊案屆滿獲犯尚未及半

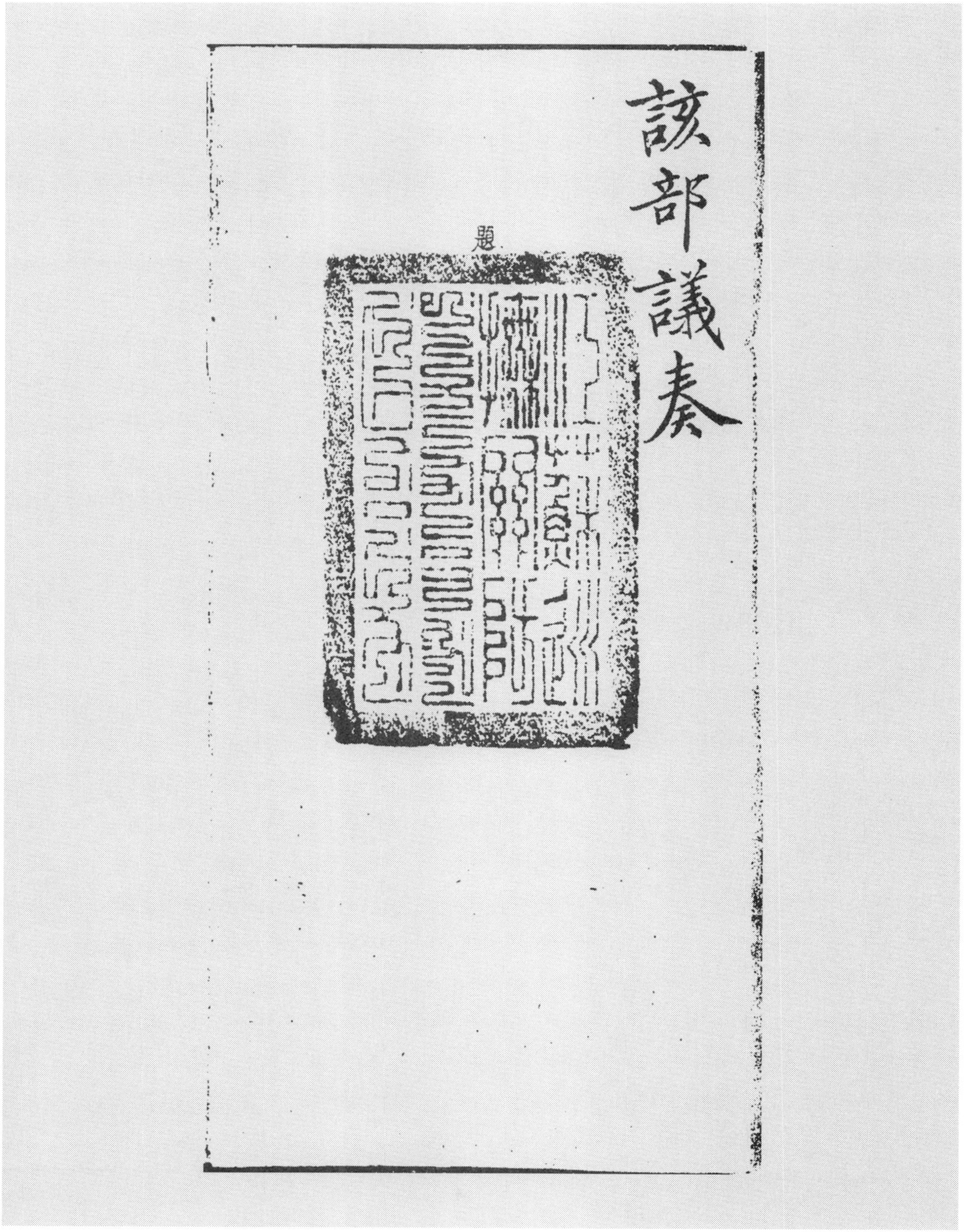

兵部侍郎兼都察院右副都御史巡撫江蘇等處地方提督軍務總理糧儲臣林則徐謹

題爲詳參疎防文職事據江蘇按察使額騰伊詳

據徐州府知府善慶詳據署銅山縣知縣王文

炳詳稱道光拾貳年拾壹月拾叁日據事主李

永樸報拾壹月初捌日夜被匪砸門進內劫去

糧食錢物伊媳李高氏孫李邦和均被戳傷開

單報候勘緝等情到縣當經會營前詣勘明被

劫情形該處離城捌拾里離汛叁拾里並無墩

鋪防兵傷仵驗明李高氏右額角石傷壹處李

邦和左腋肷木器傷壹處填單附卷估計失贓

値銀壹百陸拾陸兩柒錢叁分伍釐提訊地保

事主人等供與報詞無異飭差勒緝贓盜務獲

江蘇巡撫林則徐題本　題參署銅山縣知縣王文炳等疎防竊案届滿獲犯尚未及半
道光十三年八月初三日

去役當據該兵役等獲犯鄧帥徐輝又於拾貳
月初肆拾壹及拾叁年貳月初肆等日先後拿
獲徐煙徐知即徐昂麻子疎怨一共伍名訊係
徐煙起意爲首糾同鄧帥徐輝徐知疎怨及在
逃之李狗蛋徐希舟李兆均郭士芳老郭三並
不識姓名貳人行刦事主李永模家糧食錢物
屬實至何人毆傷事主該犯徐煙等均未看見
等語將犯收禁錄供通詳奉批緝參茲查此案
疎防例限已届滿查事主傷痕平復此案首夥
拾貳人僅獲徐煙等伍名獲犯尚未及半且有
拒傷事主之犯在逃未獲合將文職印捕各職
名開報等情由府開列督捕督緝並准巡道開

移兼轄職名前來除飭勒緝逸盜李狗蛋等務
獲究辦外茲江蘇按察使額騰伊查得銅山縣
事主李永樸被劫毆傷伊媳李高氏等平復獲
犯徐煙等尚未及半壹案疎防例限肆箇月應
以道光拾貳年拾壹月初捌失事之日起扣至
拾叁年叁月初捌日屆滿逸盜無獲所有文職
疎防職名印官係署銅山縣知縣王文炳捕官
係銅山縣闞虎司巡檢馮人鳳督緝係同城徐
州府知府劉鴻翱督捕係同城銅沛同知陸楷
兼轄係分巡徐州道李爾瑞理合開報查捕官
馮人鳳先於拾貳年閏玖月初玖日奉河院調
赴桃南工次差委失事之日係在公出期內兼

江蘇巡撫林則徐題本　題參署銅山縣知縣王文炳等疏防竊案屆滿獲犯尚未及半

道光十三年八月初三日

轄巡道李國瑞亦先於閏玖月貳拾柒日未經
失事之先赴下游各廳查勘工程催儹運河漕
船并赴清江銷算錢糧帶印公出均例得邀免
合并聲明詳候核參等情到臣據此該臣查得
銅山縣事主李永樸被劫毆傷伊媳李高氏等
平復獲犯徐煙等尚未及半查案疏防例限肆
個月應以道光拾貳年拾壹月初捌失事之日
起扣至拾叁年叁月初捌日屆滿逸盜無獲開
列疏防職名請參前來除飭勒緝逸盜李狗蛋
等務獲究辦外所有文職疏防職名印官係署
銅山縣知縣王文炳捕官係銅山縣闞虎司巡
檢馮人廓督緝係同城徐州府知府劉鴻翱督

補徐同城銅沛同知陸楷兼轄徐分巡徐州道
李國瑞查浦官馮人尊先於拾貳年閏玖月初
玖日調赴桃南工次差委失事之日係在公出
期內兼轄巡道李國瑞亦先於閏玖月貳拾柒
日未經失事之先赴下游各廳查勘工程催儹
運河漕船并赴清江鎖算錢糧帶印公出均例
得邀免相應聲明列參再失事處所離城捌拾
里離汛叁拾里並無墩鋪防兵合並陳明臣謹
具
題伏乞
皇上聖鑒勅部議覆施行謹題請
旨

七

江蘇巡撫林則徐題本　題參署銅山縣知縣王文炳等疏防竊案屆滿獲犯尚未及半

道光十三年八月初三日

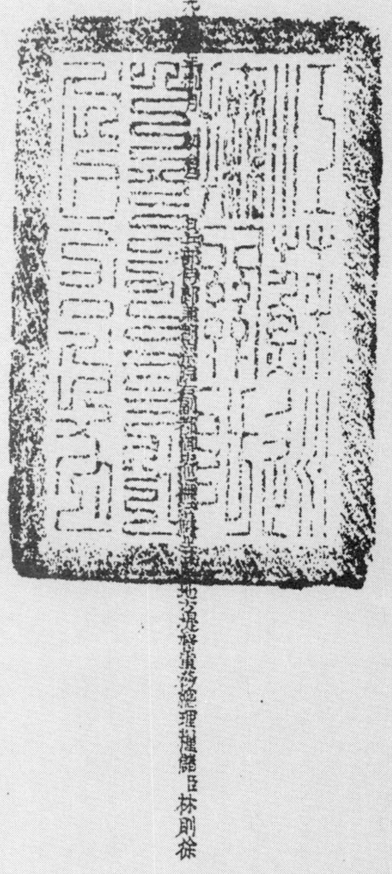

道光[illegible]兵部侍郎兼都察院右副都御史巡撫江蘇等處地方提督軍務總理糧儲臣林則徐

兵部侍郎兼都察院右副都御史巡撫江蘇等處地方提督軍務總理糧儲臣林則徐謹

題爲詳參疏防文職事。該臣查得銅山縣事主李

永模被劫，毆傷伊媳李高氏等，平復，獲犯徐煙

等尚未及半壹案，疏防例限肆箇月，應以道光

拾貳年拾壹月初捌日起，扣至拾叁年

叁月初捌日屆滿，逸盜無獲，開列疏防職名請

參前來。除飭勒緝逸盜李狗蛋等務獲究辦外，

所有文職疏防職名：印官係署銅山縣知縣王

文炳，捕官係銅山縣闕虎司巡檢馮人鳳，督緝

係同城徐州府知府劉鴻翱，督捕係同城銅沛

同知陸楷，兼轄係分巡徐州道李國瑞，相應列

參。謹題請

旨。

江蘇巡撫林則徐題本　題參荊溪縣知縣陳增稔等疎防竊案限滿贓犯無獲

題
陳增稔等著議處具奏該部知道

江蘇巡撫林則徐題本　題參荆溪縣知縣陳增稔等疏防竊案限滿贓犯無獲

道光十三年八月初三日

兵部侍郎兼都察院右副都御史巡撫江蘇等處地方提督軍務總理糧儲臣林則徐謹

題爲詳參疏防文職事。據江蘇按察使額騰伊詳

據常州府知府汪河詳據荆溪縣知縣陳增稔

詳稱：道光拾叁年貳月初壹日據事主蔣忠報

正月貳拾捌日夜被賊踰牆進内竊去衣飾等

物，伊母蔣方氏驚喊，被一賊拒傷，開單稟候勘

緝等情。到縣據即會營前詣該處勘明被竊情

形，飭仵驗得蔣方氏左腮頰並傷壹處，右腮頰

擦傷壹處，填單附卷，飭醫調治，提訊地保、事主

人等供與報詞無異，估計失贓值銀伍拾兩貳

錢壹分，造冊通詳，奉批緝參。兹查此案疏防例

限已届，贓犯無獲，合將印捕職名開報等情，由

江蘇巡撫林則徐題本　題參荆溪縣知縣陳增稔等疏防竊案限滿贓犯無獲　道光十三年八月初三日

府開列督緝職名詳參前來除飭勒緝職匪務
獲究報並飭取督捕及移取巡道兼轄職名離
城離汛里數事主蔣方氏被拒傷痕曾否平復
另詳外該江蘇按察使額騰伊查得荆溪縣事
主蔣忠被竊拒傷壹案疏防例限肆箇月應以
道光拾叁年正月貳拾捌失事之日起扣至伍
月貳拾捌日滿所有文職疏防職名印官係荆
溪縣知縣陳增稔捕官係荆溪縣湖㳇司巡檢
屠祖塏督緝係不同城常州府知府汪河理合
開報詳候核參等情到臣據此該臣查得荆溪
縣事主蔣忠被竊拒傷壹案疏防例限肆箇月
應以道光拾叁年正月貳拾捌失事之日起扣

江蘇巡撫林則徐題本　題參荊溪縣知縣陳增稔等疎防竊案限滿贓犯無獲

道光十三年八月初三日

至伍月貳拾捌日滿贓犯無獲開列疎防職名
請叅前來除飭緝贓匪務獲究報並飭取暫
捕兼轄職名離城離汛里數及事主蔣方氏被
拒傷痕曾否平復另行咨叅外所有文職疎防
職名印官係荊溪縣知縣陳增稔捕官係荊溪
縣湖汊司巡檢屠祖壇督緝係不同城常州府
知府汪河相應列叅聽候部議謹具
題伏乞
皇上聖鑒勅部議覆施行謹題請
旨

江蘇巡撫林則徐題本　題參荆溪縣知縣陳增稔等疏防竊案限滿贓犯無獲　道光十三年八月初三日

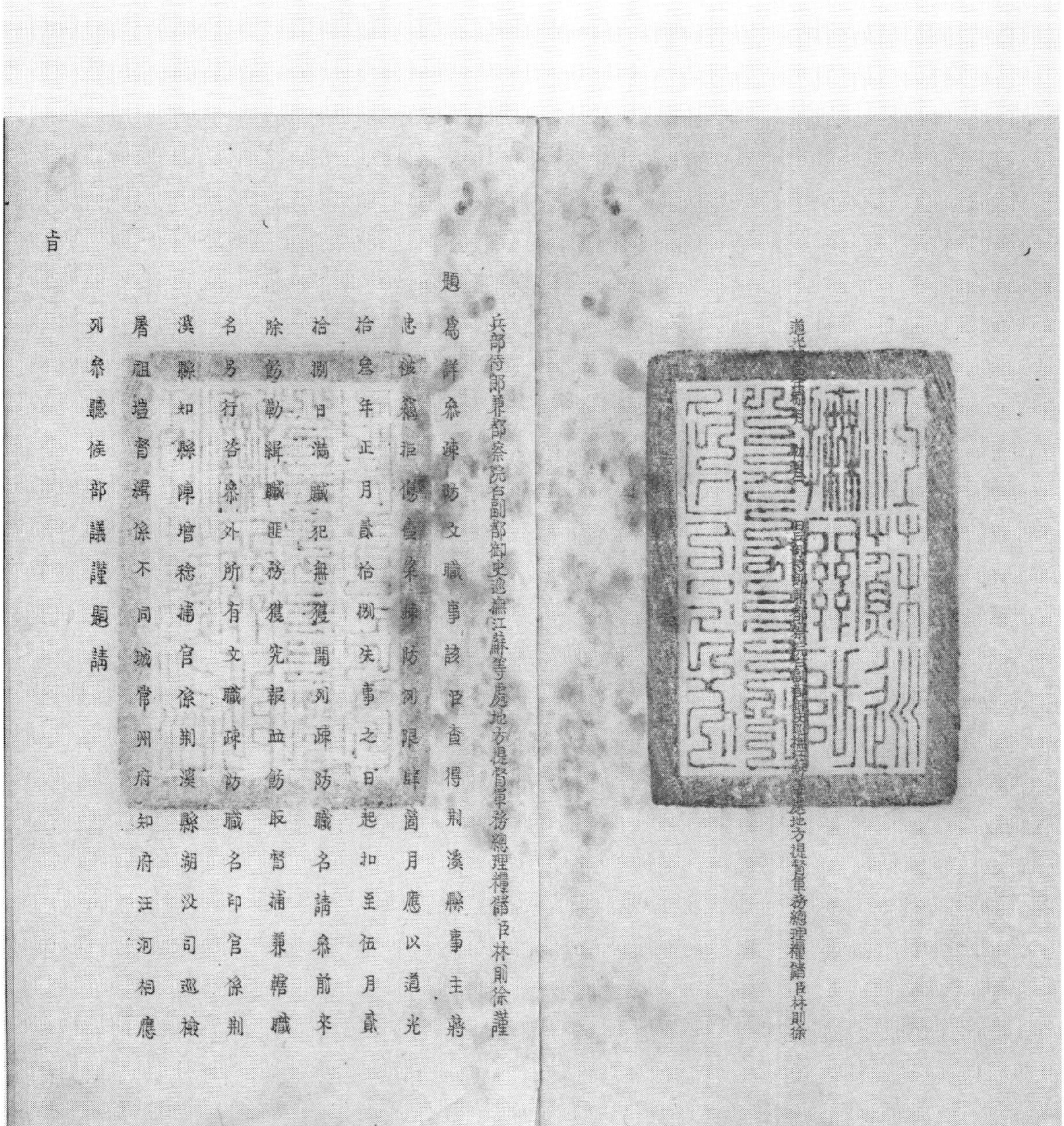
兵部侍郎兼都察院右副都御史巡撫江蘇等處地方提督軍務總理糧儲臣林則徐謹
題爲詳參疏防文職事該臣查得荆溪縣事主蔣
忠被竊拒傷一案疏防例限肆箇月應以道光
拾叁年正月貳拾捌失事之日起扣至伍月貳
拾捌日滿贓犯無獲開列疏防職名請參前來
除飭勒緝贓匪務獲究報並飭取督捕兼轄職
名另行咨參外所有文職疏防職名印官係荆
溪縣知縣陳增稔捕官係荆溪縣湖㳇司巡檢
屠祖壇督緝係不同城常州府知府汪河相應
列參聽候部議謹題請
旨

道光十三年八月初三日 兵部侍郎兼都察院右副都御史巡撫江蘇等處地方提督軍務總理糧儲臣林則徐

江蘇巡撫林則徐題本　**題參署銅山縣知縣王文炳等疏防搶案屆滿贓犯無獲**

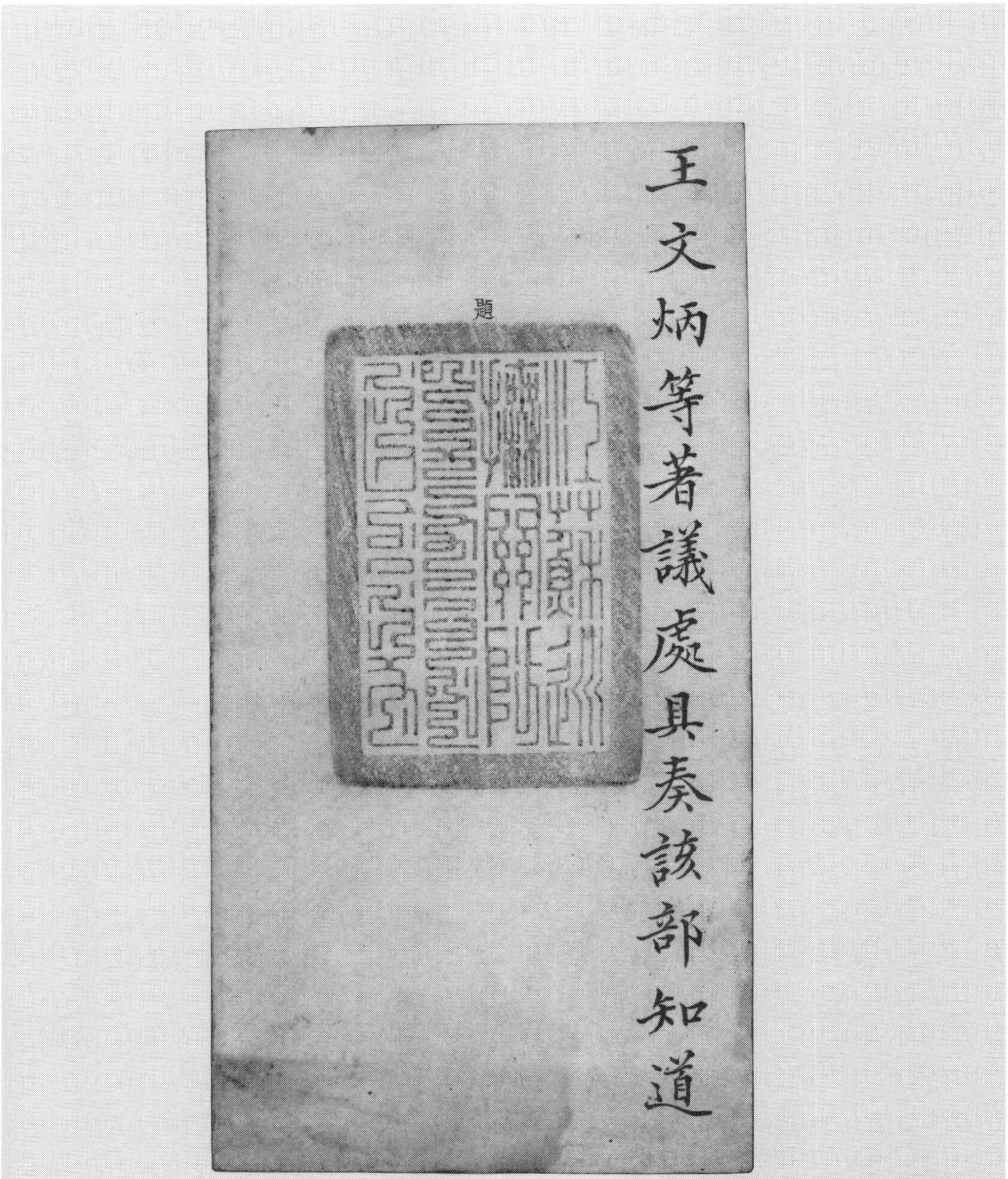
題

王文炳等著議處具奏該部知道

江蘇巡撫林則徐題本　題參署銅山縣知縣王文炳等疏防搶案屆滿贓犯無獲
道光十三年八月初三日

兵部侍郎兼都察院右副都御史巡撫江蘇等處地方提督軍務總理糧儲臣林則徐謹
題為詳參疏防文職事據江蘇按察使額騰伊詳
稱據徐州府知府善慶詳據署銅山縣知縣王
文炳詳稱道光拾貳年拾貳月貳拾玖日據事
主柳憲章報拾貳月貳拾柒日夜被匪撞門進
內搶去錢物驢騾稟候勘緝等情到縣當經會
營前詣勘明被搶情形該處離城伍拾伍里離
汛叁拾伍里四無居鄰亦無墩鋪防兵估計失
贓值銀壹百伍拾陸兩肆錢壹分提訊地保事
主人等均與報詞無異錄供通詳奉批緝參在
案茲查此案疏防例限已屆贓匪無獲合將印
捕職名開報等情由府開列督捕督緝各職名

江蘇巡撫林則徐題本　題參署銅山縣知縣王文炳等疎防搶案屆滿贓犯無獲
道光十三年八月初三日

詳參並准巡道開移兼轄職名前來除飭勒緝
贓匪務獲究報外該江蘇按察使額騰伊查得
銅山縣事主柳憲章家被匪搶去錢物驢騾壹
案疏防例限肆箇月應以道光拾貳年拾貳月
貳拾柒失事之日起扣至拾叁年肆月貳拾柒
日屆滿贓匪無獲所有文職疏防職名印官係
署銅山縣知縣王文炳補官係銅山縣呂梁司
巡檢孫旅督捕係同城銅沛同知陸楷督緝係
同城徐州府知府劉鴻翱兼轄係分巡徐州道
李國瑞理合開報查督緝知府劉鴻翱已於拾
叁年肆月拾玖日未經限滿之先陞任廣東南
部連道卸事不復回任應請議結現任知府善

江蘇巡撫林則徐題本　題參署銅山縣知縣王文炳等疎防搶案屆滿贓犯無獲

道光十三年八月初三日

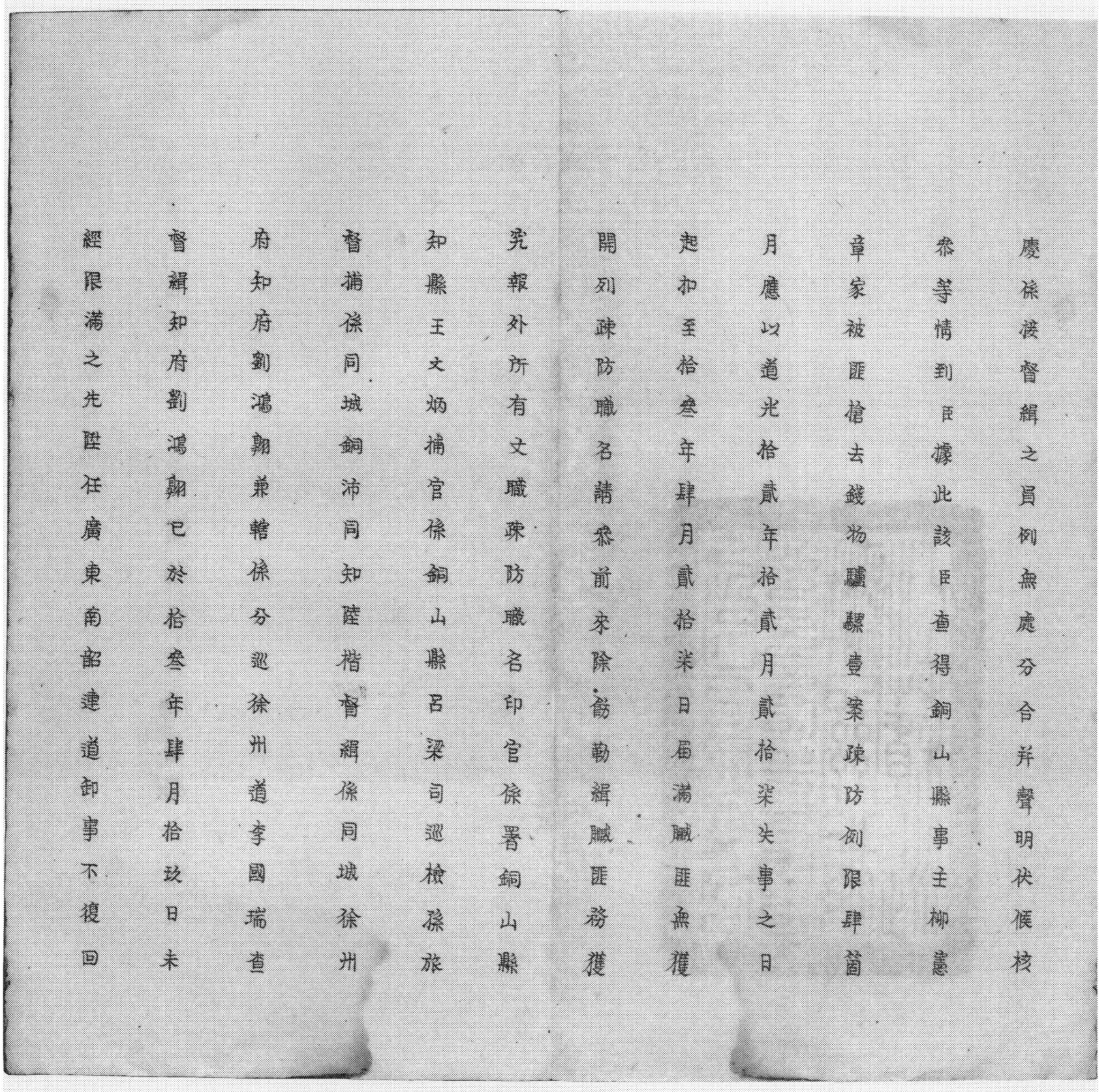
慶係接督緝之員例無處分合并聲明伏候核
參等情到臣據此該臣查得銅山縣事主柳憲
章家被匪搶去錢物贓壹案疎防例限肆箇
月應以道光拾貳年拾貳月貳拾柒失事之日
起扣至拾叁年肆月貳拾柒日屆滿贓匪無獲
開列疎防職名請參前來除飭勒緝贓匪務獲
究報外所有文職疎防職名印官係署銅山縣
知縣王文炳捕官係銅山縣呂梁司巡檢孫旅
督捕係同城銅沛同知陸楷督緝係同城徐州
府知府劉鴻翱兼轄係分巡徐州道李國瑞查
督緝知府劉鴻翱已於拾叁年肆月拾玖日未
經限滿之先陞任廣東南韶連道卸事不復回

任應行議結現任知府善慶係接督緝之員例
無處分相應聲明列參再失事處所離城伍拾
伍里離汛叁拾伍里並無墩鋪防兵合並陳明
臣謹具
題伏乞
皇上聖鑒勅部議覆施行謹題請
旨

江蘇巡撫林則徐題本　題參署銅山縣知縣王文炳等疎防搶案屆滿贓犯無獲

道光十三年八月初三日

兵部侍郎兼都察院右副都御史巡撫江蘇等處地方提督軍務總理糧儲臣林則徐謹

題爲詳恭疎防文職事。該臣查得銅山縣事主柳

憲章家被匪搶去錢物，贓壹案，疎防例限肆

箇月，應以道光拾貳年拾貳月貳拾柒日失事之

日起扣，至拾叁年肆月貳拾柒日屆滿，贓匪無

獲，開列疎防職名，請恭前來。除飭勒緝贓匪務

獲究報外，所有文職疎防職名，印官係署銅山

縣知縣王文炳，捕官係銅山縣呂梁司巡檢孫

旅，督捕係同城銅沛同知陸楷，督緝係同城徐

州府知府劉鴻翱，兼轄係分巡徐州道李國瑞，

相應列恭，謹題請

旨。

道光十三年八月初三日兵部侍郎兼都察院右副都御史巡撫江蘇等處地方提督軍務總理糧儲臣林則徐

江蘇巡撫林則徐題本　盤查前署鹽巡道王青蓮任内經管道庫貯船工錢糧無虧

該部察核具奏

兵部侍郎兼都察院右副都御史巡撫江蘇等處地方提督軍務兼理糧餉臣林則徐謹

題爲盤查道庫交代錢糧事據江寧布政使趙盛

奎江蘇按察使額騰伊會詳稱江南鹽巡道庫

貯船工錢糧例由江寧藩司盤查結報所有前

署江南鹽巡道王青蓮任內經手錢糧先經移

會盤報去後今准現任巡道儲拉明阿移稱前

署巡道王青蓮自道光拾叁年肆月初壹日到

任起至伍月貳拾壹日卸事止任內經收船工

錢糧俱係收放相符解給有據皆修船隻除出

差委已並局修造外其餘在塢船隻實屬無虧

造冊結報到司該江寧布政使趙盛奎江蘇按

察使額騰伊會看得前署巡道王青蓮自道光

拾叁年肆月初壹日到任起至伍月貳拾壹日
卸事止日逐舊管銀貳萬陸千肆百貳拾陸兩
柒錢捌分伍釐新收銀陸千壹百玖拾玖兩玖
錢陸分捌毫開除銀陸千肆百貳拾捌兩玖錢
叁分柒釐實在存庫銀貳萬陸千壹百玖拾柒
兩捌錢壹分陸釐經現任巡道積拉明阿查明
俱係收放相符解款有據船隻齊全由司覆核
無異除詳請總督盤查外相應加結同送到冊
結轉詳具
題至此案交代限期應從現任巡道積拉明阿於
道光拾叁年伍月貳拾壹日到任起扣限壹月
該扣至陸月貳拾日限滿今於限内交清結報

江蘇巡撫林則徐題本　盤查前署鹽巡道王青蓮任内經管道庫貯船工錢糧無虧

道光十三年八月初三日

方世聲明等情詳准此該臣查得江南鹽巡道庫
貯船工錢糧支代河由江寧藩司盤查結報所
有前署江南鹽巡道王青蓮任内經手錢糧諒
江寧布政使趙盛奎江蘇按察使額騰伊會詳
稱會查得前署巡道王青蓮自道光拾叁年肆
月初壹日到任起至伍月貳拾壹日卸事止田
道舊管銀貳萬陸千肆百貳拾陸兩零新收銀
陸千壹百玖拾玖兩零開除銀陸千肆百貳拾
捌兩零實在存庫銀貳萬陸千壹百玖拾柒兩
零經現任巡道積拉明阿查明俱係收放相符
解船有據船隻齊全由司覆核無異加結同送
到司結轉詳具

江蘇巡撫林則徐題本　盤查前署鹽巡道王青蓮任内經管道庫貯船工錢糧無虧
道光十三年八月初三日

題并聲明报内支消結銀等情前來臣覆核無異
除照例由臣盤查并將歷届結報部查核外謹
題具
題伏乞
皇上聖鑒勅部核覆施行謹題請
旨

江蘇巡撫林則徐題本　盤查前署鹽巡道王青蓮任內經管道庫貯船工錢糧無虧

道光十三年八月初三日

兵部侍郎兼都察院右副都御史巡撫江蘇等處地方提督軍務總理糧儲臣林則徐謹
題為盤查道庫交代錢糧事。該臣查得江南鹽巡
道庫貯船工錢糧交代例由江寧藩司盤查結
報。所有前署江南鹽巡道王青蓮任內經手錢
糧，據江寧布政使趙盛奎、江蘇按察使護鹽伊
會詳稱，會查得前署巡道王青蓮自道光拾叁
年肆月初壹日到任起至伍月初拾壹日卸事
止，所有道庫舊管銀貳萬陸千肆百兩零，新
收銀陸千壹百叁拾玖兩零，開除銀陸千肆百
貳拾捌兩零，實在存庫銀貳萬陸千壹百玖拾
柒兩零，經現任巡道楊注明河查明收於相符，
解結，司詳結連齊全，由司加結，同送到冊結詳
題前來。臣覆核無異，除照例由督臣督查外，將冊
結送部外，謹題請
旨。

江蘇巡撫林則徐題本　**題報江蘇省道光十三年份各屬夏麥實收分數**

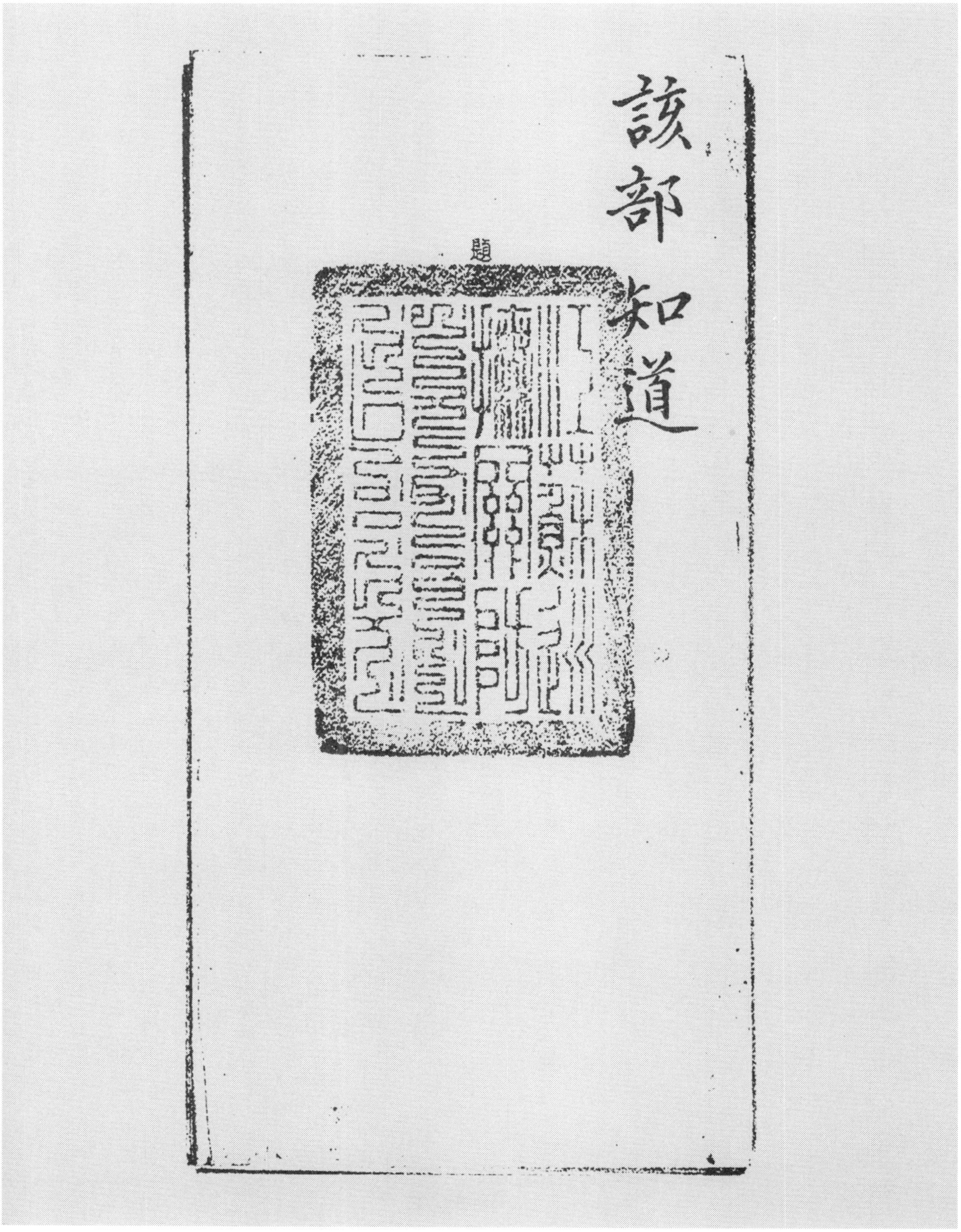
題
該部知道

江蘇巡撫林則徐題本　題報江蘇省道光十三年份各屬夏麥實收分數
道光十三年八月初三日

兵部侍郎兼都察院右副都御史巡撫江蘇等處地方提督軍務總理糧儲臣林則徐謹

題爲恭報江蘇省道光拾叁年夏麥實收分數仰

祈

聖鑒事。據江寧布政使趙盛奎、蘇州布政使陳鑾會

詳，爲案奉行准廣西巡撫明山

奏准，嗣後各省

題報收成分數，總以幾分爲率，如有收成在幾分

幾釐者，則稱幾分有餘等因，遵照在案。所有道

光拾叁年夏收分數，奉飭查報，當即轉行各屬。

確查去後，今據江寧、蘇州、松江、常州、鎮江、淮安、

揚州、徐州、太倉、海州、通州、江寧府州屬并海門

廳先後詳報到司，查核道光拾叁年夏收分數

江蘇巡撫林則徐題本　題報江蘇省道光十三年份各屬夏麥實收分數

道光十三年八月初三日

上元縣肆分有餘句容縣肆
分有餘溧水縣陸分有餘江
浦縣肆分有餘六合縣伍分有餘合計江寧府
總伍分有餘山陽縣叁分有餘阜寧縣叁分有
餘清河縣肆分桃源縣肆分有餘安東縣伍分
鹽城縣叁分有餘合計淮安府總叁分有餘高
郵州肆分泰州叁分有餘東臺縣柒分江都縣
肆分有餘甘泉縣伍分有餘儀徵縣陸分興化
縣叁分有餘寶應縣叁分有餘合計揚州府總
肆分有餘銅山縣陸分有餘豐縣伍分有餘沛
縣伍分蕭縣伍分有餘碭山縣伍分有餘邳州
陸分宿遷縣陸分有餘睢寧縣陸分有餘合計

徐州府總伍分有餘海州伍分有餘沭陽縣柒
分有餘贛榆縣伍分有餘合計海州州總陸分
有餘通州柒分有餘如皋縣柒分有餘泰興縣
柒分合計通州州總柒分有餘海門廳陸分有
餘以上江寧淮安揚州徐州肆府海州通州貳
州屬并海門廳道光拾叁年夏收分數合計司
總收成伍分有餘長洲縣陸分有餘元和縣陸
分有餘吳縣陸分有餘吳江縣伍分有餘震澤
縣伍分有餘常熟縣陸分昭文縣伍分崑山縣
伍分有餘新陽縣伍分有餘太湖廳柒分合計
蘇州府總伍分有餘華亭縣陸分有餘奉賢縣
陸分有餘婁縣陸分有餘金山縣柒分有餘上

海縣柒分有餘南匯縣陸分有餘青浦縣陸分
有餘川沙廳陸分有餘合計松江府總陸分有
餘武進縣陸分有餘陽湖縣陸分有餘無錫縣
陸分有餘金匱縣陸分有餘江陰縣陸分有餘
宜興縣陸分荊溪縣陸分靖江縣柒分合計常
州府總陸分有餘丹徒縣伍分有餘丹陽縣陸
分有餘金壇縣陸分有餘溧陽縣陸分有餘合
計鎮江府總陸分有餘太倉州陸分有餘鎮洋
縣柒分嘉定縣柒分寶山縣柒分崇明縣柒分
有餘合計太倉州總陸分有餘以上蘇州松江
常州鎮江肆府太倉壹州屬并太湖川沙貳廳
道光拾叁年夏麥分數合計司總收成陸分有

餘通共合計江蘇省總收成伍分有餘相應會
許伏候具
題再海州沭陽贛州縣瀕臨田地計海州收成叁
分沭陽縣收成肆分大糧田地高低牽算海州
收成伍分有餘沭陽縣收成叁分有餘現在彙
總開報合并聲請附
題并請將省總收成分數咨明浙江安徽河南山
東江西鄰省查照至蘇州等衛及歸并衛所
田地本年夏收分數業已照例附入坐落州縣
額田數內彙報再浙省鹽場坐落江省松江府
屬之橫浦等來場與縣田犬牙相錯兩淮鹽場
竈地亦係州縣並輯收成分數即在坐落各州

江蘇巡撫林則徐題本　題報江蘇省道光十三年份各屬夏麥實收分數

道光十三年八月初三日

縣之內合並聲明等情據此該臣查得道光拾
叁年夏麥實收分數案經嚴飭查報去後茲據
江寧布政使趙盛奎蘇州布政使陳鑾會詳稱
行據江寧蘇州松江常州鎮江淮安揚州徐州
太倉海州通州拾壹府州屬并海門廳先後詳
報到司查核道光拾叁年麥收分數溧水高淳
貳縣各陸分有餘六合縣伍分有餘上元江寧
句容江浦肆縣各肆分有餘合計江寧府屬伍
分有餘安東縣伍分桃源縣肆分有餘清河縣
肆分山陽阜寧鹽城叁縣各叁分有餘合計淮
安府總叁分有餘東臺縣柒分儀徵縣陸分甘
泉縣伍分有餘江都縣肆分有餘高郵州肆分

泰州興化寶應叁州縣各叁分有餘合計揚州
府總肆分有餘銅山宿遷睢寧叁縣各陸分有
餘邳州陸分豐縣蕭縣碭山叁縣各伍分有餘
沛縣伍分合計徐州府總伍分有餘沭陽縣柒
分有餘海州贛榆貳州縣各伍分有餘合計海
州州總陸分有餘通州如臯貳州縣各柒分有
餘泰興縣柒分合計通州州總柒分有餘海門
廳陸分有餘以上江寧淮安揚州徐州海州通
州陸府州屬幷海門廳合計司總伍分有餘太
湖廳柒分長洲元和吳縣叁縣各陸分有餘常
熟縣陸分吳江震澤崑山新陽肆縣各伍分有
餘昭文縣伍分合計蘇州府總伍分有餘金山

江蘇巡撫林則徐題本 題報江蘇省道光十三年份各屬夏麥實收分數
道光十三年八月初三日

上海等縣各麥分有餘華亭奉賢婁縣南匯青浦川沙廳縣各陸分有餘合計松江府總陸分有餘靖江縣麥分武進陽湖無錫金匱江陰伍縣各陸分有餘宜興荊溪等縣各陸分合計常州府總陸分有餘丹陽金壇溧陽等縣各陸分有餘丹徒縣伍分有餘合計鎮江府總陸分有餘崇明縣麥分有餘鎮洋嘉定寶山等縣各麥分太倉州陸分有餘合計太倉州總陸分有餘以上蘇州松江常州鎮江太倉伍府州屬合計司總陸分有餘通共合計江蘇省總收成伍分有餘相應會詳具

題再海州沭陽等州縣減則及大糧田地現在蒙

總局彙報應請附
題并請將省總收成分數咨明鄰省直隸蘇州
等湖衛及歸并衛所田地本年夏收分數業已
照例附入各州縣額田數內彙報又鹽場竈地
收成分數即在坐落各州縣之內等情前來臣
覆核無異謹會同兩江總督臣陶澍合詞具
題伏乞
皇上聖鑒勅部查照施行謹具題
聞

江蘇巡撫林則徐題本　題報江蘇省道光十三年份各屬夏麥實收分數
道光十三年八月初三日

兵部侍郎兼都察院右副都御史巡撫江蘇等處地方提督軍務總理糧儲臣林則徐謹
題爲恭報江蘇省道光拾叁年夏麥實收分數仰
祈
聖鑒事竊臣查得道光拾叁年夏麥實收分數業經
檄飭查報茲據江寧布政使趙盛奎蘇州布政
使陳鑾會詳稱行據江寧蘇州松江常州鎮江
淮安揚州徐州太倉海州通州拾壹府州屬并
海門廳先後詳報到司查核道光拾叁年麥收
分數江寧淮安揚州徐州海州通州陸府州屬
并海門廳合計司總伍分有餘蘇州松江常州
鎮江太倉伍府州屬合計司總陸分有餘通共
合計江蘇省總收成伍分有餘會詳具
題前來臣覆核無異謹會具題
聞

江蘇巡撫林則徐題本

題報道光十二年份丹徒縣業户戴晉錫陞科田地徵收錢糧數目

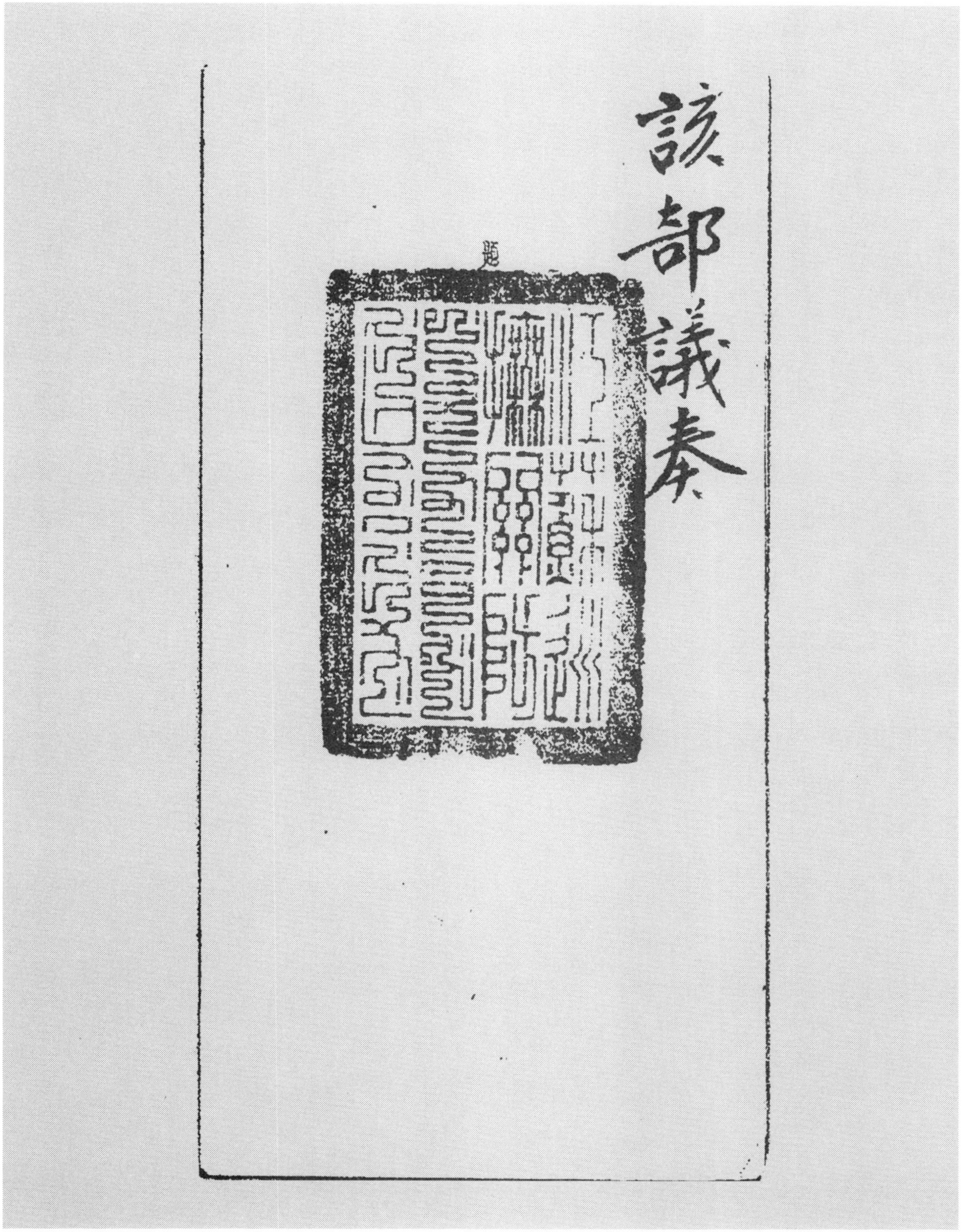
該部議奏

題

兵部侍郎兼都察院右副都御史巡撫江蘇等處地方提督軍務總理糧儲臣林則徐謹
題爲請寬陞科等事。據蘇州布政使陳鑾詳稱：案
於雍正拾貳年拾月奉文，凡可開墾田地，聽民
盡力報陞，毋許勒索阻撓，仍督率地方官勸加
勸諭，廣爲開墾，統俟歲底將壹年墾過地畝并
陞科年分以及額糧數目造冊
題報等因，遵照在案。所有道光拾貳年分陞科田
地，前經通飭查報去後，今據丹徒縣業户戴晉
錫報陞按漲泥灘貳項柒畝玖分肆釐貳毫，共
應徵本色米麥壹石陸斗貳升叁合貳勺，折色
銀貳兩壹錢貳分貳釐，遇閏加編米柒勺，加編
銀叁分玖釐。據該道府縣層層覆勘加結詳請

入額陞賦前來相應循照新訂全書科則覈筭
轉造應陞銀米款田同屬田結一并詳送具
題并請將送到司屬田結咨部至該縣呈報接漲
泥灘業由該縣勘丈明確並經該管道府逐加
覆核並無違礙水利搶重就輕以多報少越占
情事前經專案造具陞科銀米司田先行詳准
入額造報彙詳請
題在案現於道光拾貳年
奏銷冊内分别入額造報合並聲明等情據此該
臣查得蘇松等屬道光拾貳年入額陞科田地
前經通飭查報去後今據蘇州布政使陳鑾詳
稱據丹徒縣業户戴晉錫報陞接漲泥灘貳項

柒畝零共應徵本色米叁壹石零折色銀貳兩
零遇閏加編米柒勺加編銀叁分零循照全書
科則驗算轉造應陞銀米款冊同屬冊結一并
詳送具
題并聲明接漲泥灘業由該縣勘丈明確並經該
管道府逐加覆核並無違礙水利避重就輕以
多報少越占情事前經專案造具陞科銀米司
冊先行詳准入額造報彙詳請
題在案現於道光拾貳年
奏銷冊內分別入額造報等情前來臣覆核無異
除冊結送部查核外理合循例具
題伏乞

皇上睿鑒勅部查核施行謹具題

聞

道光

地方提督軍務兼理糧餉臣林則徐

江蘇巡撫林則徐題本　題報道光十二年份丹徒縣業户戴晉錫陞科田地徵收錢糧數目

道光十三年八月初三日

兵部侍郎兼都察院右副都御史巡撫江蘇等處地方提督軍務總理糧儲臣林則徐謹

題爲請覈陞科等事。該臣查得蘇松等屬道光拾貳年入額陞科田地，據蘇州布政使陳鑾詳稱：據丹徒縣業户戴晉錫報陞接漲泥灘貳項柒畝零，共應徵本色米麥壹石零，折色銀貳兩零，遇閏加編米柒勺，加編銀叁分零，循照全書科則驗算，轉造應陞銀米款冊同屬冊結詳

題前來。臣覆核無異，除冊結送部外，謹具題

聞

審明山陽縣民陳起瓏等群毆傷斃高士階案分別定擬（首缺）

承買價已議定尚未立契父親因價少不賣拾
貳月初壹日陳起瓏同他堂弟陳起璋義子陳
長安路過小的門首斥說父親不應賣田翻悔
致他虛費中人酒飯要父親賠還酒飯錢文父
親不依爭鬧陳起瓏要拉父親往集上講理表
弟高士階趕出幫護把陳起瓏推跌磕傷額顱
父親用挑草鐵爬背打傷陳起瓏左額角陳起
瓏爬起拾取地上柴棍毆傷高士階左肩甲等
處小的趕救被陳長安用扁擔鐵頭打傷右膀
右膝小的向陳長安撲毆陳長安閃避陳起璋
接過陳長安手內扁擔打傷小的左額角右臂
膊左胳膊是蔡惟盈們趕上勸散報蒙驗傷醫

治不料高士階到拾叁日因傷死了並沒起釁
別故是實據屍親王添奉供高士階是外甥與
小的同屋居住道光拾貳年拾壹月貳拾伍日
小的有田要賣託鄰人蔡惟盛胡大用周文秀
做中向陳起瓏說合承買講定每畝價錢制千
文尚未立契成交隨後小的因價錢太少不肯
賣給拾貳月初壹日陳起瓏同他堂弟陳起璋
義子陳長安路過小的門首陳起瓏斥說小的
賣田不應翻悔致他虛費中人酒飯要小的賠
還酒飯錢文小的不依彼此爭鬧陳起瓏要拉
小的往集上講理外甥高士階起出幫護把陳
起瓏推跌磕傷額顱小的用排草鐵爬背打傷

陳起瓏左額角陳起瓏爬起順拾地上柴棍毆
傷高士階左肩甲等處兒子王得華趕救被陳
長安陳起璋打傷是蔡惟益們勸散控蒙驗傷
飭醫調治不料高士階到拾叁日因傷死了並
沒起釁別故求究辦據犯屬陳長安即楊長安
供陳起瓏是母舅收養小的為義子就從陳姓
道光拾貳年拾壹月貳拾伍日王添奉有田要
賣央蔡惟益們向義父說合承買議定每畝價
錢捌千文尚未立契義父當留蔡惟益們酒飯
後因王添奉翻悔未成拾貳月初壹日義父同
他堂弟陳起璋並小的攜帶扁擔趕集路過王
添奉家適王添奉站在門首義父向他村斥不

應賣田翻悔致虛費酒飯要王添奉賠還不允
彼此爭鬧義父要拉王添奉往集上講理王添
奉的外甥高士階趕出幫護把義父推跌磕傷
額顱王添奉用鐵爬背打傷義父左額角義父
爬起順拾地上柴棍打傷高士階左肩甲高士
階上前奪棍又被義父打傷他左手腕高士階
混罵撲毆義父又打傷他左肋連左脇王添奉
的兒子王得華起護小的用扁擔鐵頭打傷王
得華右胯右膝王得華向小的撲毆小的閃避
湧起搶接過小的扁擔打傷王得華左額角右
臂膊左胳膊是蔡惟盈們勸散投蒙驗傷飭醫
不料高士階到拾叁日因傷死了小的實止打

王得華右胯右膝兩傷高士階的傷是義父一
人打的小的並無幫毆的事陳起璋現逃何處
不知道是實據兇犯陳起瓏供山陽縣人年伍
拾叁歲父母都故娶妻張氏沒生兒女楊長安
是小的外甥因收養爲義子改從陳姓小的與
高士階素識無嫌道光拾貳年拾壹月貳拾伍
日高士階的母舅王添奉有田要賣託蔡惟盆
胡大用周文秀作中向小的説合承買議定每
畝價錢捌千文約定次日立契成交小的因已
議明留蔡惟盆們酒飯那知到期蔡惟盆們來
説王添奉嫌價少不賣拾貳月初壹日小的同
堂弟陳起璋義子陳長安並帶扁擔赴鎮趕集

路過王添奉家適王添奉站在門首小的向他
村斥不應賣田翻悔致小的虛費酒飯要他賠
還酒飯錢文王添奉不依彼此爭鬧小的要拉
他往集上講理高士階起出幫護把小的推跌
倒地磕傷額顱王添奉用鐵爬背打傷小的左
額角小的爬起順拾地上柴棍打傷高士階左
肩甲高士階上前奪棍又被小的打傷左手腕
高士階混罵並向小的撲毆小的又用棍打傷
他左肋連左脇倒地王添奉的兒子王得華起
護被義子用扁擔鐵頭打傷右胯右膝王得華
向義子撲毆義子閃避堂弟陳起璋接過義子
手內扁擔也打傷王得華左額角右臂膊左胳

牌是蔡惟盃們勸散控蒙飭醫調治不料高士
階到拾叁日因傷身死並非有心致死也沒預
謀糾毆及起釁別故陳起璋現逃何處不知道
是實各等供據此將犯收禁餘人保釋錄供通
詳蒙批飭審差查王得華傷已平復遵提犯證
覆訊各供均與前審無異不敘外該山陽縣知
縣張用熙審看得縣民陳起瓏毆傷高士階身
死壹案緣陳起瓏籍隸山陽縣與高士階素識
無嫌道光拾貳年拾壹月貳拾伍日高士階之
母舅王添奉有田欲賣央中蔡惟盃等向陳起
瓏說合承買議定每畝價錢捌千文約俟次日
立契成交陳起瓏當留蔡惟盃等酒飯至期王

添奉又以價少不賣回覆拾貳月初壹日陳起瓏同堂弟陳起璋及義子陳長安即楊長安攜帶扁擔趕集路過王添奉家適王添奉站立門首陳起瓏斥其不應賣田翻悔致伊虛費酒飯令其賠還酒飯錢文王添奉不依彼此爭鬧陳起瓏欲扭王添奉往集上評理高士階趕出幫護將陳起瓏推跌磕傷額顱王添奉用鐵爬背毆傷陳起瓏左額角陳起瓏爬起順拾柴棍毆傷高士階左肩甲高士階奪棍陳起瓏又毆傷其左手腕高士階混罵撲毆陳起瓏又毆傷其左肋連左脇倒地維時王添奉之子王得華趕救被陳長安用扁擔鐵頭毆傷右膀右膝王得

華向陳長安撲毆，陳長安閃避，陳起璋接過陳
長安扁擔毆傷王得華左額角等處，經蔡惟益
等勸散，控縣驗傷，飭醫診。高士階傷重醫治無
效，延至拾叁日殞命。報縣驗訊，通詳。奉批飭審
遵復提犯研鞫，據供前情不諱。詰非有心欲殺，
亦無起釁別故及商謀糾毆情事，矢口不移，案
無遁飾。查律載：鬭毆殺人者，不問手足他物金
刃，並絞監候。又他物毆人成傷者，笞肆拾，各等
語。此案陳起瓏毆傷高士階身死，應按律問擬。
陳起瓏合依鬭毆殺人者，不問手足他物金刃，
並絞律，擬絞監候，秋後處決。王添奉用鐵耙將
陳起瓏毆傷，陳長安用扁擔將王得華毆傷，均

合依他物毆人成傷笞肆拾律笞肆拾折責發
落蔡惟盆等勸阻不及，均免置議。王得華等傷
已平復，無干省釋，屍棺給屬領埋，逸犯陳起璋
緝獲另結，兇器柴棍解驗等情，由府審解到司，
該江蘇按察使額騰伊提犯親訊，核擬無異，解
候勘。
題等情，招解到臣。提犯親審無異，該臣看得山陽
縣民陳起瓏毆傷高士階身死壹案，緣陳起瓏
籍隸山陽，與高士階素識無嫌。道光拾貳年拾
壹月貳拾伍日，高士階之母舅王添奉有田欲
賣，央中蔡惟盆等向陳起瓏説合承買，議定每
畝價錢捌千文，約俟次日立契成交。陳起瓏當

雷蔡惟益等酒飯至期王添奉又以價少不賣
回履拾貳月初壹日陳起瓏同堂弟陳起璋及
義子陳長安即楊長安攜帶扁擔趕集路過王
添奉家適王添奉站立門首陳起瓏斥其不應
賣田翻悔致伊虛費酒飯令其賠還酒飯錢文
王添奉不依彼此爭鬧陳起瓏欲拉王添奉往
集上評理高士階起出幫護將陳起瓏推跌磕
傷額顱王添奉用鐵爬背毆傷陳起瓏左額角
陳起瓏爬起順拾柴棍毆傷高士階左肩甲高
士階奪棍陳起瓏又毆傷其左手腕高士階辱
罵撲毆陳起瓏又毆傷其左肋連左胳倒地維
時王添奉之子王得華趕救被陳長安用扁擔

戳頭毆傷右膀右膝王得華向陳長安撲毆陳長安閃避陳起璋接過陳長安扁擔毆傷王得華左額角等處經蔡惟盛等勸散控縣驗傷飭醫調高士階傷重醫治無效延至拾叁日殞命報驗訊詳審供不諱詰非有心欲殺亦無起釁别故及預謀糾毆情事矢口不移案無遁飾查律載鬬毆殺人者不問手足他物金刃並絞監候又他物毆人成傷者笞肆拾各等語此案陳起瓏毆傷高士階身死應按律問擬陳起瓏合依鬬毆殺人者不問手足他物金刃並絞律擬絞監候秋後處決王添率用鐵爬將陳起瓏毆傷陳長安用扁擔將王得華毆傷均合依他物

毆人成傷笞肆拾律各笞肆拾折責發落蔡帷

盆等勸阻不及均免置議王得華等傷已平復

無干省釋屍棺飭埋逸犯陳起璋傷痊獲日另

結兇器柴棍發回貯庫臣謹具

題伏乞

皇上聖鑒勅下三法司核覆施行再此案審限壹箇

月應以道光拾貳年拾貳月拾肆報驗之日起

除封印壹月又自縣由府解司程限拾伍日統

應扣至拾叁年柒月貳拾玖日全限屆滿合竝

陳明謹題請

旨

江蘇巡撫林則徐題本　審明山陽縣民陳起瓏等群毆傷斃高士階案分別定擬

道光十三年八月初三日

兵部侍郎兼都察院右副都御史巡撫江蘇等處地方提督軍務總理糧儲臣林則徐謹
題爲報驗事。該臣看得山陽縣民陳起瓏毆傷高
士階身死壹案，緣陳起瓏與高士階素識無嫌。
道光拾貳年拾壹月貳拾伍日，高士階之母舅
王添奉有田欲賣，央中蔡惟盃等向陳起瓏說
合承買，議定價錢，約俟次日立契成交。陳起瓏
當留蔡惟盃等酒飯，至期王添奉又以價少不
賣回覆。拾貳月初壹日，陳起瓏同堂弟陳起琦
及義子陳長安攜帶扁擔趕集，路過王添奉家，
適王添奉站立門首，陳起瓏斥其不應賣田翻

誨，致伊虚費酒飯，令其賠償，不允，彼此爭鬧。陳
起瓏欲拉王添奉往集評理，高士階起出幫護，
將陳起瓏推跌，磕傷額顱。王添奉用鐵爬背毆
傷陳起瓏左額角。陳起瓏爬起，順拾柴棍毆傷
高士階左肩甲。高士階奪棍，陳起瓏又毆傷其
左手腕。高士階辱罵撲毆，陳起瓏又毆傷其左
肋連左胳，倒地，延至拾叁日殞命。報驗訊詳審
供不諱。陳起瓏依鬬毆殺人律擬絞監候，秋後
處決。謹題請
旨

江蘇巡撫林則徐題本

核銷江寧等府州屬道光十二年份額徵錢糧數目（首缺）

江寧府經催前任知府陞任廣東惠潮
嘉道趙炳言
句容縣經徵署事准補儀徵縣知縣石
常泰
江浦縣經徵現任知縣馮應渭
六合縣經徵現任知縣雲茂琦
淮安府經催現任知府周燾
山陽縣經徵現任知縣張用熙
阜寧縣經徵現任知縣邊象曾
清河縣經徵正任知縣王國佐
清河縣接徵署事南河大桃知縣借補
豐縣縣丞張建勳

桃源縣經徵署事大挑知縣徐麟趾

鹽城縣經徵降調知縣孔昭杰

揚州府經催調任江寧府陞任山西冀

寧道王青蓮

泰州經徵署事江寧府南補通判劉文

徵

東臺縣經徵

計參知縣盧雲亭

江都縣經徵現任知縣鄭祖經

甘泉縣經徵現任知縣鍾承露

儀徵縣經徵署事准補江寧府北捕通

判徐炳煒

徐州府經催前任知府陞任廣東南韶
連道劉鴻翱
蕭縣經徵現任知縣趙毓丹
海州經徵署事坐補江都縣知縣伍家
榕
海州接徵代理事現任桃源縣知縣晏
曙東
海州接徵署事蘇州府海防同知劉鈴
屯折正耗銀兩項下
淮安衛經徵現任守備邱可鈞
大河衛經徵現任守備余克鈞
揚州衛經徵守備陞任山東梁山營都

司劉燦

徐州衛經徵現任守備胡泉

計進

呈文冊捌本

道光[illegible]提督軍務兼理糧餉臣林則徐

江蘇巡撫林則徐題本 核銷江寧等府州屬道光十二年份額徵錢糧數目

道光十三年八月初十日

兵部侍郎兼都察院右副都御史巡撫江蘇等處地方提督軍務總理糧儲臣林則徐謹

題爲奏銷道光拾貳年錢糧事該臣查得江寧等

府州屬并淮安等衛道光拾貳年額徵民屯地

丁本折正雜各項錢糧數目例應造冊

奏銷其隨徵耗羨銀兩已未完解數目亦應隨同

正項錢糧統計分數一疏具

題今據江寧布政使趙盛奎造冊詳送前來臣覆

加查核江寧淮安揚州徐州海州通州海門等

柒府州廳屬并淮安大河揚州徐州肆衛道光

拾貳年民屯地丁本色米豆公費地畝雜稅學

租空缺採辦漕糧價脚各項銀米已未完各數

繕造黃冊恭呈

御覽并將司冊移送部科外理合將催徵各官職名

分數照例臚列具

題伏乞

皇上聖鑒敕部按冊分別考核謹具題

聞

江蘇巡撫林則徐題本

核銷江寧織造衙門官員家口馬匹道光十二年份支過俸廩糧料數目

該部察核具奏冊併發

題

江蘇巡撫林則徐題本　核銷江寧織造衙門官員家口馬匹道光十二年份支過俸廪糧料數目

道光十三年八月初十日

兵部侍郎兼都察院右副都御史巡撫江蘇等處地方提督軍務總理糧儲臣林則徐謹
題爲奏銷織造支過俸廪糧料事據江寧布政使
趙盛奎詳稱竊照江寧織造衙門官員家口馬
匹支過俸廪糧料數目例應按年造冊
奏銷所有江寧織造衙門官員家口馬匹道光拾
貳年實支俸廪米豆草折共銀伍百柒拾伍兩
陸錢柒分壹釐本色俸倉米柒拾貳石肆斗捌
升肆勺肆抄豆貳拾叁石玖斗肆升理合分晰
開造清冊詳候核
題再江寧織造支過俸廪等項現遵部文查照蘇
州織造支放之例均照實數造報無庸另扣小
建合并聲明等情據此該臣查得江寧織造衙

門官員家口馬匹支過俸廩糧料例應按年造
冊
奏銷所有道光拾貳年支過俸廩糧料數目案經
檄飭造報去後今據江寧布政使趙盛奎詳稱
道光拾貳年實支俸廩米豆草折共銀伍百柒
拾伍兩零本色俸倉米柒拾貳石零豆貳拾叁
石零分晰開造清冊詳候核
題幷聲明江寧織造支過俸廩等項現遵部文查
照蘇州織造支放之例均照實數造報無庸另
扣小建等情前來臣覆核無異並無遺漏溢支
除恭繕黃冊進呈
御覽並將司印清冊蓋印移送户部科道查核外謹

江蘇巡撫林則徐題本　核銷江寧織造衙門官員家口馬匹道光十二年份支過俸廩糧料數目

道光十三年八月初十日

會同兩江總督臣陶澍合詞具

題伏乞

皇上聖鑒勅部核銷施行謹具題

聞

計進

呈文冊壹本

道光十三年八月初十日　兵部右侍郎兼都察院右副都御史巡撫江蘇等處地方提督軍務兼理糧餉臣林則徐

江蘇巡撫林則徐題本　核銷江寧織造衙門官員家口馬匹道光十二年份支過俸廩糧料數目

道光十三年八月初十日

兵部侍郎兼都察院右副都御史巡撫江蘇等處地方提督軍務總理糧儲臣林則徐謹

題爲奏銷織造支過俸廩糧料事該臣查得江寧

織造衙門官員家口馬匹支過俸廩糧料例應

按年造冊

奏銷今據江寧布政使趙盛奎詳稱道光拾貳年

實支俸廩米豆草折共銀伍百柒拾伍兩零本

色俸倉米柒拾貳石零豆貳拾叁石零開造清

冊詳候核

題前來臣覆核無異除恭繕黃冊進呈

御覽并將清冊移送户部科道查核外謹會具題

聞

江蘇巡撫林則徐題本 題報道光十二年秋季份江寧等屬委署丞倅州縣等官員缺
道光十三年八月十五日

江蘇巡撫林則徐題本 **題報道光十二年秋季份江寧等屬委署丞倅州縣等官員缺**

江蘇巡撫林則徐題本　題報道光十二年秋季份江寧等屬委署丞倅州縣等官員缺

道光十三年八月十五日

兵部侍郎兼都察院右副都御史巡撫江蘇等處地方提督軍務總理糧儲臣林則徐謹

題爲詳請具

題事。據江寧布政使趙盛奎詳稱，案奉行准吏部

咨各省委署丞倅等官及試用州縣委署員缺

係暫時署理，與實缺調署不同，均無庸附摺具

奏，令各該督撫按季恭疏具

題等因，遵照在案。今查道光拾貳年秋季分江寧

等屬内，有江寧府南捕通判劉文澈委署泰州

知州遺缺，詳委試用通判李嘉奎署理。又句容

縣知縣錢兆麟請咨赴部引

見遺缺，詳委揀發候補知縣石常泰署理。又宿遷縣

知縣李萬倉因案解任遺缺，詳委借署興化縣

江蘇巡撫林則徐題本　題報道光十二年秋季份江寧等屬委署丞倅州縣等官員缺
道光十三年八月十五日

縣丞大挑知縣曹文昭署理又海門同知陳經
調署蘇州府總捕同知遺缺詳委揀發候補知
縣張連茹署理又桃源縣知縣劉履貞革職遺
缺詳委大挑試用知縣徐麟趾署理又儀徵縣
知縣王用賓請咨赴部引
見遺缺詳委候補通判孫炳煒署理各在案相應查
明詳候具
題等情到臣據此該臣查得委署丞倅等官及試
用州縣委署員缺例應按季恭疏具
題所有道光拾貳年秋季分江寧等屬內有江寧
府南捕通判劉文瀓委署泰州知州遺缺委試
用通判李嘉奎署理又句容縣知縣錢兆麟請

咨赴部引
見遺缺委揀發候補知縣石常泰署理又宿遷縣知
縣李萬倉因案解任遺缺委借署興化縣縣丞
大挑知縣曹文昭署理又海門同知陳經調署
蘇州府總補同知遺缺委揀發候補知縣張連
茹署理又桃源縣知縣劉履貞革職遺缺委大
挑試用知縣徐麟趾署理又儀徵縣知縣王用
賓請咨赴部引
見遺缺委候補通判孫炳煒署理各在案茲據江寧
布政使趙盛奎查明詳請會
題前來謹會同兩江總督臣陶澍合詞具
題伏乞

江蘇巡撫林則徐題本　題報道光十二年秋季份江寧等屬委署丞倅州縣等官員缺
道光十三年八月十五日

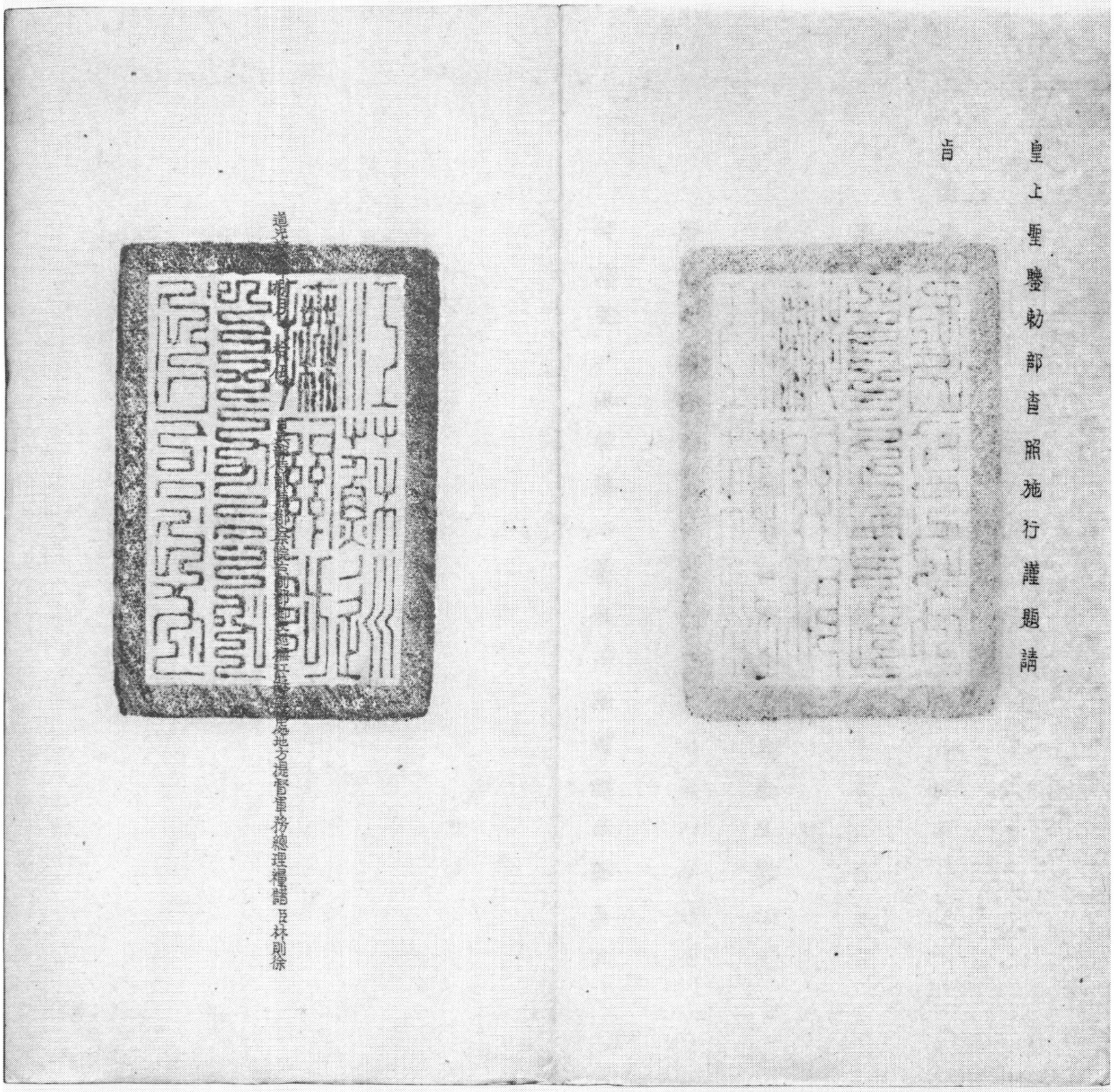
皇上聖鑒勅部查照施行謹題請
旨
道光……地方提督軍務總理糧儲 臣林則徐

兵部侍郎兼都察院右副都御史巡撫江蘇等處地方提督軍務總理糧儲臣林則徐謹
題爲詳請具
題事該臣查得委署丞倅等官及試用州縣委署
員缺例應按季恭疏具
題所有道光拾貳年秋季分江寧等屬內有江寧
府南捕通判劉文瀓委署泰州知州遺缺委試
用通判李嘉奎署理又句容縣知縣錢兆麟請
咨赴部引
見遺缺委揀發候補知縣石常泰署理又宿遷縣知
縣李萬倉因案解任遺缺委借署興化縣縣丞
大挑知縣曹文昭署理又海門同知陳經調署
蘇州府總捕同知遺缺委揀發候補知縣張連
茹署理又桃源縣知縣劉履貞革職遺缺委大
挑試用知縣徐麟趾署理又儀徵縣知縣王用
賓請咨赴部引
見遺缺委候補通判孫炳煒署理各在案茲據江寧
布政使趙盛奎查明詳請會
題前來謹會題請
旨

江蘇巡撫林則徐題本　**題報道光十三年春季份蘇州等屬委署丞倅州縣等官員缺（殘缺）**

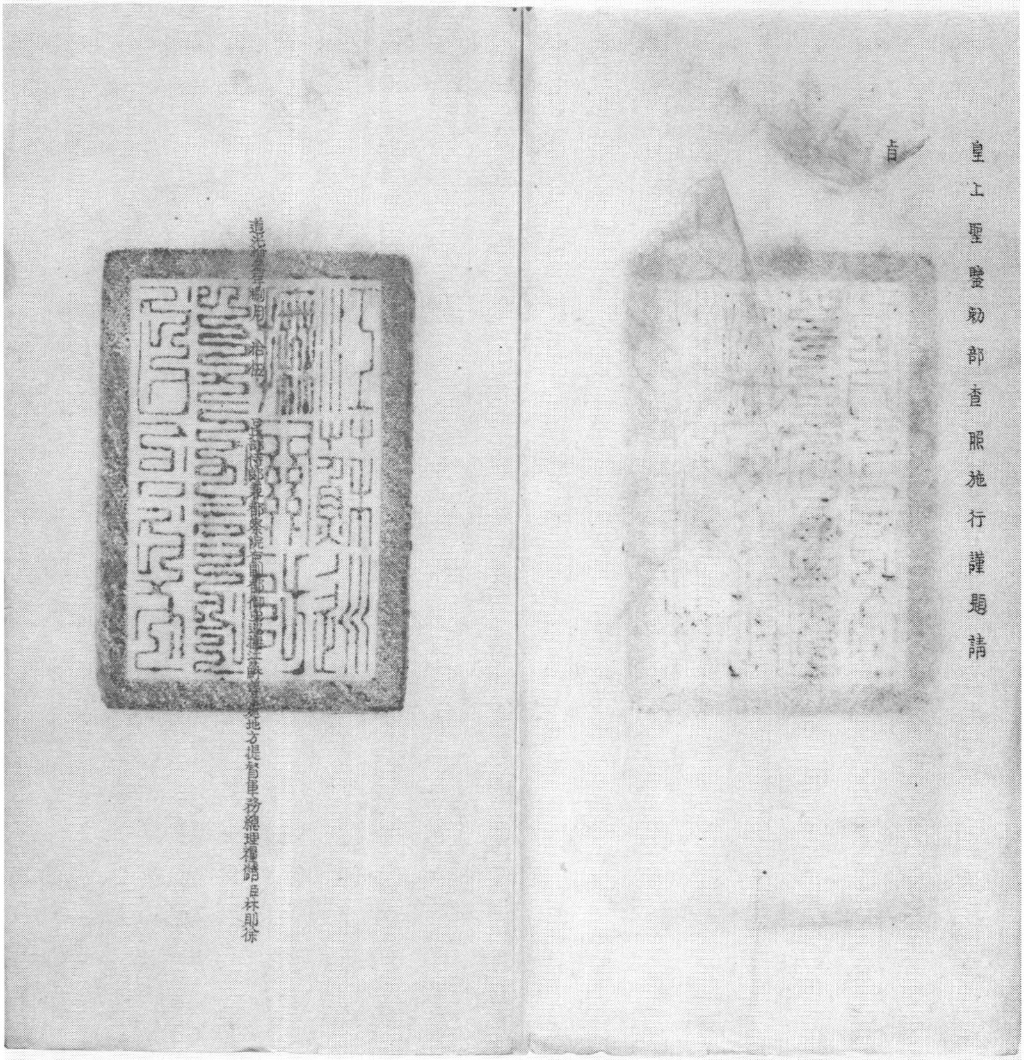
皇上聖鑒勅部查照施行謹題請
旨
道光拾叁年捌月拾伍日兵部侍郎兼都察院右副都御史巡撫江蘇等處地方提督軍務總理糧儲臣林則徐

江蘇巡撫林則徐題本　題報道光十三年春季份蘇州等屬委署丞倅州縣等官員缺（殘缺）

道光十三年八月十五日

兵部侍郎兼都察院右副都御史巡撫江蘇等處地方提督軍務總理糧儲臣林則徐謹

題為詳請具

題事該臣查得委署丞倅等官及試用州縣委署

員缺例應按季恭疏具

題所有道光拾叁年春季分蘇州等屬內有蘇州

府總捕同知裔如齡病故遺缺委試用通判查

德基署理又金山縣知縣黃元吉病故遺缺委

試用知縣魏文瀛署理又鎮江府糧捕通判蔡

紹武押運漕糧遺缺委試用布政司理問劉廷

輸署理各在案茲據蘇州布政使陳鑾查明詳

請會

題前來謹會題請

旨

江蘇巡撫林則徐題本　**題參署銅山縣知縣王文炳等疏防停舟被搶屆滿獲犯尚未及半**

該部議奏
題

江蘇巡撫林則徐題本　題參署銅山縣知縣王文炳等疏防停舟被搶屆滿獲犯尚未及半

道光十三年八月十五日

兵部侍郎兼都察院右副都御史巡撫江蘇等處地方提督軍務總理糧儲臣林則徐謹
題爲詳參疏防文職事據江蘇按察使額騰伊詳
稱據徐州府知府善慶詳據署銅山縣知縣王
文炳詳稱道光拾貳年拾月拾壹日據睢寧縣
事主池步太呈稱伊由睢寧雇陳有增船隻來
買糧食拾月初陸日夜船泊銅山縣退河集劉
義源行前被匪搶去銀錢衣物開單報候勘緝
等情到縣當經會營前詣勘明被搶情形該處
離城壹百拾里離汛陸拾里並無墩鋪防兵訊
據行主劉義源指稱是夜池步太將船歇伊行
前收買糧食被匪上船搶去銀錢衣物池步太
報案後因風利已開行回籍等語質之地保人

等洪亦無異估計失賍值銀貳百拾壹兩肆供
通詳飭差勒緝贓匪去後旋於拾壹月貳拾伍
拾貳月貳拾壹等日據差先後緝獲李洪聚劉
三訊係李洪聚起意糾同劉三及逸犯李春劉
春李五廝子朱得魏喜李毛並不識姓名貳人
搶奪屬實錄供通詳奉批解豫在案茲查此案
首夥拾人現在雖獲首從貳名獲犯尚未及半
疎防限屆仍應開參合將印捕職名開報等情
由府開列督捕督緝各職名詳參前來除飭勒
緝逸犯李春等務獲究報並移取兼轄職名另
詳外該江蘇按察使顔腩伊查得銅山縣事主
客民池步太停舟被搶獲犯李洪聚等壹案疎

防例限肆箇月應以道光拾貳年拾月初陸失
事之日起扣至拾叁年貳月初陸日屆滿獲犯
尚未及半所有文職疎防職名印官係署銅山
縣知縣王文炳捕官係銅山縣藺虎司巡檢馮
人鳳督捕係同城駐紥沛同知陸佶督緝係同城
徐州府知府劉鴻翱理合開報查捕官馮人鳳
先於拾貳年閏玖月初玖日奉調桃南工次差
委失事之日係在公出期內督緝知府劉鴻翱
亦於拾叁年肆月拾玖日貳叅限內陞任廣東
南韶連道卸事不從同任應請議結現任知府
善慶係接督緝之員例無庸分合并聲明詳候
核叅等情到臣據此該臣查得銅山縣事主客

民尅步太停舟被搶獲犯李洪衆等壹案疎防
例限肆箇月應以道光拾貳年拾月初陸失事
之日起扣至拾叁年貳月初陸日届滿獲犯尚
未及半開列疎防職名請叅前來除飭勒緝贓
匪務獲究報並飭移取兼轄職名另叅外所有
文職疎防職名印官係署銅山縣知縣王文炳
捕官係銅山縣闞店司巡檢馮人鳳督捕係同
城銅沛同知陸楷督緝係同城徐州府知府劉
鴻翱查捕官馮人鳳先於拾貳年閏玖月初玖
日調赴桃南工次差委失事之日係在公出期
內督緝知府劉鴻翱亦於拾叁年肆月拾玖日
貳叅限內陞任廣東南韶連道卸事不復回任

應行議結現任知府善慶係接督緝之員例無

處分相應聲明列參再失事處所離城壹百拾

里離汛陸拾里並無塘鋪防兵合並陳明臣謹

具

題伏乞

皇上聖鑒勅部議覆施行謹題請

旨

江蘇巡撫林則徐題本　題參署銅山縣知縣王文炳等疏防停舟被搶届滿獲犯尚未及半

道光十三年八月十五日

道光拾叁年捌月拾伍日兵部侍郎兼都察院右副都御史巡撫江蘇等處地方提督軍務總理糧儲臣林則徐

兵部侍郎兼都察院右副都御史巡撫江蘇等處地方提督軍務總理糧儲臣林則徐謹

題爲詳參疏防文職事。該臣查得銅山縣事主客民池步太停舟被搶獲犯李洪聚等壹案，疏防例限肆箇月。應以道光拾貳年拾月初陸失事之日起，扣至拾叁年貳月初陸日届滿，獲犯尚未及半。開列疏防職名，請參前來。除飭勒緝贓盜務獲究報，並飭移取兼轄職名另參外，所有文職疏防職名：印官係署銅山縣知縣王文炳，捕官係銅山縣闞虎司巡檢馮人鳳，督捕係同城銅沛同知陸楷，督緝係同城徐州府知府劉鴻翺。相應列參，謹題請

旨。

江蘇巡撫林則徐題本

題參署銅山縣知縣王文炳等疏防竊案限滿贓犯無獲

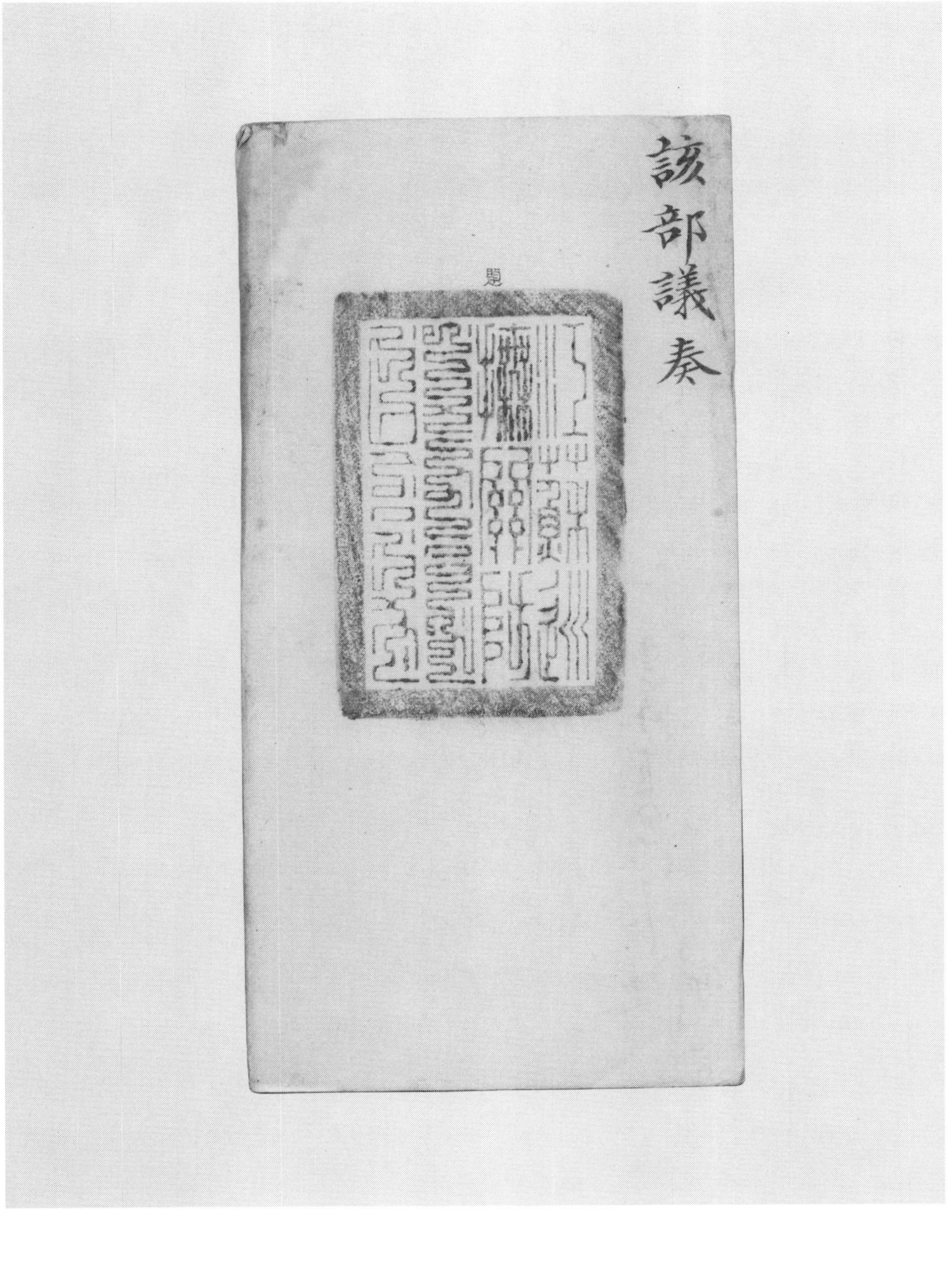

江蘇巡撫林則徐題本　題參署銅山縣知縣王文炳等疎防竊案限滿贓犯無獲

道光十三年八月十五日

兵部侍郎兼都察院右副都御史巡撫江蘇等處地方提督軍務總理糧儲臣林則徐謹
題為詳參疎防文職事據江蘇按察使額騰伊詳
稱據徐州府知府善慶詳據署銅山縣知縣王
文炳詳稱道光拾貳年拾月拾壹日據事主廩
生謝廷鳳呈報伊弟謝廷香家於拾月初柒夜
被匪越牆入院搶去衣物錢文開單禀候勘緝
等情到縣據經會營前詣勘明被搶情形該處
離城肆拾里離汛拾里並無墩鋪防兵提訊事
主人等供與報詞無異估計失贓值銀叁拾捌
兩錄供通詳奉批緝參在案茲查疎防限屆贓
匪無獲合將文職印捕職名開報等情由府開
列督捕督緝各職名詳參前來除飭勒緝贓匪

務獲究報並移取兼轄職名另詳外該江蘇按
察使額騰伊查得銅山縣事主謝廷香被搶壹
案疏防例限肆箇月應以道光拾貳年拾月初
柒失事之日起扣至拾叁年貳月初柒日屆滿
贓匪無獲所有文職疏防職名印官係署銅山
縣知縣王文炳捕官係銅山縣關虎司巡檢馮
入屬督緝係同城徐州府知府劉鴻翱督捕係
同城銅沛同知陸楷理合聲報查捕官巡檢馮
入屬先於拾貳年閏玖月初玖日奉河院調赴
桃南工次差委失事之日係在公出期內合并
聲明詳候核參等情到臣據此該臣查得銅山
縣事主謝廷香被搶壹案疏防例限肆箇月應

以道光拾貳年拾月初柒失事之日起扣至拾
叁年貳月初柒日屆滿贓匪無獲開列疎防職
名詳祭前來除飭勒緝贓匪務獲究報並飭移
取兼轄職名另咨外所有文職疎防職名印官
係署銅山縣知縣王文炳補官係銅山縣闞虎
司巡檢馮人鳳督緝係同城徐州府知府劉鴻
翱督捕係同城銅沛同知陸楷查補官巡檢馮
人鳳先於拾貳年閏玖月初玖日調赴桃南工
次差委失事之日係在公出期內相應聲明列
条再失事處所離城肆拾里離汛拾里並無墩
鋪防兵合並陳明臣謹具
題伏乞

江蘇巡撫林則徐題本　題參署銅山縣知縣王文炳等疎防竊案限滿贓犯無獲

道光十三年八月十五日

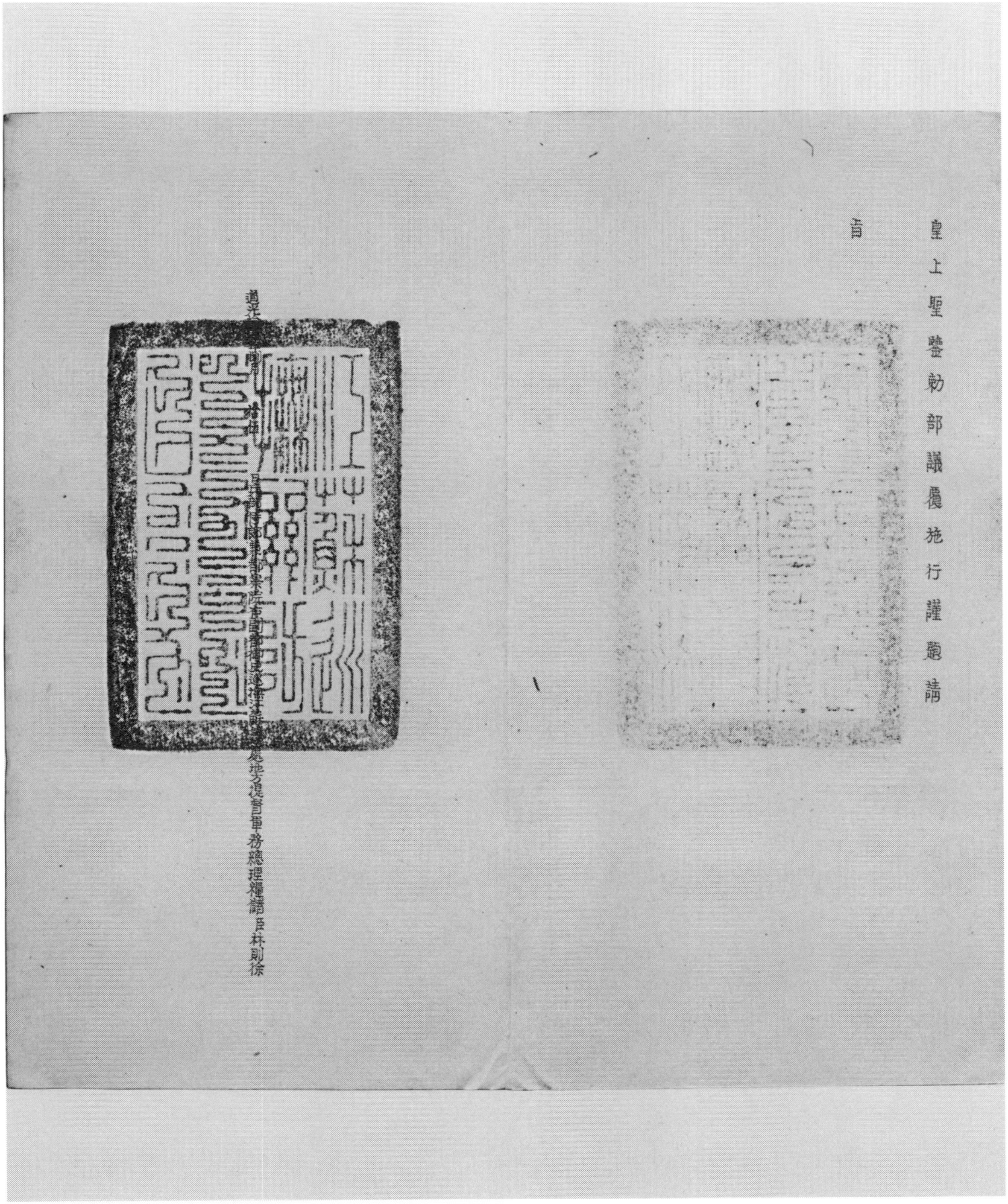
皇上聖鑒勅部議覆施行謹題請
旨

道光[illegible]日兵部侍郎兼都察院右副都御史巡撫江蘇等處地方提督軍務總理糧儲臣林則徐

江蘇巡撫林則徐題本　題参署銅山縣知縣王文炳等疏防竊案限滿贓犯無獲

道光十三年八月十五日

兵部侍郎兼都察院右副都御史巡撫江蘇等處地方提督軍務總理糧儲臣林則徐謹
題
題爲詳參疏防文職事該臣查得銅山縣事主謝
廷香被搶壹案疏防例限肆箇月應以道光拾
貳年拾月初柒失事之日起扣至拾叁年貳月
初柒日屆滿贓匪無獲開列疏防職名詳參前
來除飭勒緝贓匪務獲究報並飭移取兼轄職
名另咨外所有文職疏防職名印官係署銅山
縣知縣王文炳捕官係銅山縣闞虎司巡檢馮
人鳳督緝係同城徐州府知府劉鴻翺督捕係
同城銅沛同知陸楷相應列參謹題請
旨

江蘇巡撫林則徐題本

題參署銅山縣知縣王文炳等疎防命案限滿獲犯尚未及半

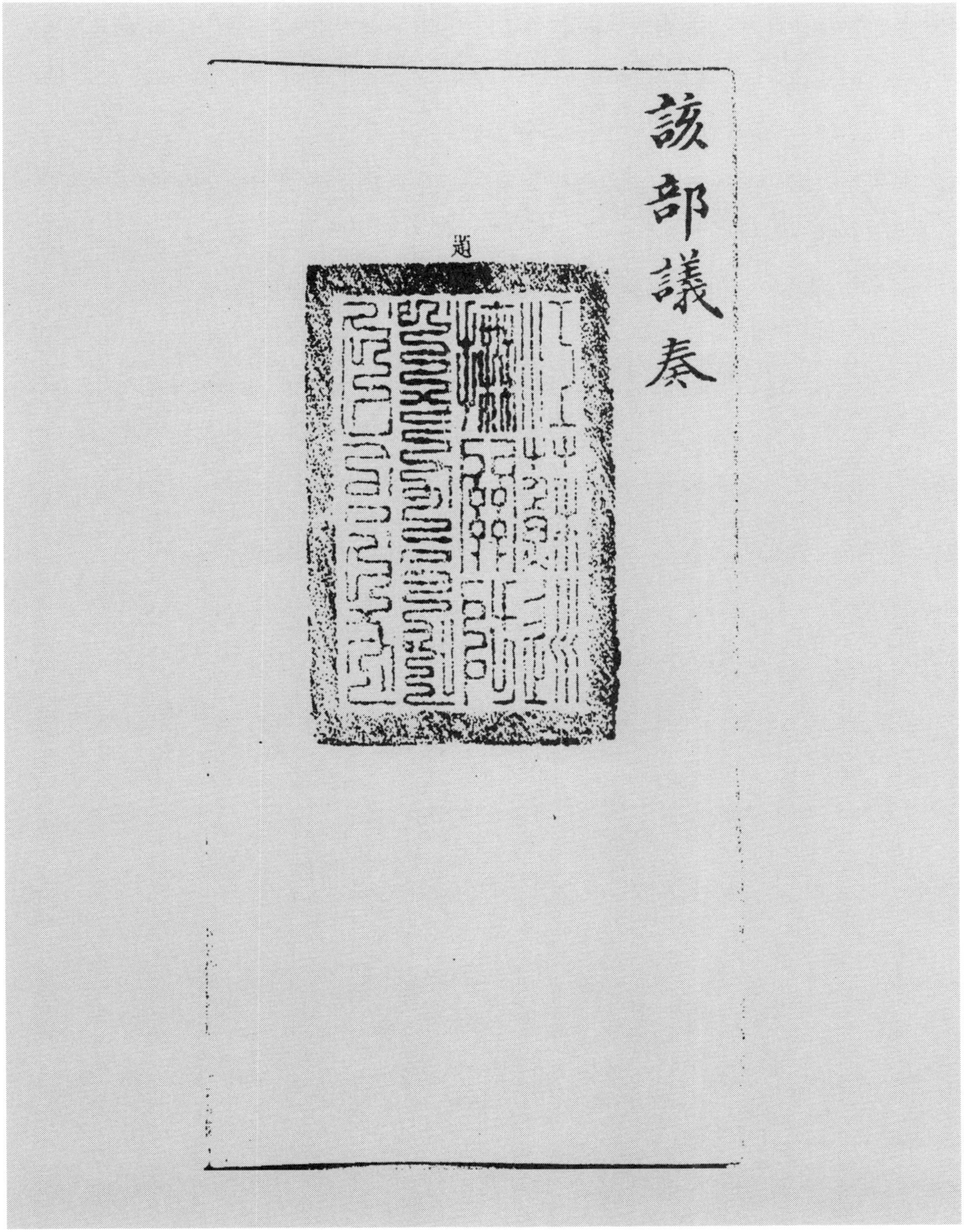
該部議奏

題

江蘇巡撫林則徐題本　題参署銅山縣知縣王文炳等疎防命案限滿獲犯尚未及半　道光十三年八月十五日

兵部侍郎兼都察院右副都御史巡撫江蘇等處地方提督軍務總理糧儲臣林則徐謹
題爲詳參疎防文職事據江蘇按察使額騰伊詳
稱據徐州府知府善慶詳據署銅山縣知縣王
文炳詳稱道光拾貳年拾月初貳日據地保楊
闔報據民人張祥仁投稱閏玖月貳拾陸日夜
被匪砸門進內剝去麥子衣物並將伊女妮姐
用石擲傷身死伊母張馬氏亦被拒傷開單報
請驗詳等情到縣據經會營前詣失事處所勘
明被劫情形該處離城柒拾伍里離汛拾捌里
並無墩鋪防兵飭仵驗明妮姐致命左額角石
傷壹處斜圓壹寸壹分皮破骨損血污委係受
傷身死又驗得張馬氏左眼胞石傷壹處分別

填單附卷撥醫調治提訊事主地鄰人等供與，
報詞相同傳牙估計值銀肆拾壹兩柒錢伍分
飭差勒緝旋於拾月拾柒日據差稟獲張孟吳
壁到案訊據張孟供稱張維仁係伊無服族弟
該犯起意糾同吳壁及在逃之同族張莊張永
旭即張札張二年傅大牙即傅會傅良傅仲同
夥糾人行劫事主張維仁家麥子衣物該犯用
石擲傷張維仁之女張妞身死傅大牙用石擲
傷張維仁之母張馬氏屬實質之吳壁供詞無
異將犯收禁錄供通詳奉批緝拏嗣據稟報張
孟吳壁先後在監病故又經驗訊通詳各在案
查此案同夥糾人僅獲首夥貳名獲犯尚未及

半乃應照例隔參現屆疎防限滿仍查張馬氏
傷已平復合將印捕各職名開報等情由府開
列督捕督緝職名詳參到司並准徐州道開移
兼轄職名前來除仍勒緝逸犯張莊等務獲究
報外該江蘇按察使額騰伊查得銅山縣事主
張維仁家被刦傷幼女妮姐身死獲犯張孟
等尚未及半查案疎防例限肆個月應以道光
拾貳年閏玖月貳拾陸失事之日起扣至拾叁
年正月貳拾陸日屆滿逸犯張莊等無獲所有
文職疎防職名印官係署銅山縣知縣王文炳
捕官係銅山縣闞虎司巡檢馮人驌督捕係同
城銅沛同知陸楷督緝係同城前任徐州府知

府劉鴻翱兼轄係分巡徐州道李國瑞理合開
報查捕官馮人鳳先於拾貳年閏玖月初玖日
奉河院調赴桃南工次差委失事之日係在公
出期內應請免議合并聲明詳候核參等情到
臣據此該臣查得銅山縣事主張維仁家被刦
擄傷幼女伲姐身死獲犯張孟等尚未及半壹
案疏防扣限肆箇月應以道光拾貳年閏玖月
貳拾陸先事之日起扣至拾叁年正月貳拾陸
日屆滿逸犯張莊等無獲開列疏防職名請參
前來除飭緝逸犯張莊等務獲究報外所有
文職疏防職名印官係署銅山縣知縣王文炳
捕官係銅山縣闞虎司巡檢馮人鳳督捕係同

城铜沛同知陆楷督缉，系同城前任徐州府知府刘鸿翱兼辖，系分巡徐州道李国瑞查捕官冯人骧先于拾贰年闰玖月初玖日调赴桃南工次差委，失事之日系在公出期内，例得免议。相应声明。列参再此案失事处所离城柒拾伍里，离汛拾捌里，并无墩铺防兵，合并陈明。目谨具题伏乞

皇上圣鉴，敕部议覆施行。谨题请

旨。

兵部侍郎兼都察院右副都御史巡撫江蘇等處地方提督軍務總理糧儲臣林則徐

兵部侍郎兼都察院右副都御史巡撫江蘇等處地方提督軍務總理糧儲臣林則徐謹

題爲詳參疎防文職事該臣查得銅山縣事主張維仁家被劫擄傷幼女妮姐身死獲犯張孟等尚未及半壹案疎防例限肆箇月應以道光拾貳年閏玖月貳拾陸失事之日起扣至拾叁年正月貳拾陸日屆滿逸犯張莊等無獲開列疎防職名請參前來除仿飭緝逸犯張莊等務獲究報外所有文職疎防職名印官係署銅山縣知縣王文炳捕官係銅山縣闞虎司巡檢馮人鳳督捕係同城銅沛同知陸楷督緝係同城前任徐州府知府劉鴻翔兼轄係分巡徐州道李國瑞相應列參謹題請

旨

江蘇巡撫林則徐題本　題參署婁縣知縣周恭壽等疏防民船被劫限滿贓犯無獲

題
周恭壽等著議處具奏該部知道

江蘇巡撫林則徐題本 題參署婁縣知縣周恭壽等疎防民船被劫限滿贓犯無獲
道光十三年八月十五日

兵部侍郎兼都察院右副都御史巡撫江蘇等處地方提督軍務總理糧儲臣林則徐謹

題爲詳叅疎防文職事據江蘇按察使額鷹伊詳

據松江府知府沈兆澐詳據署婁縣知縣周恭

壽詳稱道光拾貳年貳月貳拾日據客民薛富

大江瀧孫呈報船載小豬於貳月拾捌日黄昏

後搖至戚家村地方被匪船兩隻截住伊船見

有多人手執燈籠器械跳過伊船口稱搜查煙

土劫去錢洋衣服喊救被賊持刀嚇制將船戶

之兄吳喜郎額角兜傷並將駕櫓鐵釘擊斷而

逸報候勘緝等情到縣據經會營前詣該處勘

明被劫情形查驗櫓鈕頭有損斷痕跡提訊事

主船戶人等供與報詞相同叅看吳喜郎額角

並無傷痕傳牙估贓值銀壹百陸拾貳兩叁錢
造冊錄供通詳奉批緝參在案節次催傳事主
覆訊未到查此案原報係屬盜劫且疏防例限
已逾未便因事主屢關不到致稽參限合將印
捕職名開報等情由府開列督捕督緝各職名
詳參到司並准蘇松太道開移兼轄職名前來
除飭勒緝贓盜務獲究報外該江蘇按察使額
騰伊查得婁縣客民薛富大等具報行舟被劫
錢洋衣服壹案疏防例限肆箇月應以道光拾
貳年貳月拾捌失事之日起扣至陸月拾捌日
滿所有文職疏防職名印官係署婁縣知縣周
恭壽捕官係婁縣主簿李琮督捕係護理柘林

通判現任華亭縣知縣張慶瑗督緝係同城松
江府知府沈兆澐兼轄係不同城前任蘇松太
道程懷璟理合開報查程懷璟已於拾貳年肆
月拾捌日未經限滿之先陞任卸事應請議結
接任巡道吳其泰係接督緝之員例無處分相
應聲明詳候核參至失事處所離城貳拾里離
汛陸里並無墩鋪防兵再此案因關傳事主覆
訊未到是以開報稽遲合并聲明等情到臣據
此該臣查得婁縣客民薛富大等具報行舟被
刦錢洋衣服壹案疏防例限肆個月應以道光
拾貳年貳月拾捌失事之日起扣至陸月拾捌
日滿贓盜無獲開列疏防各職名詳參前來除

飭勒緝贓盜務獲究報外所有文職疏防職名
印官係署婁縣知縣周恭壽捕官係婁縣主簿
李琮督捕係護理柘林通判現任華亭縣知縣
張慶瑗督緝係同城松江府知府沈兆澐兼轄
係不同城前任蘇松太道程懷璟相應列銜聽
候部議查程懷璟已於拾貳年肆月拾捌日未
經限滿之先陞任卸事應請議結接任巡道吳
其泰係接督緝之員例無處分至失事處所離
城貳拾里離汛陸里並無墩鋪防兵再此案因
關傳事主覆訊未到是以開報稍遲合並陳明
臣謹具
題伏乞

江蘇巡撫林則徐題本　題參署婁縣知縣周恭壽等疏防民船被劫限滿贓犯無獲　道光十三年八月十五日

皇上聖鑒敕部議覆施行謹題請

旨

道光拾叁年捌月拾伍日江蘇巡撫兼提督銜都察院右副都御史巡撫江寧等處地方提督軍務總理糧儲臣林則徐

江蘇巡撫林則徐題本　題參署婁縣知縣周恭壽等疎防民船被劫限滿贓犯無獲

道光十三年八月十五日

兵部侍郎兼都察院右副都御史巡撫江蘇等處地方提督軍務總理糧儲臣林則徐謹

題為詳參疎防文職事。該臣查得婁縣客民薛富

大等具報行舟被劫錢洋衣服壹案，疎防例限

肆箇月，應以道光拾貳年貳月拾捌失事之日

起扣，至陸月拾捌日滿，贓盜無獲，開列疎防各

職名，詳參前來。除飭勒緝贓盜務獲究報外，所

有文職疎防職名，印官係署婁縣知縣周恭壽，

捕官係婁縣主簿李琮，督捕係護理柘林通判

現任華亭縣知縣張慶援，督緝係同城松江府

知府沈兆澐，兼轄係不同城前任蘇松太道程

懷璟，相應列參，謹題請

旨。

江蘇巡撫林則徐題本

題參甘泉縣知縣鍾承露等疎防停舟被劫屆滿贓犯無獲

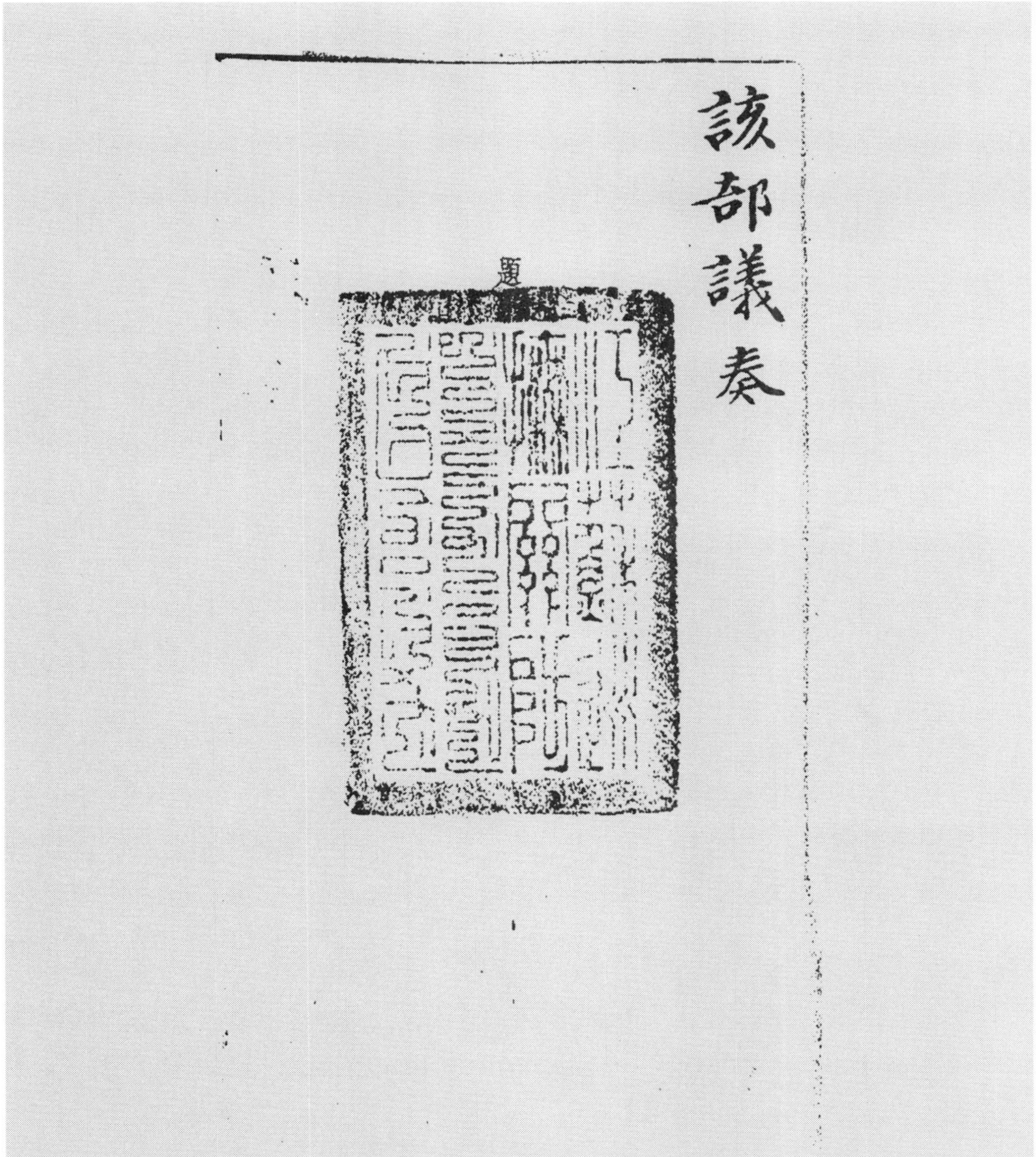
該部議奏

題

江蘇巡撫林則徐題本　題參甘泉縣知縣鍾承露等疏防停舟被劫屆滿贓犯無獲

道光十三年八月十五日

兵部侍郎兼都察院右副都御史巡撫江蘇等處地方提督軍務總理糧儲臣林則徐謹
題爲詳參疏防文職事據江蘇按察使額騰伊詳
據揚州府知府豫盆詳據甘泉縣知縣鍾承露
詳稱道光拾叁年貳月初捌日據地保張廣稟
稱寶應縣民人王朝貢投稱駕船載糧來揚販
賣於貳月初陸日船泊褢子橋地方是夜貳更
時分有賊匪多人上船撬門進內驚起喊叫被
匪嚇禁搶去銀兩衣物等語往查屬實報候勘
緝並據王朝貢報同前由各等情到縣據即會
營前詣該處勘得失事處所有大河一道河面
約寬拾餘丈東通瓦窯鋪西路不通南北兩岸
均係空地查驗該船頭艙有破損形跡勘畢提

訊事主地保人等各供均與報詞相同飭牙估
計失贓值銀壹百壹兩零遴差勒限嚴緝錄供
通詳奉批緝參在案茲查此案疏防限屆犯無
弋獲合將文職印捕職名開報並由府開列督
捕督緝職名詳參到司並准巡道開移兼轄職
名前來除飭勒緝贓盜務獲究報外該江蘇按
察使額騰伊查得甘泉縣事主王朝貢停舟被
搶銀兩衣物壹案疏防例限肆箇月應以道光
拾叁年貳月初陸失事之日起扣至陸月初陸
日屆滿贓盜無獲所有文職疏防職名印官係
甘泉縣知縣鍾承露捕官係甘泉縣典史朱守
謙督捕係同城揚州府總捕同知趙廷熙督緝

江蘇巡撫林則徐題本 題參甘泉縣知縣鍾承露等疏防停舟被劫屆滿贓犯無獲 道光十三年八月十五日

係同城揚州府知府豫盛兼轄係不同城署分
巡淮揚道王貽象理台開報查督捕同知趙廷
熙於拾叁年肆月拾壹日奉督院委赴通州守
提案犯曹永春等公出應俟公回接扣限滿再
行詳參再此案失事處所離城拾里離汛拾叁
里並無墩鋪防兵合并聲明詳候核參等情到
臣據此該臣查得甘泉縣事主王朝貴停舟被
搶銀兩衣物壹案疏防例限肆箇月應以道光
拾叁年貳月初陸失事之日起扣至陸月初陸
日屆滿贓匪無獲開列疏防職名請參前來除
飭勒緝贓匪務獲究報外所有文職疏防職名
印官係甘泉縣知縣鍾承露捕官係甘泉縣典

史朱守謨督捕係同城揚州府總捕同知趙廷
熙督緝係同城揚州府知府豫益兼轄係不同
城署分巡淮揚道王貽象再督捕同知趙廷熙
於拾叁年肆月拾壹日委赴通州守提案犯督
永春等公出應俟公回接扣限滿另行咨參相
應聲明列參再此案失事處所離城拾里離汛
拾叁里並無墩鋪防兵合並陳明爲此謹具
題伏乞
皇上聖鑒勅部議覆施行謹題請
旨

江蘇巡撫林則徐題本　題參甘泉縣知縣鍾承露等疏防停舟被劫屆滿贓犯無獲

道光十三年八月十五日

道光……兵部侍郎兼都察院右副都御史巡撫江蘇等處地方提督軍務總理糧儲臣林則徐

兵部侍郎兼都察院右副都御史巡撫江蘇等處地方提督軍務總理糧儲臣林則徐謹

題爲詳參疏防文職事。據戶查得甘泉縣事主王

朝貢停舟被搶銀兩衣物壹案，疏防例限肆箇

月，應以道光拾叁年貳月初陸失事之日起扣，

至陸月初陸日屆滿，贓匪無獲，開列疏防職名

請參前來。除飭勒緝贓匪務獲究報外，所有文

職疏防職名，印官係甘泉縣知縣鍾承露，補官

係甘泉縣典史朱守謙，督補係同城揚州府總

捕同知趙廷熙，督緝係同城揚州府知府陳鑾，

兼轄係不同城署分巡淮揚道王鼎象，相應列

參，謹題請

旨。

江蘇巡撫林則徐題本

題參丹陽縣知縣朱清耀等疎防命案屆滿兇犯無獲

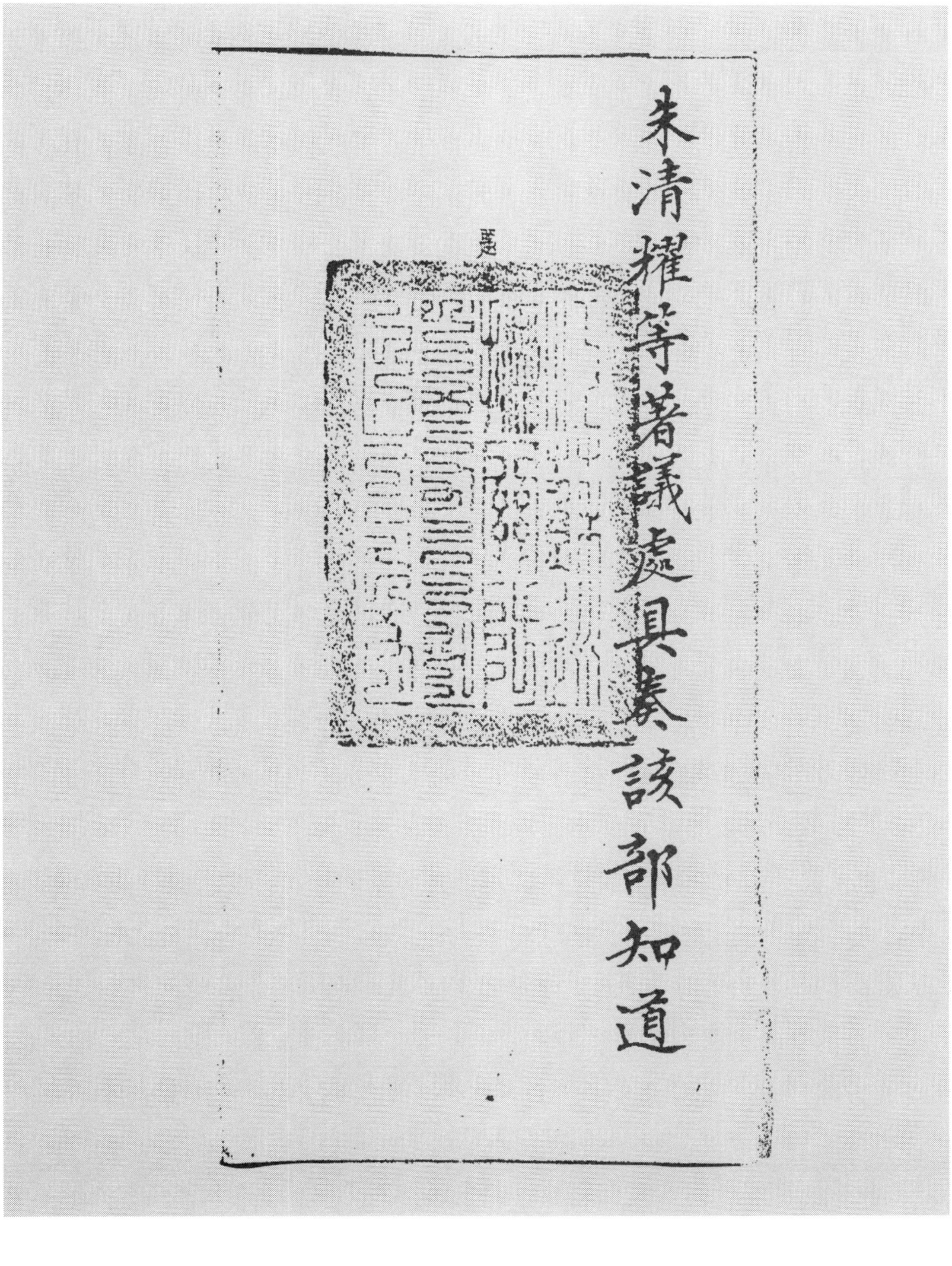
朱清耀等著議處具奏該部知道

題

兵部侍郎兼都察院右副都御史巡撫江蘇等處地方提督軍務總理糧儲臣林則徐謹
題爲詳叅疏防文職事據江蘇按察使顔鷟伊詳
稱據署鎮江府知府李昭美詳據丹陽縣知縣
朱清燿詳稱道光拾貳年閏玖月貳拾陸日據
地保張忠戉報稱閏玖月貳拾肆日有尹繼保
在張發祥祖墳旁拾柴見有不識姓名男屍臥
於墳旁地上告知張發祥趕往查看該屍赤體
無衣約年拾餘歲並無屍屬出認報候驗緝等
情到縣獲經前詣屍所勘得張發祥向南祖墳
壹座上葬多塚並植蔭樹墳東細竹叢密墳前
有支溝壹道溝後即係張發祥住居之廟段村
已死不識男屍合臥竹叢內地上頭南腳北赤

驗無衣驗明該屍實係被勒身死錄供通詳奉
批飭緝在案茲查此案疏防限屆兇犯無獲合
將印捕職名開送等情由府開列督捕督緝職
名到司除飭勒緝逃兇務獲究報並移取兼轄
職名另詳外該江蘇按察使額騰伊查得丹陽
縣民張發祥地內無名男子被勒身死驗有失
物情形查案疏防例限肆個月應以道光拾貳
年閏玖月貳拾肆日見屍之日起扣至拾叁年正
月貳拾肆日屆滿所有文職疏防職名印官係
丹陽縣知縣朱清耀捕官係署丹陽縣典史范
燮督捕係鎮江府糧捕通判蔡紹武督緝係不
同城鎮江府知府黃在厚理合揭報伏候核參

再督緝知府黃在厚已於拾叁年伍月貳拾日
在任病故現署知府李昭美係接督緝之員例
無處分此案離城汛若干里數未據聲明飭取
另詳合并聲明等情到臣據此該臣查得丹陽
縣民張發祥地內無名男子被勒身死驗有失
物情形查案疏防例限肆箇月應以道光拾貳
年閏玖月貳拾肆日見屍之日起扣至拾叁年正
月貳拾肆日屆滿兇犯無獲開列疏防職名請
參前來除飭勒緝兇犯務獲究報並飭移取兼
轄職名另咨外所有文職疏防職名印官係丹
陽縣知縣朱清耀捕官係署丹陽縣典史范燮
督捕係鎮江府糧捕通判恭紀武督緝係不同

城鎮江府知府黃在厚再督緝知府黃在厚已
於拾叁年伍月貳拾日在任病故現署知府李
昭美係接督緝之員例無處分相應聲明列參
至此案失事處所離城汛若干里數未據聲明
現飭查明另咨合並陳明自謹具
題伏乞
皇上聖鑒勅部議覆施行謹題請
旨

道光拾叁年捌月拾伍日兵部侍郎兼都察院右副都御史巡撫江蘇等處地方提督軍務總理糧儲臣林則徐

兵部侍郎兼都察院右副都御史巡撫江蘇等處地方提督軍務總理糧儲臣林則徐謹

題為詳參疏防文職事該臣查得丹陽縣民張發
祥地方無名男子被戳身死驗有失物情形壹
案疏防例限肆箇月應以道光拾貳年閏玖月
貳拾肆見屍之日起扣至拾叁年正月貳拾肆
日屆滿兇犯無獲開列疏防職名請參前來除
飭勒緝兇犯務獲究報並飭移取兼轄職名另
咨外所有文職疏防職名印官係丹陽縣知縣
朱清耀捕官係署丹陽縣典史范燮督捕係鎮
江府糧捕通判蔡紹武督緝係不同城鎮江府
知府黃在厚相應列參謹題請

旨

江蘇巡撫林則徐題本

核銷江寧等屬道光十二年壓徵十一年蘆課銀兩

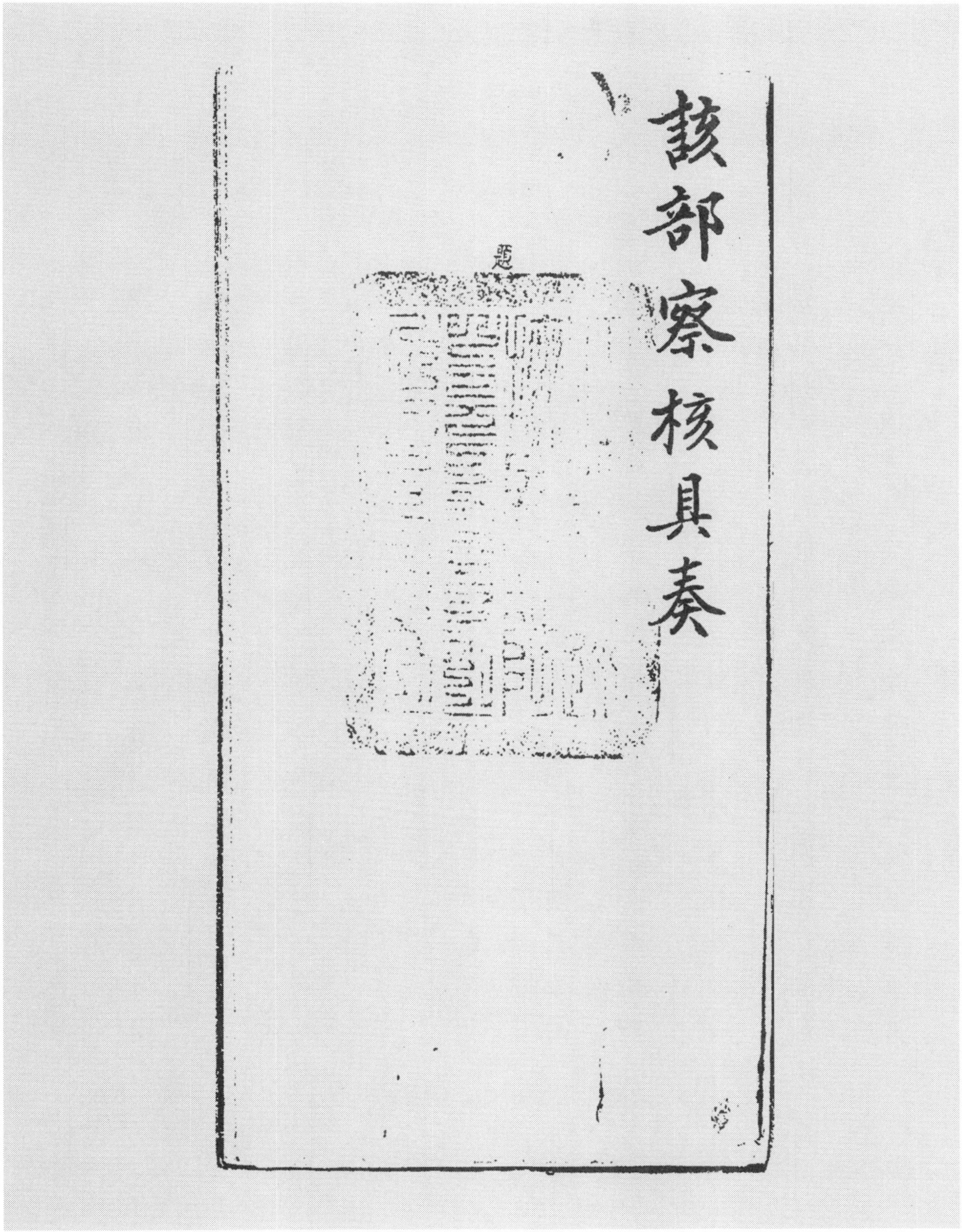
題

該部察核具奏

江蘇巡撫林則徐題本 核銷江寧等屬道光十二年壓徵十一年蘆課銀兩
道光十三年八月十五日

兵部侍郎兼都察院右副都御史巡撫江蘇等處地方提督軍務總理糧儲臣林則徐謹
題爲奏銷蘆課銀兩事據江寧布政使趙盛奎詳
稱竊照蘆課錢糧例應壓年徵收造冊
奏銷其耗羨銀兩亦應隨同正項錢糧統計分數
分晰聲叙一疏具
題所有江寧淮安揚州通州肆府州屬并海州海
門同知道光拾貳年壓徵拾壹年蘆課錢糧應
徵舊管原額并轉則陞增共該課銀壹拾壹萬
陸千玖百貳拾叁兩叁錢捌分伍釐耗羨銀壹
萬壹千陸百肆拾壹兩伍錢陸分貳釐內除阜
寧江都貳縣並海門廳災戶上年溢完流抵正
銀壹千貳百肆拾玖兩叁錢伍分玖釐耗羨銀

壹百貳拾肆兩肆錢叁分叁釐實應徵正銀壹
拾壹萬伍千陸百柒拾肆兩貳分陸釐耗羨銀
壹萬壹千伍百壹拾柒兩壹錢貳分玖釐今催
據各屬徵解司庫並徑解江巡道正銀捌萬叁
千伍百柒拾柒兩壹錢伍分伍釐外海門廳溢
完銀玖釐內徑解鹽缺黃快丁銀叁千叁百肆
拾捌兩柒錢捌分應請照例統歸本案造報准
銷之日另報核銷其餘解司銀捌萬貳百貳拾
捌兩叁錢捌分肆釐內動撥江寧織造派辦黃
龍緞疋並
制帛料工旱運腳費養匠緞紬綾羅料工滇員運
銅水腳加增運費豐縣旗營硝價江寧城守營

辦造鐵子火藥工價豐縣挑辦護城河堤橋座等項工料共用銀肆萬陸千叁百陸拾捌兩柒錢玖分統歸各本案造報核銷存候撥用銀叁萬叁千捌百伍拾玖兩伍錢玖分肆釐又耗羨項下已完解司銀捌千叁百柒兩肆錢肆分叁釐外高淳縣溢完銀壹分伍釐儀徵縣溢完銀壹釐海門廳溢完銀壹釐內造入道光拾壹年耗羨報銷新收項下報部銀叁千捌百壹拾伍兩柒錢肆分玖釐外高淳縣溢完銀壹分伍釐存候造入道光拾叁年耗羨報銷新收項下報部銀肆千肆百玖拾壹兩陸錢玖分肆釐外儀徵縣溢完銀壹釐海門廳溢完銀壹釐統計未

完正銀叁萬貳千玖拾陸兩捌錢柒分壹釐耗
羨銀叁千貳百玖兩陸錢捌分陸釐內除通州
坍江無徵正銀壹千捌拾壹兩肆錢柒釐耗羨
銀壹百捌兩壹錢肆分又通州練陝臺案註除
薛家沙田地正銀捌拾肆兩肆錢肆分貳釐耗
羨銀捌兩肆錢肆分肆釐又中正場吳朝棟京
控案內註除正銀玖分陸釐耗羨銀玖釐俟取
造冊結詳咨奉部覆准減額豁除再行造報又
江浦阜寧安東江都海州等伍州縣災緩正銀
柒千玖百柒拾叁兩伍錢叁分壹釐耗羨銀柒
百玖拾柒兩叁錢伍分叁釐已於道光拾貳年
秋災情形案內

題明緩至道光拾叁年秋成後按限起徵應俟扣
滿停徵日期另行補報考成實計未完熟田並
新漲正銀貳萬貳千玖百伍拾柒兩叁錢玖分
伍釐耗羨銀貳千貳百玖拾伍兩柒錢肆分相
應造具完欠分數職名清冊詳送具
題再巡撫督催分數於分設藩司案內議定由蘇
州藩司核諮造報其奏銷例限遵照蘇藩不同
城之例展限壹月於陸月內詳
題今道光拾貳年壓徵拾壹年奏銷係於限內出
詳合並聲明等情據此該臣查得徵收蘆課錢
糧例應按年
奏銷其隨徵耗羨銀兩亦應隨同正項錢糧統計

分數一疏具
題今據江寧布政使趙盛奎詳稱江寧淮安揚州
通州肆府州屬并海州海門同知道光拾貳年
壓徵拾壹年分蘆課錢糧應徵舊管原額并轉
則陞增共該課銀壹拾壹萬陸千玖百貳拾叁
兩零耗羨銀壹萬壹千陸百肆拾壹兩零內除
阜寧江都貳縣並海門廳災戶上年溢完流抵
正銀壹千貳百肆拾玖兩零耗羨銀壹百貳拾
肆兩零實應徵正銀壹拾壹萬伍千陸百柒拾
肆兩零耗羨銀壹萬壹千伍百壹拾柒兩零新
收已完解司並徑解江巡道正銀捌萬叁千伍
百柒拾柒兩零外海門廳溢完銀玖釐耗羨銀

捌千叁百柒兩零外高淳縣溢完銀壹分零儀徵縣溢完銀壹釐海門廳溢完銀壹釐統計未完正銀叁萬貳千玖拾陸兩零耗羨銀叁千貳百玖兩零內除通州坍江候豁正銀壹千捌拾壹兩零耗羨銀壹百捌兩零又通州陳映臺案註除薛家沙田地正銀捌拾肆兩零耗羨銀捌兩零又中正場吳朝棟京控案內註除正銀玖分零耗羨銀玖釐又江浦阜寧安東江都海州等伍州縣災緩正銀柒千玖百柒拾叁兩零耗羨銀柒百玖拾柒兩零實未完熟田並新陞正銀貳萬貳千玖百伍拾柒兩零耗羨銀貳千貳百玖拾伍兩零造具完欠分數職名清冊詳送

具

題并聲明巡撫督催分數於分設藩司案內議定

由蘇州藩司核詳造報其奏銷限期遵照撫藩

不同城之例展限壹月於陸月內詳

題今道光拾貳年壓徵拾壹年奏銷係於限內出

詳等情前來臣覆核無異除冊送部查核外相

應循例具

題伏乞

皇上聖鑒勅部議覆施行謹題請

旨

江蘇巡撫林則徐題本　核銷江寧等屬道光十二年壓徵十一年蘆課銀兩

道光十三年八月十五日

道光[illegible]拾伍日兵部侍郎兼都察院右副都御史巡撫江蘇等處地方提督軍務總理糧儲臣林則徐

兵部侍郎兼都察院右副都御史巡撫江蘇等處地方提督軍務總理糧儲臣林則徐謹
題爲奏銷蘆課銀兩事該臣查得徵收蘆課錢糧
例應按年
奏銷其隨徵耗羨銀兩亦應隨同正項錢糧統計
分數一疏具
題今據江寧布政使趙盛奎詳稱江寧淮安揚州
通州等府州廳并海州海門同知道光拾貳年
壓徵拾壹年分蘆課錢糧應徵舊管原額并轉
則陞增共該課銀壹拾壹萬陸千玖百貳拾叁
兩零耗羨銀壹萬壹千陸百肆拾壹兩零內除
阜寧江都貳縣並海門廳災戶上年溢完流抵
正銀壹千貳百肆拾玖兩零耗羨銀壹百貳拾
肆兩零實應徵正銀壹拾壹萬伍千陸百柒拾
肆兩零耗羨銀壹萬壹千伍百壹拾柒兩零新

江蘇巡撫林則徐題本　核銷江寧等屬道光十二年壓徵十一年蘆課銀兩　道光十三年八月十五日

收已完解司並徑解江巡道正銀捌萬叁千伍百柒拾柒兩零外海門廳溢完銀玖釐耗羨銀捌千叁百柒兩零外高淳縣溢完銀壹分零儀徵縣溢完銀壹釐海門廳溢完銀壹釐通州坍江候銷正銀壹千捌拾壹兩零耗羨銀壹百捌兩零通州除映壘案註除薛家沙田地正銀捌拾肆兩零耗羨銀捌兩零中正場吳朝棟京控案內註除正銀玖分零耗羨銀玖釐江浦阜寧安東江都海州等伍州縣災緩正銀柒千玖百柒拾叁兩零耗羨銀柒百玖拾柒兩零實未完熟田並新陞正銀貳萬貳千玖百伍拾柒兩零耗羨銀貳千貳百玖拾伍兩零造具完欠分數職名清冊詳送具

題前來臣覆核無異除冊送部外謹題請

旨

江蘇巡撫林則徐題本 驗明無錫縣民浦敖觀戳斃伊妻浦徐氏案擬絞監候

江蘇巡撫林則徐題本　驗明無錫縣民浦敖觀戳斃伊妻浦徐氏案擬絞監候

道光十三年八月十五日

兵部侍郎兼都察院右副都御史巡撫江蘇等處地方提督軍務總理糧儲臣林則徐謹
題為報驗事據江蘇按察使額騰伊詳據常州府
知府汪河詳據無錫縣知縣曾錫齡詳稱道光
拾叁年正月貳拾玖日據地保張道中報據武
生浦芝投稱伊堂侄浦敖觀行醫為業與伊同
門居住正月貳拾捌日下午浦敖觀令妻浦徐
氏找尋藥匣不允爭毆用刀戳傷浦徐氏咽喉
逃避伊聞鬧趨視見浦徐氏已倒地身死等語
往看屬實即將浦敖觀尋獲解候驗究等情並
據浦芝遣抱報同前由到縣據經押犯帶領吏
仵前詣屍所如法相驗據仵作閔誠喝報已死
浦徐氏問年肆拾叁歲驗得仰面致命咽喉左

刀戳傷壹處斜長壹寸貳分深伍分皮肉捲縮
血污餘無故委係受傷身死報畢親驗無異飭
起兇刀比對屍傷相符填格取結屍飭棺殮隨
訊據地保張道中供與報詞同據鄰佑浦裕連
供道光拾叁年正月貳拾捌日浦敖觀因叫他
妻子浦徐氏尋取桑匣不肯彼此爭毆用刀戳
傷浦徐氏咽喉身死那時小的沒有在家先不
知道是事後回來纔曉得的並沒起釁別故是
實據武生浦芝供與堂姪浦敖觀同門居住浦
敖觀與他妻子浦徐氏一向和好道光拾叁年
正月貳拾捌日下午時候浦敖觀要出外行醫
叫浦徐氏找尋盛桑木匣浦徐氏不肯彼此吵

罵爭毆浦敖觀用小刀戳傷浦徐氏咽喉倒地
當時逃跑他女兒崔姐在家哭喊武生聞鬧趕
去查看見浦徐氏已經氣絶向崔姐問明情由
投保報驗的並沒起釁別故武生趕勸不及是
實據屍父徐金奎供已死浦徐氏是女兒嫁與
浦敖觀爲妻一向和好道光拾叁年正月貳拾
捌日浦敖觀要女兒找尋藥匣女兒不肯彼此
吵罵爭毆被浦敖觀用刀戳傷咽喉身死小的
聞信趕去問明情由一同候驗的並沒起釁別
故求究抵據屍女浦崔姐供年拾壹歲浦敖觀
是父親已死浦徐氏是母親道光拾叁年正月
貳拾捌日下午時候父親要出外行醫尋取藥

匣不見叫母親找尋母親不肯父親罵他懶惰
母親不服怨罵並向父親撲打被父親拏取桌
上切紙小刀戳傷咽喉倒地隔不多時就死了
父親往外逃跑小女害怕哭喊叔公浦芝走來
查問投保報驗的並沒起釁別故是實據兇犯
浦敖觀供無錫縣人年肆拾肆歲父母俱故並
沒兄弟已死浦徐氏是妻子生子浦增沅年纔
叁歲女兒崔姐小的向習外科度日與妻子一
向和好道光拾叁年正月貳拾捌日下午時候
小的要出外行醫拏取盛藥木匣不見叫妻子
代爲找尋妻子不肯小的罵他懶惰妻子不服
怨罵並向小的撲打小的順拏桌上切紙小刀

向他嚇戳不料妻子撲攏勢猛小的收手不及
致戳傷他咽喉左倒地小的連忙走開隔不多
時妻子就因傷死了那時女兒在旁看見哭喊
小的逃出躲避就被地保獲解的並非有心致
死也沒起釁別故木匣不知被何人取去是實
各等供據此將犯收禁小刀貯庫填格錄供通
詳蒙批審解等因遵即提犯覆訊除各供均與
前審無異不敍外該無錫縣知縣齊錫齡審看
得民人浦敖觀戳傷伊妻浦徐氏身死壹案緣
浦敖觀籍隸無錫向習外科為業娶妻徐氏平
素和睦道光拾叁年正月貳拾捌日下午浦敖
觀欲出外行醫尋取藥匣無着令浦徐氏找尋

不允斥其嬾惰浦徐氏不服怨罵並向撲毆浦
敖觀順取桌上切紙小刀向其嚇戳詎浦徐氏
撲攏勢猛浦敖觀收手不及適傷其咽喉左側
地移時殞命伊幼女崔姐哭喊經浦芝趨往查
問報驗訊詳蒙批飭審擬即提犯研鞫據供前
情不諱詰非有心欲殺亦無起釁別故及在場
幇毆之人案無遁飾查律載夫毆妻至死者絞
等語此案浦敖觀因令其妻浦徐氏找尋衆匣
不允致相爭毆戳傷浦徐氏身死應按律問擬
浦敖觀合依夫毆妻至死者絞律擬絞監候秋
後處決浦崔姐年幼無知不能勸阻浦芝救阻
無及均無庸議無干省釋屍棺飭屬領埋兇刀

江蘇巡撫林則徐題本　驗明無錫縣民浦敔觀戳斃伊妻浦徐氏案擬絞監候
道光十三年八月十五日

隨招解驗等情由府審解到司該江蘇按察使
額騰伊提犯親審核擬無異解候勘
題等情招解到臣提犯親審無異該臣看得無錫
縣民浦敔觀戳傷伊妻浦徐氏身死一案緣浦
敔觀籍隸無錫向習外科為業娶妻徐氏平素
和睦道光拾叁年正月貳拾捌日下午浦敔觀
欲出外行醫尋取藥匣無着令浦徐氏找尋不
允斥其懶惰浦徐氏不服怨罵並向撲毆浦敔
觀順取桌上切紙小刀向其嚇戳詎浦徐氏撲
攏勢猛浦敔觀收手不及適傷其咽喉左倒地
移時殞命伊幼女崔姐哭喊經浦芝趨往查問
報驗訊詳審供不諱詰非有心欲殺亦無起釁

別故及在場幫毆之人案無遁飾查律載夫毆
妻至死者絞等語此案浦敖觀因令其妻浦徐
氏找尋藥匣不允致相爭毆戳傷浦徐氏身死
應按律問擬浦敖觀合依夫毆妻至死者絞律
擬絞監候秋後處決浦崔祖年幼無知不能勸
阻浦芝敖阻無及均無庸議無干省釋屍棺飭
屬領埋兇刀發回貯庫臣謹具
題伏乞
皇上聖鑒敕下三法司核覆施行再此案審限應以
道光拾叁年正月貳拾玖報驗之日起除自縣
由府解司程限陸日統應扣至捌月初伍日全
限届滿合並陳明謹題請

江蘇巡撫林則徐題本 驗明無錫縣民浦敖觀戳斃伊妻浦徐氏案擬絞監候

道光十三年八月十五日

旨

道光

地方提督軍務兼理糧餉臣林則徐

江蘇巡撫林則徐題本　驗明無錫縣民浦敖觀戳斃伊妻浦徐氏案擬絞監候

道光十三年八月十五日

兵部侍郎兼都察院右副都御史巡撫江蘇等處地方提督軍務總理糧儲臣林則徐謹
題爲報驗事該臣看得無錫縣民浦敖觀戳傷伊
妻浦徐氏身死壹案緣浦敖觀向習外科爲業
娶妻徐氏平素和睦道光拾叁年正月貳拾捌
日下午浦敖觀欲出外行醫令浦徐氏尋取藥
匣不允斥其嬾惰浦徐氏不服怨罵并向撲毆
浦敖觀順取切紙小刀嚇戳詎浦徐氏撲攏勢
猛浦敖觀收手不及適傷其咽喉左倒地移時
殞命報驗訊詳審供不諱浦敖觀依夫毆妻至
死者絞律擬絞監候秋後處決謹題請
旨

江蘇巡撫林則徐題本

題明山西靈石縣知縣顧夔老母在籍病故例應丁憂

江蘇巡撫林則徐題本　題明山西靈石縣知縣顧夔老母在籍病故例應丁憂
道光十三年八月二十七日

兵部侍郎兼都察院右副都御史巡撫江蘇等處地方提督軍務總理糧儲臣林則徐謹
題爲報明丁憂事據華亭縣知縣張慶瑗申稱道
光拾叁年捌月初肆日據知縣顧升稟稱家長
顧夔癸酉科舉人丙戌科進士由庶吉士選授
山西靈石縣知縣老主母范氏於道光拾叁年
捌月初貳日在籍病故家長例應丁憂相應叩
求詳請移咨以便家長聞訃回籍守制等情前
來據此除飭取具里鄰親族甘結另文申送核
咨外合將該員母故日期據情具文申報伏候
核
題等情到臣據此該臣查得現任山西靈石縣知
縣顧夔係華亭縣人伊母范氏於道光拾叁年

捌月初貳日在籍病故例應丁憂由華亭縣知
縣張慶璦申報前來除飭查明該員有無過繼
及三代存歿年歲取具族鄰甘結聲覆詳咨並
揭移吏部科暨山西撫臣外臣謹具
題伏乞
皇上聖鑒勅部查照施行謹具題
聞

江蘇巡撫林則徐題本　題明山西靈石縣知縣顧夔老母在籍病故例應丁憂

道光十三年八月二十七日

兵部侍郎兼都察院右副都御史巡撫江蘇等處地方提督軍務總理糧儲臣林則徐謹
題為報明丁憂事該臣查得現任山西靈石縣知
縣顧夔係華亭縣人伊母范氏於道光拾叁年
捌月初貳日在籍病故例應丁憂由華亭縣知
縣張慶瑗申報前來除飭查明該員有無迴避
及三代存歿年歲取具族鄰甘結聲覆詳咨
揭移吏部科暨山西撫臣外謹具題
聞

道光 [illegible]
[illegible] 地方提督軍務總理糧儲臣林則徐

江蘇巡撫林則徐題本

題參荊溪縣知縣陳增稔等疎防竊案限滿贓犯無獲

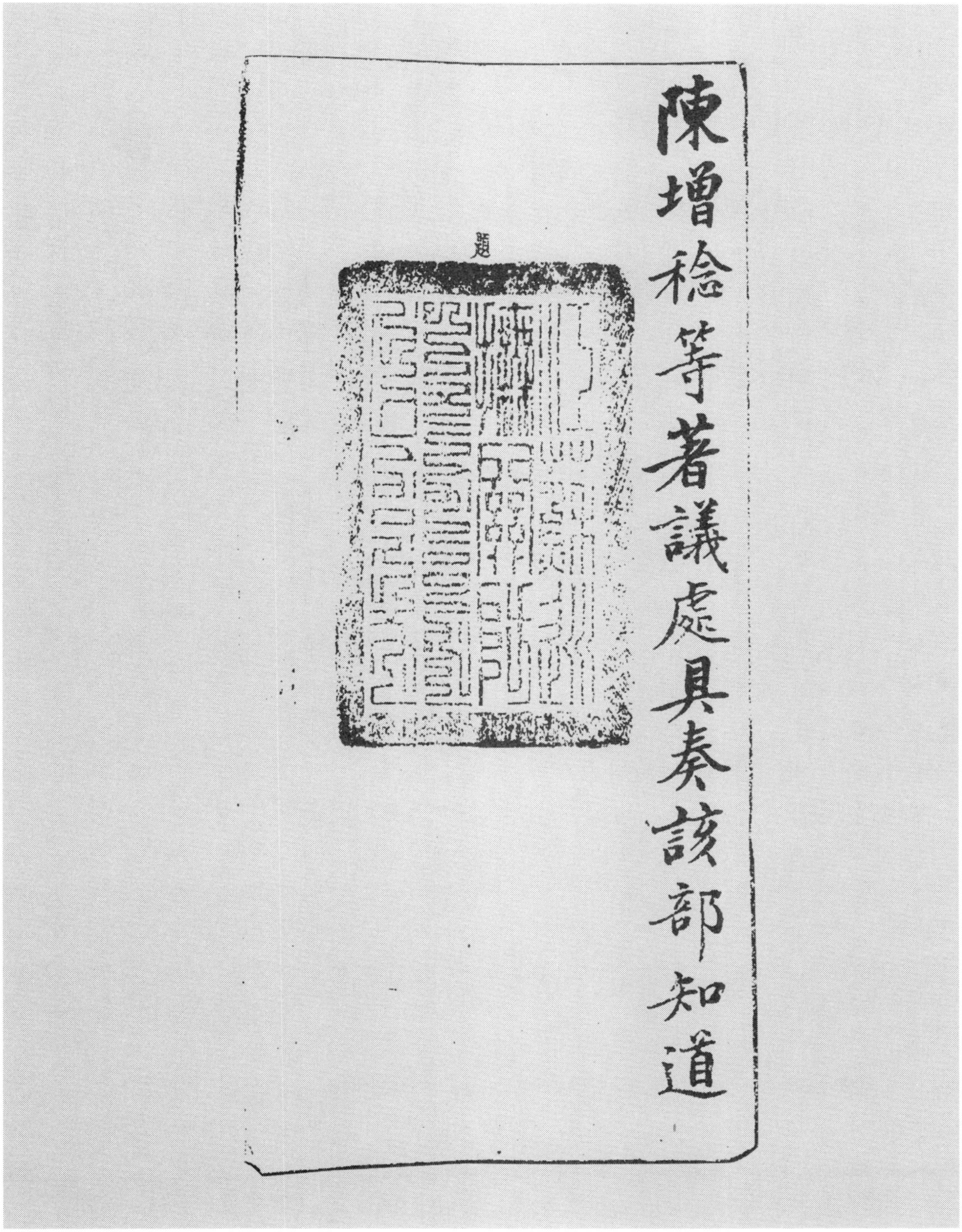
題

陳增稔等著議處具奏該部知道

江蘇巡撫林則徐題本　題參荊溪縣知縣陳增稔等疎防竊案限滿贓犯無獲

道光十三年八月二十七日

江蘇巡撫林則徐題本　題參荊溪縣知縣陳增稔等疏防竊案限滿贓犯無獲

道光十三年八月二十七日

兵部侍郎兼都察院右副都御史巡撫江蘇等處地方提督軍務總理糧儲臣林則徐謹
題爲詳參疏防文職事據江蘇按察使額騰伊詳
據常州府知府汪河詳據荊溪縣知縣陳增稔
詳稱道光拾叁年叁月初拾日據事主生員任
序元報叁月初玖夜伊分居子任星咸家被盜
持械撬門進内打倒二門伊媳驚起見窗外火
光高聲喊叫盜即打開臥房門入室嚇禁聲張
刦去箱隻衣飾等物報候勘緝等情到縣據經
會營前詣勘明被盜情形提訊地鄰事主人等
供與報詞相同估贓値銀陸拾肆兩壹錢捌分
造冊通詳奉批緝參茲查疏防限屆贓盜無獲
合將文職疏防印捕職名開報等情由府開列

督緝職名詳參到司奉此除飭勒緝贓盜務獲
究報並飭查明離汛里數暨督捕兼轄職
名另行詳參外該江蘇按察使頗騰伊查得荊
溪縣事主任序元具報伊子任星咸家被盜壹
案疏防例限肆箇月應以道光拾叁年叁月初
玖失事之日起扣至柒月初玖日滿所有文職
疏防職名印官係荊溪縣知縣陳增稔捕官係
荊溪縣典史趙棨督緝係不同城常州府知府
汪河查典史趙棨已於拾叁年叁月貳拾玖日
未經限滿之先列入
計參卸事署典史丁文琛於肆月初陸日到任接
緝應俟接扣限滿另行詳參合并聲明相應詳

候核參等情到臣。據此，該臣查得荊溪縣事主任序元具報伊子任星咸家被盜壹案，疏防例限肆箇月，應以道光拾叁年叁月初玖失事之日起，扣至未月初玖日滿贓盜無獲，開列疏防職名請參前來。除飭勒緝贓盜務獲究報，並飭取督捕兼轄職名，查明離城離汛里數另咨外，所有文職疏防職名，印官係荊溪縣知縣陳增稔，捕官係荊溪縣典史趙棠，督緝係不同城常州府知府汪河，相應列參，聽候部議。查典史趙棠已於拾叁年叁月貳拾玖日未經限滿之先

列入

計參，卸事署典史丁文燦於肆月初陸日到任接

緝應俟接扣限滿另行咨參合並陳明臣謹具

題伏乞

皇上聖鑒敕部議覆施行謹題請

旨

道光十三年八月[illegible]地方提督軍務總理糧儲臣林則徐

江蘇巡撫林則徐題本　題參荊溪縣知縣陳增稔等疏防竊案限滿贓犯無獲
道光十三年八月二十七日

兵部侍郎兼都察院右副都御史巡撫江蘇等處地方提督軍務總理糧儲臣林則徐謹

題為詳參疏防文職事。該臣查得荊溪縣事主任序元報伊子任星咸家被盜壹案，疏防例限肆箇月，應以道光拾叁年叁月初玖失事之日起，扣至本月初玖日滿，贓盜無獲，開列疏防職名請參前來。除飭勒緝贓盜務獲究報，並飭取督補兼轄職名，查明離城離汛里數另咨外，所有文職疏防職名：印官係荊溪縣知縣陳增稔，捕官係荊溪縣典史趙臬，督緝係不同城常州府知府汪河，相應列參，聽候部議。謹題請

旨。

江蘇巡撫林則徐題本

題參元和縣知縣平翰等疏防行舟被劫案屆滿贓犯無獲

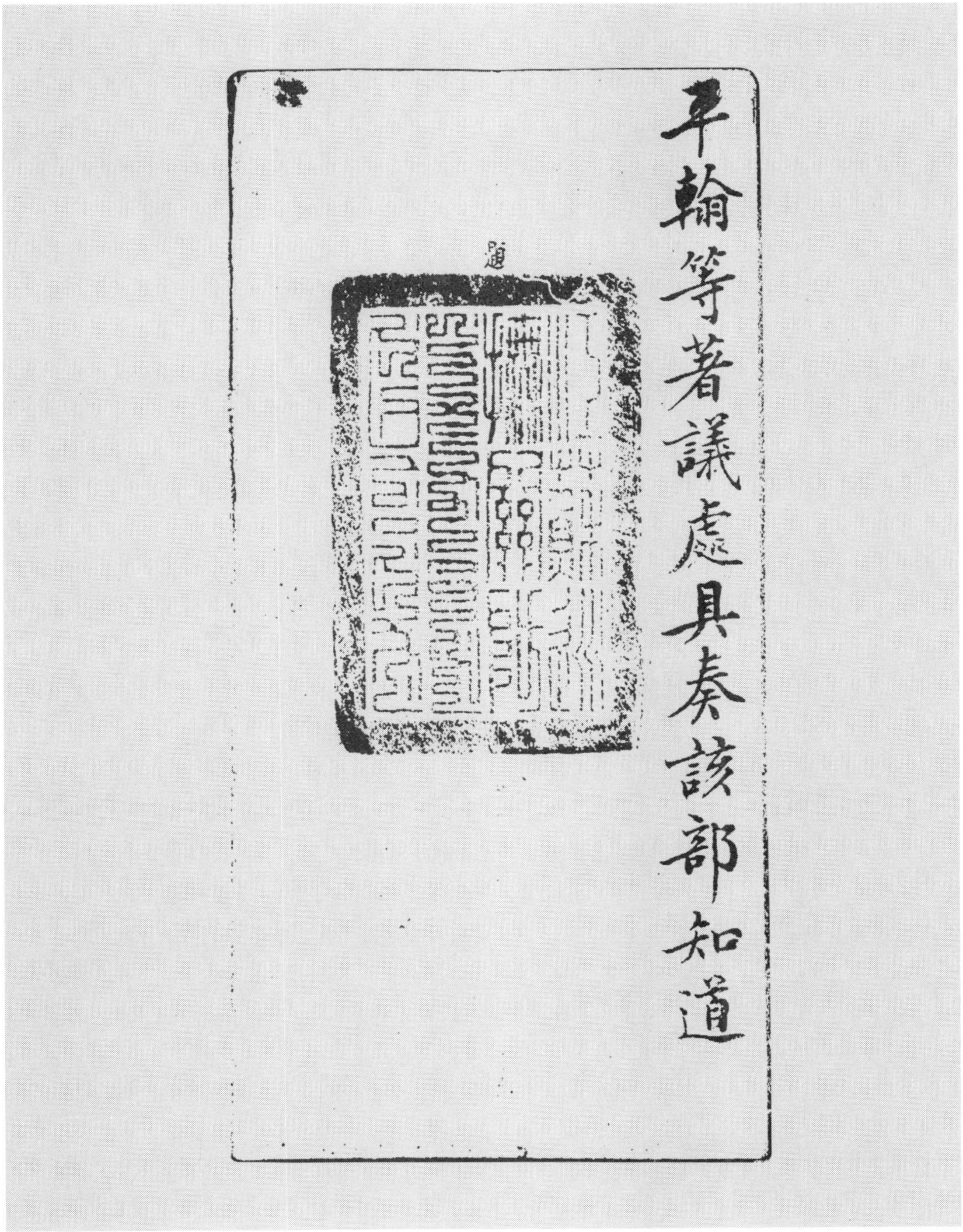
平翰等著議處具奏該部知道

題

兵部侍郎兼都察院右副都御史巡撫江蘇等處地方提督軍務總理糧儲臣林則徐謹

題爲詳參疏防文職事據江蘇按察使額騰伊詳

稱據署蘇州府知府陳經詳據元和縣知縣平

翰詳稱道光拾貳年拾月拾叁日據事主黃偈

鄉報於拾貳日夜船至元和縣拾玖都叁圖地

方被匪兩叁人持刀過船撬開蘆席進艙劫去

鋪程腳籃衣包等物砍損船頭幫木而去報候

勘緝等情到縣據經會營前詣勘明失事處所

係通行河路兩岸曠野並無居民黃偈都雇坐

周瑞船隻停泊東岸其船頭左首幫木驗有刀

砍痕跡該處離城玖里離接渡橋汛陸里並無

墩鋪防兵勘畢提訊事主船戶人等供與報詞

無異估計失贓值銀拾壹兩貳錢壹分造册錄
供通詳奉批緝參在案茲查此案疏防例限已
屆贓盜無獲合將印捕疏防職名開報等情由
府道遞開督捕督緝兼轄職名前來除訪勒緝
贓盜務獲究報外該江蘇按察使額騰伊查得
元和縣事主黄偈都行舟被盜壹案疏防例限
肆箇月應以道光拾貳年拾月拾貳失事之日
起扣至拾叁年貳月拾貳日屆滿贓盜無獲所
有文職疏防職名印官係元和縣知縣平翰捕
官係元和縣周莊司巡檢張元曆督捕係同城
前任蘇州府總捕同知喬知爵督緝係同城署
蘇州府知府陳經兼轄係不同城分巡蘇松太

道吳其泰查捕官張元幡已於拾貳年拾壹月
拾貳日未經限滿之先卸事試用未入流番育
譏是日到任應俟接扣限滿另行詳參督捕同
知喬如黼已於拾貳年拾貳月貳拾玖日未經
限滿之先在任病故應請議結現署同知查德
基係接督緝之員例無處分相應聲明開報伏
候核參再此案因事主原報贓數不符傳主覆
訊是以開報有稽合并聲明等情到臣據此該
臣查得元和縣事主黃倡鄉行舟被盜壹案疏
防例限肆箇月應以道光拾貳年拾月拾貳失
事之日起扣至拾叁年貳月拾貳日屆滿贓盜
無獲罪犯疎防職名請參前來除飭勒緝贓盜

務獲究報外所有文職疏防職名印官係元和
縣知縣平翰捕官係元和縣高莊司巡檢張元
禧督捕係同城前任蘇州府總捕同知喬如齡
督緝係同城署蘇州府知府沫經兼轄係不同
城分巡蘇松太道吳其泰查捕官張元禧先於
拾貳年拾壹月拾貳日未經限滿之先卸事試
用未入流留省補是日到任應俟扣限滿另
行咨參督捕同知喬如齡已於拾貳年拾貳月
貳拾玖日未經限滿之先在任病故應行議結
現署同知查德基係接督緝之員例無處分相
應聲明列參聽候部議至失事處所離城玖里
離樓湹橋汎陸里並無墩舖防兵再此案因事

主原報贓數不符傳主覆訊是以開報有稽合

並陳明臣謹具

題伏乞

皇上聖鑒勅部議覆施行謹題請

旨

道光[illegible]日[illegible]部侍郎[illegible]地方提督軍務總理糧儲臣林則徐

兵部侍郎兼都察院右副都御史巡撫江蘇等處地方提督軍務總理糧儲臣林則徐謹

題為詳參疏防文職事該臣查得元和縣事主黃偪鄰行舟被盜壹案疏防例限肆箇月應以道光拾貳年拾月拾貳失事之日起扣至拾叁年貳月拾貳日屆滿賊盜無獲開列疏防職名請參前來除飭勒緝賊盜務獲究報外所有文職疏防職名印官係元和縣知縣平翰捕官係元和縣周莊司巡檢張元禧督緝係同城前任蘇州府總捕同知喬知齡督緝係同城署蘇州府知府陳經兼轄係不同城分巡蘇松太道吳其泰相應列參謹題請

旨

江蘇巡撫林則徐題本　題參前署嘉定縣丞姚大成等疎防行舟被劫案届滿贓犯無獲

道光十三年八月二十七日

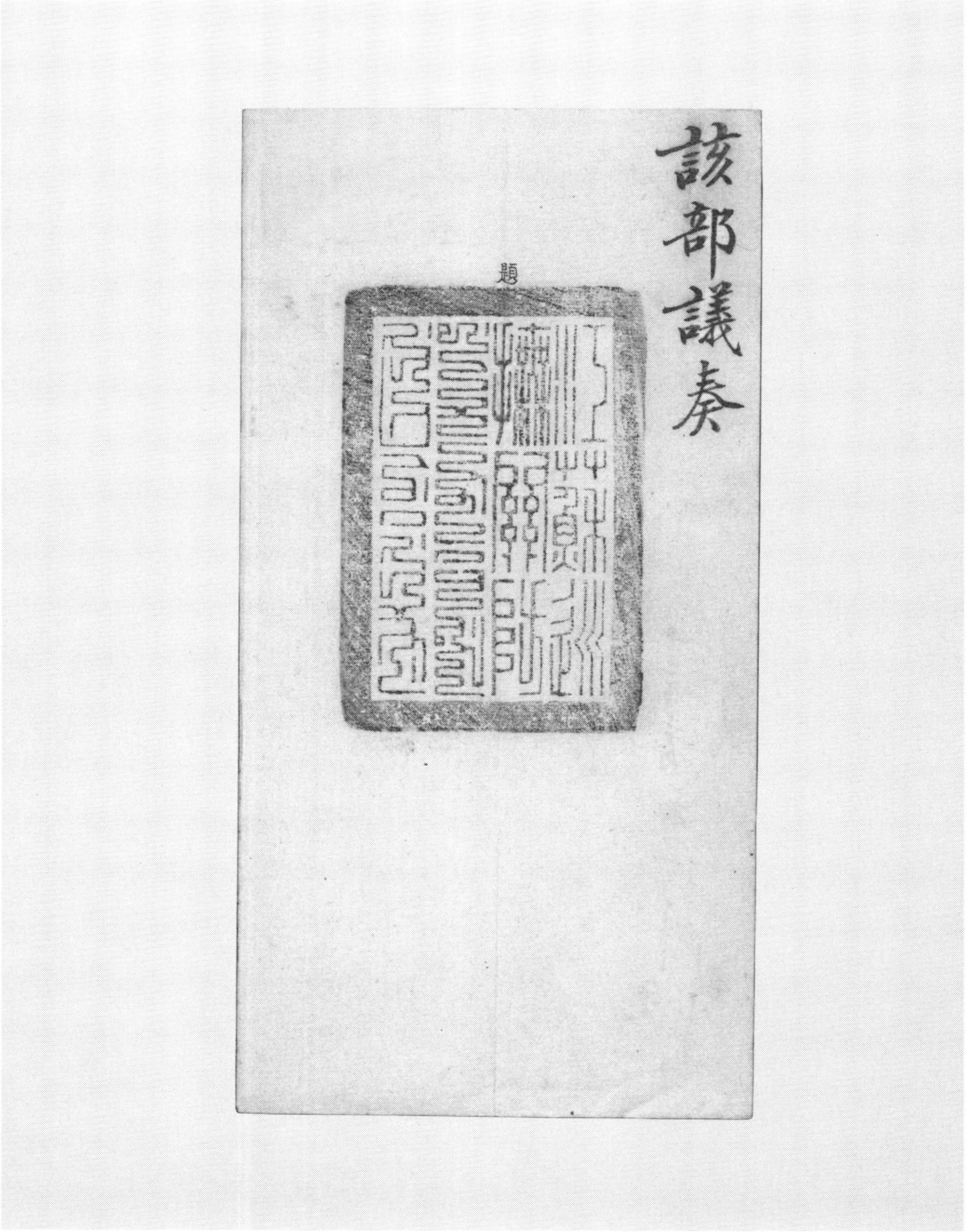
該部議奏

題

江蘇巡撫林則徐題本　**題參前署嘉定縣丞姚大成等疎防行舟被劫案届滿贓犯無獲**

江蘇巡撫林則徐題本 題參前署嘉定縣丞姚大成等疏防行舟被劫案屆滿贓犯無獲

道光十三年八月二十七日

兵部侍郎兼都察院右副都御史巡撫江蘇等處地方提督軍務總理糧儲臣林則徐謹

題爲詳參疏防文職事據江蘇按察使顔鶚伊詳

稱據太倉州知州李正鼎詳據嘉定縣知縣張

之杲詳稱道光拾叁年貳月貳拾肆日據吴縣

事主蔣耀庭稟稱貳月貳拾壹日由常熟收帳

回至南翔鎮對貨是夜叁更船至顧浦河内有

小船搖櫳將櫓繩割斷見有肆人各攜燈火器

械跳上伊船喝稱查艙將艙内銀洋衣物擄去

因在深夜無人救應開單報候勘緝等情並據

地保張祥報同前由到縣當經前署縣姚大成

會營詣勘該處有顧浦河壹道係南北通潮大

河兩岸俱係田疇並無居民汛房勘畢訊據事

江蘇巡撫林則徐題本　題參前署嘉定縣丞姚大成等疏防行舟被劫案屆滿贓犯無獲

道光十三年八月二十七日

主船户地保人等供與報詞無異飭牙估計失
贓值銀壹百零捌兩叁錢叁分取結附卷選差
勒拏贓盜解究一面錄供通詳參批緝在案
茲查疏防限屆贓盜無獲合將印捕職名開報
等情由州遣遞閱督捕督緝兼轄各職名到司
除飭勒緝贓盜務獲究報外該江蘇按察使額
騰伊查得吳縣事主蔣耀庭在嘉定縣地方行
船被劫壹案疏防例限肆箇月應以道光拾叁
年貳月貳拾壹失事之日起扣至陸月貳拾壹
日屆滿贓盜無獲所有文職疏防職名印官係
前署嘉定縣事南翔鎮縣丞姚大成捕官係嘉
定縣典史唐玉樽督捕係不同城太倉州州同

江蘇巡撫林則徐題本　題參前署嘉定縣丞姚大成等疎防行舟被劫案屆滿贓犯無獲　道光十三年八月二十七日

于寘卯督緝係不同城太倉州知州李正鼎兼
轄係不同城分巡蘇松太道吳其泰再印官姚
大成已於拾叁年肆月初捌日未經限滿之先
卸事係署事人員不復回任應請議結該縣張
之杲是日到任接緝應俟接扣限滿有無獲犯
另行詳參祖應聲明開報伏候核參至此案失
事處所離城貳拾肆里離安亭汛貳拾里並無
墩鋪防兵合并聲明等情據此該臣查得吳縣
事主蔣耀庭在嘉定縣地方行船被劫壹案疎
防例限肆箇月應以道光拾叁年貳月貳拾壹
失事之日起扣至陸月貳拾壹日屆滿贓盜無
獲開列疎防職名請參前來除飭勒緝贓盜務

獲究報外所有文職疏防職名印官係前署嘉
定縣事南翔鎮縣丞姚大成捕官係嘉定縣典
史唐玉樽督捕係不同城太倉州州同于翼如
督緝係不同城太倉州知州李正鼎兼轄係不
同城分巡蘇松太道吳其泰再印官姚大成已
於拾叁年肆月初捌日未經限滿之先卸事係
署事人員不復回任應行議結該縣張之杲是
日到任接緝應俟接扣限滿有無獲犯另行咨
參相應聲明列參聽候部議至此案失事處所
離城貳拾肆里離安亭汛貳拾里並無墩鋪防
兵合並陳明臣謹具
題伏乞

江蘇巡撫林則徐題本　題參前署嘉定縣丞姚大成等疏防行舟被劫案届滿贓犯無獲
道光十三年八月二十七日

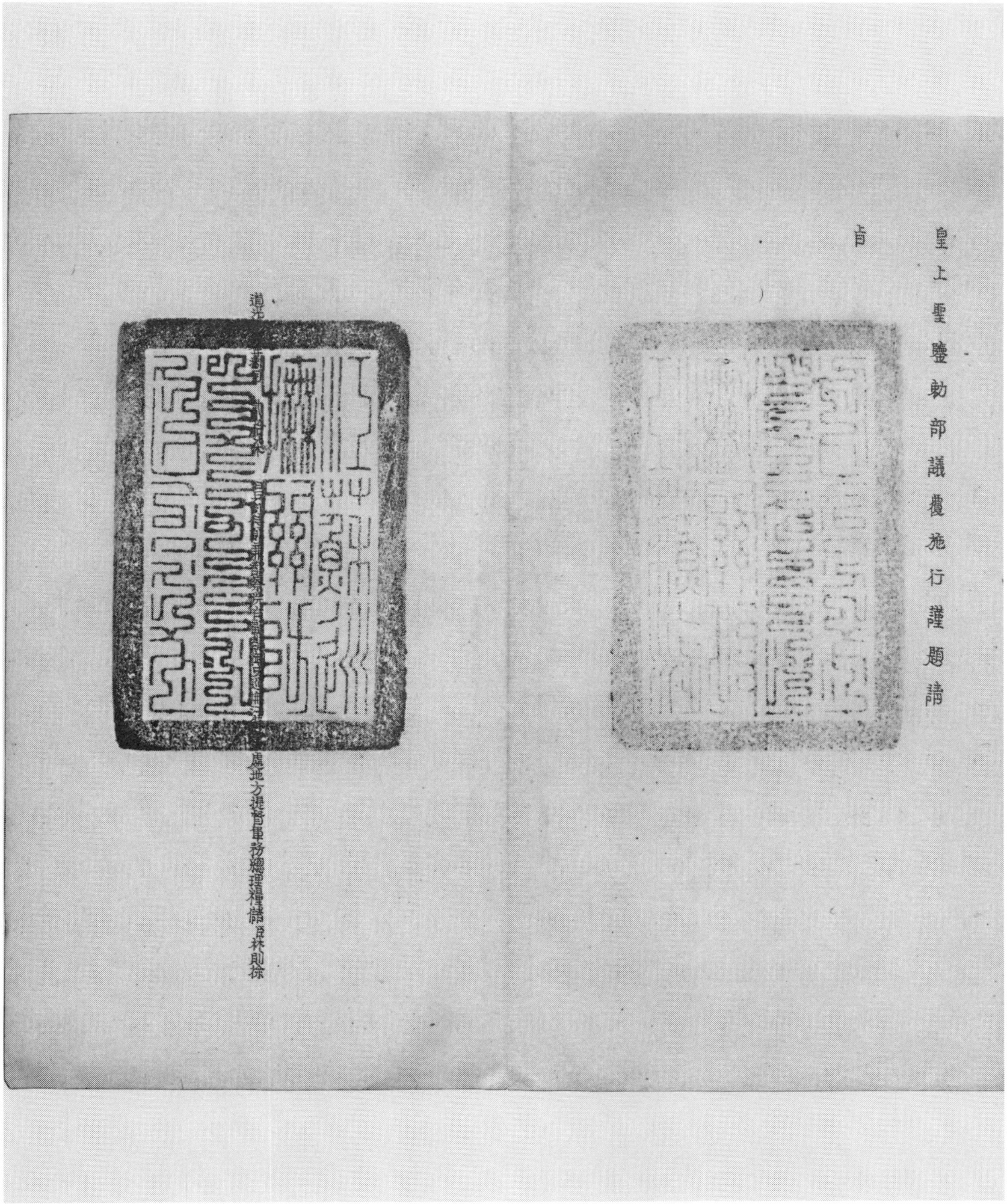
皇上聖鑒勅部議覆施行謹題請
旨

道光

處地方提督軍務總理糧儲臣林則徐

江蘇巡撫林則徐題本　題参前署嘉定縣丞姚大成等疏防行舟被劫案屆滿贓犯無獲

道光十三年八月二十七日

兵部侍郎兼都察院右副都御史巡撫江蘇等處地方提督軍務總理糧儲臣林則徐謹
題爲詳參疏防文職事該臣查得吳縣事主蔣耀
庭在嘉定縣地方行船被刦壹案疏防例限肆
箇月應以道光拾叁年貳月貳拾壹失事之日
起扣至陸月貳拾壹日屆滿贓盜無獲開列疏
防職名請參前來除飭勒緝贓盜務獲究報外
所有文職疏防職名印官係前署嘉定縣事南
翔鎮縣丞姚大成捕官係嘉定縣典史唐玉樽
督捕係不同城太倉州州同于冀如督緝係不
同城太倉州知州李正鼎兼轄係不同城分巡
蘇松太道吳其泰相應列參謹題請
旨

江蘇巡撫林則徐題本　原參前任川沙同知鄭其忠經徵道光十一年地丁錢糧全完請開復

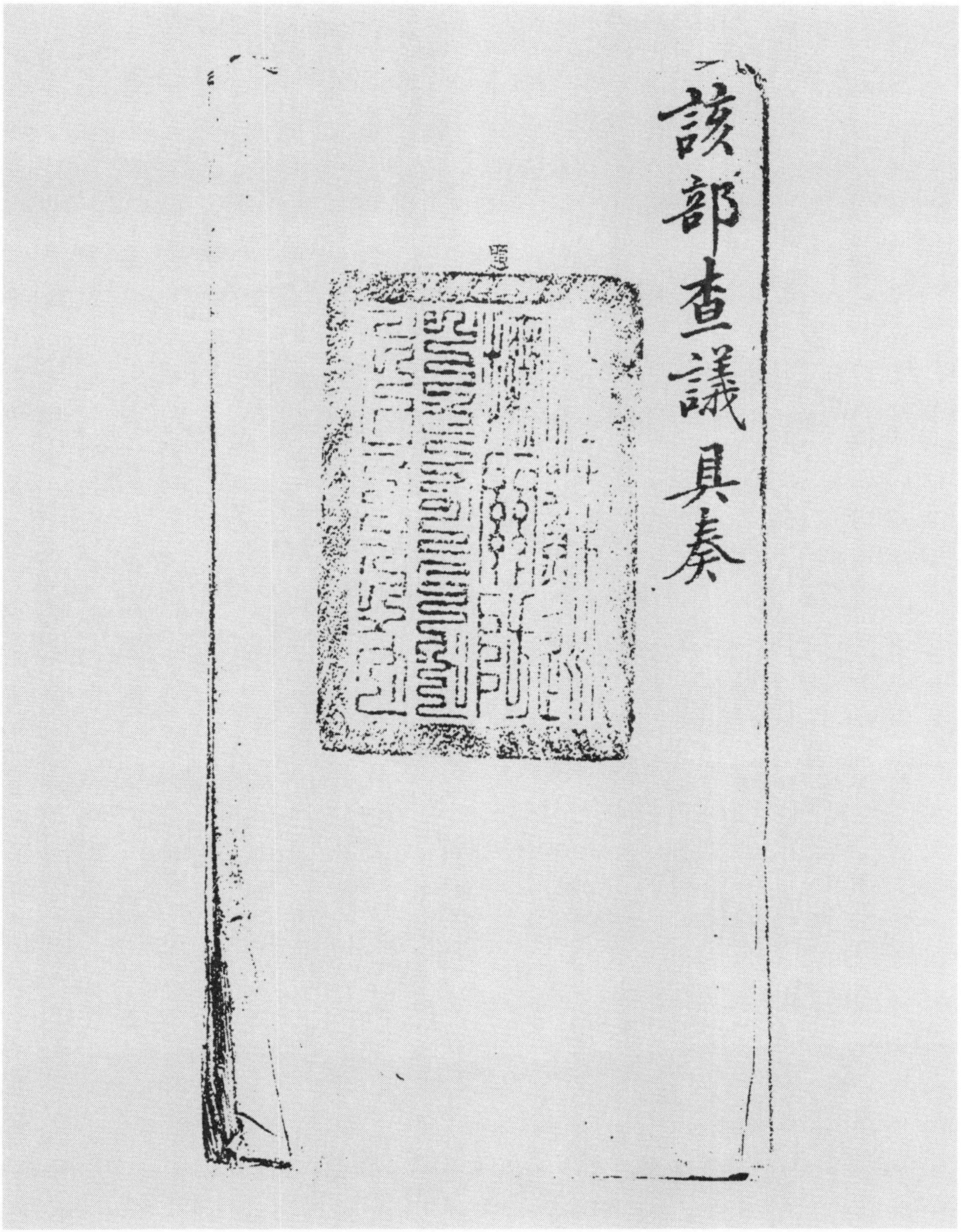

江蘇巡撫林則徐題本　原參前任川沙同知鄭其忠經徵道光十一年地丁錢糧全完請開復

道光十三年八月二十七日

兵部侍郎兼都察院右副都御史巡撫江蘇等處地方提督軍務總理糧儲臣林則徐謹

題爲經徵錢糧照數全完

題請開復事據蘇州布政使陳鑾詳稱案奉行准

戶部咨蘇州省道光拾壹年地丁錢糧奏銷案

內未完壹分以上之前任川沙同知鄭其忠照

例降職壹級戴罪徵收已經告病其應照例議

結之處俟復參案內聲明卸事日期吏部再行

核議等因到院行司奉此茲查川沙撫民廳道

光拾壹年分地丁奏銷兩報未完正銀貳千壹

百柒拾叁兩肆錢柒分肆釐耗羨銀壹百捌兩

陸錢柒分肆釐內除該年勘不成災緩徵正銀

壹千肆百叁拾肆兩玖錢壹分伍釐耗羨銀柒

拾壹兩柒錢肆分陸釐當於秋災情形案內
題明緩至道光拾貳年秋後啓徵分作貳年帶徵
應俟扣滿災緩年限查明完欠另行補報考成
外實未完熟田壹分叁釐正銀柒百叁拾捌兩
伍錢伍分玖釐耗羨銀叁拾陸兩玖錢貳分捌
釐先經將經徵前任川沙同知鄭其忠職名照
例開參今奉戶部議覆前因業據該廳將熟田
應徵銀兩於未奉部覆以前照數續解全完造
冊詳請扣免前參核查川沙廳未完道光拾壹
年熟田地丁正銀柒百叁拾捌兩伍錢伍分玖
釐耗羨銀叁拾陸兩玖錢貳分捌釐已據照數
續解全完內正銀柒百叁拾捌兩伍錢伍分玖

釐存俟造入道光拾叁年秋撥估餉冊內報部
耗羨銀叁拾陸兩玖錢貳分捌釐存俟造入道
光拾叁年耗羨報銷四柱冊內新收項下報部
伏查催徵錢糧如於參後續行全完例應詳
題開復今前任川沙同知鄭其忠已於道光拾貳
年捌月初貳日告病卸事所有該同知鄭其忠
道光拾壹年地丁錢糧未完壹分以上原議降
職壹級戴罪徵收之案業已續解全完理合造
冊詳候具
題開復至松江府知府奮催各職名尚有奉賢婁
縣貳縣未據續解全完現在嚴催完解就俟解
清另行詳辦合並聲明等情據此該臣查得蘇

松等屬道光拾壹年地丁錢糧奏銷案內前任
川沙同知鄭其忠未完地丁錢糧壹分以上接
准戶部議覆鄭其忠照例降職壹級戴罪徵收
已經告病其應照例議結之處俟復參案內聲
明卸事日期吏部再行核議等因即經轉行遵
照去後今據蘇州布政使陳鑾詳稱查得川沙
撫民廳道光拾壹年分地丁奏銷冊報未完正
銀貳千壹百柒拾叁兩零耗羨銀壹百捌兩零
內除該年勘不成災緩徵正銀壹千肆百叁拾
肆兩零耗羨銀柒拾壹兩零當於秋災情形案
內
題明緩至道光拾貳年秋後啓徵分作貳年帶徵

江蘇巡撫林則徐題本　原参前任川沙同知鄭其忠經徵道光十一年地丁錢糧全完請開復

道光十三年八月二十七日

應俟扣滿災緩年限查明完欠另行補報考成外實未完熟田壹分叁釐正銀米百叁拾捌兩零耗羨銀叁拾陸兩零業據該廳照數續解全完造冊詳請扣免到司核查川沙廳續解道光拾壹年地丁正銀米百叁拾捌兩零存俟造入道光拾叁年秋撥估餉冊內報部耗羨銀叁拾陸兩零存俟造入道光拾叁年耗羨報銷四柱冊內新收項下報部伏查催徵錢糧如於參後續行全完例應詳

題開復今前任川沙同知鄭其忠已於道光拾貳年捌月初貳日告病卸事所有鄭其忠道光拾壹年地丁錢糧未完壹分以上原議降職壹級

戴罪徵收之案業已續解全完理合造冊詳候
具
題開復并聲明松江府知府暫准各職名尚有奉
賢婁縣貳縣未據續解全完現在嚴催完解統
俟解清另行詳辦等情前來臣覆核無異除冊
分送戶吏兩部查核外相應具
題伏乞
皇上聖鑒勅部核覆施行謹題請
旨

江蘇巡撫林則徐題本 原參前任川沙同知鄭其忠經徵道光十一年地丁錢糧全完請開復

道光十三年八月二十七日

兵部侍郎兼都察院右副都御史巡撫江蘇等處地方提督軍務總理糧儲臣林則徐謹
題為經徵錢糧照數全完
題請開復事。該臣查得蘇松等屬道光拾壹年地
丁錢糧奏銷案內前任川沙同知鄭其忠未完
地丁錢糧壹分以上，接准戶部議覆鄭其忠照
例降職壹級戴罪徵收，已經告病，其應照例議
結之處，俟復參案內聲明卸事日期吏部再行
核議等因，即經轉行遵照去後。今據蘇州布政
使陳鑾詳稱，查得川沙撫民廳道光拾壹年分
地丁奏銷冊報未完正銀貳千壹百柒拾叁兩
零，耗羨銀壹百捌兩零，內除該年勘不成災緩
徵正銀壹千肆百叁拾肆兩零，耗羨銀柒拾壹

兩零當於秋災情形案內
題明淺至道光拾貳年秋後啓徵分作貳年帶徵
應俟扣滿災淺年限查明完久另行補報考成
外實未完熟田壹分叁釐正銀柒百叁拾捌兩
零耗羨銀叁拾陸兩零業據該廳照數續解全
完存俟造冊報部今前任川沙同知鄭其忠已
於道光拾貳年捌月初貳日告病卸事所有鄭
其忠道光拾壹年地丁錢糧未完壹分以上原
議降職壹級戴罪徵收之案業已續解全完理
合造冊詳候具
題開復等情前來臣覆核無異除冊送部外謹題
請
旨

江蘇巡撫林則徐題本　**驗明海州民人許五成等傷斃戚怡恩案分別定擬**

三法司核擬具奏
題

兵部侍郎兼都察院右副都御史巡撫江蘇等處地方提督軍務總理糧儲臣林則徐謹
題為報驗事據江蘇按察使額騰伊詳准淮海道
文據移據海州知州王用賓詳稱查接管卷內
道光拾貳年伍月初玖日據地保張省三報據
民人戚衍業投稱伍月初玖日早伊着族姪戚
怡恩等赴池割麥被許順沅糾領許五成等持
械至地搶割爭鬧許五成用槍戳傷戚怡恩身
死陳起俊用竹標戳傷馬泳昌戚怡紹等語往
查屬實報候驗究等情到州前署州鍾承露因
感冒風寒飭委贛榆縣徐林春帶領吏件前詣
屍所如法相驗據仵作周玉喝報已死戚怡恩
問年伍拾叁歲驗得合面不致命右後肋槍戳

傷壹處長玖分寬叁分深透內皮肉捲縮血污
餘無故委係受傷身死報畢親驗無異填格取
結屍飭棺殮又飭仵驗得馬泳昌右腿戚怡紹
左肋左腿各有尖物戳傷壹處皮破有血填單
飭醫查訊各供填格申送鍾承露前事署州伍
家榕抵任於拾貳年柒月初捌日緝獲許五成
許順沅陳起俊並起獲槍杆壹根解究伍家榕
暨代理州晏曙東均未及具詳卸事署州劉鈴
抵任飭差續獲許履昌提同前獲各犯傳集屍
親人等逐一研訊據地保張省三供與報詞同
據屍叔戚行榮供戚怡恩是族姪與許五成素
沒嫌隙族人戚孔氏夫故無子繼小的兒子為

孫許給他女壻許順沅奩田拾叁畝半道光拾貳年叁月戚孔氏病故小的查無分授筆據把田仍歸兒子收管伍月初玖日早小的雇令族姪戚怡恩戚怡紹同馬泳昌們赴地割麥許順沅同許五成許履昌們各拏器械走來搶割戚怡恩攔阻與許履昌爭毆許五成起上幫護用槍戳傷戚怡恩右後肋戚怡紹馬泳昌也被陣起後戳傷那知戚怡恩就因傷死了小的投保報驗的今蒙獲犯傳訊戚怡恩實被許五成戳傷身死並沒別故求究據馬泳昌戚怡紹傷早平復現在外出故沒到案是實據屍子戚大流供戚怡恩是父親餘與戚夯棠供同據肇釁人

許順沅供海州人年伍拾貳歲小的妻父臧檜
早故無子妻母臧孔氏立繼堂姪臧衍榮的兒
子爲孫原許給小的妻子奩田拾叁畝半當時
沒有寫立分授筆據道光拾貳年叁月妻母病
故臧衍榮說查無分授憑據掯不給田伍月初
玖日小的見田內麥子成熟雇令許五成陳起
俊許履昌許管許四許朝甫許會文許朝龍們
前往收割許五成許履昌順帶防夜鐵槍陳起
俊挐挑草竹標預備割麥挑回同到地內那知
臧衍榮已叫他姪子臧怡恩臧怡紹同馬泳昌
們先在那裏收割許履昌上前吆喝臧怡恩攔
阻彼此爭吵臧怡恩手挐鐮刀向許履昌僕毆

許履昌用槍架格許五成怕許履昌喫虧持槍
趕護從戚怡恩身後用槍嚇戳致傷他右後肋
倒地陳起俊也用竹標把戚怡紹馬泳冒戳傷
小的與許四們在地割麥看見害怕各自逃散
不料戚怡恩就因傷死了小的實止雇往割麥
並沒喝醉的事是實據陳起俊供海州人年肆
拾貳歲道光拾貳年伍月初玖日許順沅說他
妻子的畬田麥子成熟雇小的與許五成許履
昌許管許四許朝甫許會文許朝隴們前往收
割小的拏挑草竹標許五成許履昌順帶防夜
鐵槍預備割麥挑回同到田內有許順沅的妻
族戚行榮已叫他姪子戚怡恩戚怡紹同馬泳

昌們先在那裏收割許履昌上前吆喝戚怡恩
攔阻彼此爭吵小的趕上幫護用竹標戳傷馬
泳昌右腿戚怡恩左胳左腿馬泳昌們逃跑小
的見許五成趕到戚怡恩身後用槍嚇戳臺下
倒地那知戚怡恩不多一會就死了許順沅們
害怕走散小的把竹標撩棄逃避就被獲解的
戚怡恩實被許五成戳傷身死小的是許順沅
雇往割麥被戚怡恩攔阻爭鬪用竹標把馬泳
昌戚怡恩胳戳傷竹標是用竹竿削尖民間挑草
用的是實藤餘人許履昌即許立昌供海州人
年肆拾貳歲道光拾貳年伍月初玖日許順沅
說他妻子盧田麥子成熟雇令小的與許五成

陳起俊許管許四許朝甫許會文許朝龍們前
往收割陳起俊拏挑草竹標小的同許五成順
帶防夜鐵槍預備割麥挑回同到田内有許順
沅妻族戚行榮已叫他姪子戚怡恩戚怡紹同
馬泳昌們先在那裏收割小的上前吆喝戚怡
恩攔阻彼此爭吵戚怡恩手拏鐮刀向小的撲
毆小的用槍架格許五成恐怕小的喫虧上前
幫護用槍從戚怡恩身後嚇戳壹下適傷他右
後肋倒地那知戚怡恩傷重不多一會就死了
陳起俊用竹標把戚怡紹馬泳昌戳傷許順沅
們害怕走散小的逃避後被拏獲的戚怡恩實
被許五成戳傷身死小的是許順沅雇往割麥

與戚怡恩爭論被毆架格並沒毆傷許順沅也
沒喝殺的事鐵槍已經撩掉是實據兒犯許五
成即許庚五供海州人年貳拾叁歲父親已故
母親楊氏年陸拾肆歲弟兄伍人小的居五並
沒妻子與戚怡恩素識無嫌族兄許順沅的妻
母戚孔氏夫故無子立繼戚衍棠的兒子爲孫
許給許順沅妻子盧田拾叁畝半道光拾貳年
叁月戚孔氏病故戚衍棠指留田畝不給伍月
初玖日許順沅見田內麥已成熟雇令小的與
陳起俊許履昌許倉許四許朝甫許會文許朝
龍們前往收割陳起俊挈挑草竹標小的同許
履昌順挈防夜鐵槍預備割麥挑回同到田內

戚行榮已叫他姪子戚怡恩戚怡紹同馬泳昌
們先在那裏收割許履昌上前吆喝戚怡恩攔
阻彼此爭吵戚怡恩手拏鐮刀向許履昌撲毆
許履昌用槍架格小的恐怕許履昌喫虧趕上
幫護用槍從戚怡恩身後嚇戳壹下適傷他右
後肋倒地那知戚怡恩傷重不多一會就死了
陳起俊用竹標也把戚怡紹馬泳昌戳傷許順
沅們害怕跑散小的逃避今被獲解的小的實
是許順沅雇在割麥被戚怡恩攔阻用槍嚇戳
適傷身死並不是有心欲殺也沒起釁鬥故及
另有在場幫毆的人許順沅也沒喝毆的事槍
杆已蒙起獲槍頭現藏家內可以查起是實各

等供據此將犯分別禁押錄供填格通詳劉鈴
旋即卸事甲職王用賓到任道光拾叄年貳月
拾壹日據報許頌沅在押病故驗明病死屬實
看役人等訊無凌虐情事換格詳報飭差起獲
兇器鐵槍頭驗有血跡與前起槍杆相合核對
格填屍傷相符將鐵槍頭貯庫覆訊通詳奉批
飭審拾叄年叄月拾柒日據禁卒稟報許五成
在監患病醫治詳咨於肆月拾捌日報痊差提
許管等外出不到現犯未便久羈隨提覆訊除
各供與前審無異不敘外該海州知州王用賓
審看得民人許五成戳傷戚怡恩身死一案緣
許五成籍隸海州與戚怡恩素識無嫌許五成

族兄許順沅之妻毋戚孔氏夫故無子繼立族
姪戚行榮之子爲孫戚孔氏許給許順沅之妻
奩田拾叁畝半道光拾貳年叁月戚孔氏病故
戚行榮查無分授筆據揞田不給伍月初玖日
許順沅見田內麥已成熟雇令許五成許履昌
陳起俊許眷等前往收割陳起俊攜帶挑草竹
標許五成許履昌順攜防夜鐵槍預備割麥挑
回同至田內適戚行榮先令族姪戚怡恩戚怡
紹及馬泳昌等在地收割許履昌上前攔喝戚
怡恩獨阻彼此爭吵戚怡恩手持鐮刀向許履
昌撲毆許履昌用槍架格許五成慮其受虧持
槍趕護從戚怡恩身後用槍嚇戳適傷戚怡恩

右後肋倒地陳起後用竹標戳傷馬泳昌右腿
並戚怡恩左肋左腿均各逃逸詳戚怡恩傷重
旋即殞命戚衍榮投保報州前署州鍾承霈因
感冒風寒飭委贛榆縣徐林春代驗填格送州
旋獲許五成等經前署州劉鈴訊供通詳未及
招解卸事卑職王用賓到任審報許順沅在押
病故驗訊通詳蒙批飭審遵復提犯研鞫據供
前情不諱詰非有心欲殺亦無起釁別故及另
有在場幫毆之人案無遁飾查律載共毆人致
死下手致命傷重者絞監候餘人杖壹百又他
物毆人成傷者笞肆拾各等語此案許五成因
戚怡恩與許履昌爭毆該犯趕護用槍戳傷戚

江蘇巡撫林則徐題本　驗明海州民人許五成等傷斃戚怡恩案分別定擬

道光十三年八月二十七日

怡恩身死應按律問擬許五成合依共毆人致
死下手致命傷重者絞律擬絞監候秋後處決
許履昌與戚怡恩爭吵被毆用槍架格應照餘
人律杖壹百陳起俊用挑草竹標戳傷馬永昌
戚怡貂手復應照他物毆人成傷律笞肆拾各
折責發落許順沅訊無糾毆情事惟伊妻奩田
未經理明率行往割田麥肇釁釀命本干律擬
業於取供後在押病故應無庸議看役人等訊
無凌虐情弊馬永昌等傷俱平復均無庸議戚
孔氏任口許給許順沅妻室奩田既無分授確
據乃講處違皆業以杜爭端屍棺分別飭埋無
干咎將兇檢語錄等情由道審解到司該江蘇

按察使額騰伊提犯親訊核擬無異解候勘
題等情招解到臣提犯親審無異該臣看得海州
民許五成戳傷戚怡恩身死壹案緣許五成籍
隸海州與戚怡恩素識無嫌許五成族兄許順
沅之妻毋戚孔氏夫故無子繼立族姪戚衍榮
之子爲孫戚孔氏許給許順沅之妻奩田拾畝
畝半道光拾貳年叁月戚孔氏病故戚衍榮查
無分授筆據指田不給伍月初玖日許順沅見
田內麥已成熟雇令許五成許履昌陳起俊許
管等前往收割陳起俊攜帶挑草竹標許五成
許履昌順攜防夜鐵槍預備割麥挑回同至田
內適戚衍榮先令族姪戚怡恩戚怡紹及馬泳

昌等在地收割許履昌上前吆喝戚怡恩攔阻
彼此爭吵戚怡恩手持鐮刀向許履昌撲毆許
履昌用槍架格許五成慮其受虧持槍趕護從
戚怡恩身後用槍嚇戳適傷戚怡恩右後肋倒
地陳起俊用竹標戳傷馬泳昌右腿並戚怡紹
左肋左腿均各逃逸詎戚怡恩傷重旋即殞命
戚衍棠投保報州驗訊通詳審供不諱詰非有
心欲殺亦無起意糾故及另有在場幫毆之人
案無遁飾查律載共毆人致死下手致命傷重
者絞監候餘人杖壹百又他物毆人成傷者笞
肆拾各等語此案許五成因戚怡恩與許履昌
爭毆該犯趕護用槍戳傷戚怡恩身死應按律

問擬許五成合依共毆人致死下手致命傷重
者絞律擬絞監候秋後處決許履昌與戚怡恩
爭吵被毆用槍架格應照餘人律杖壹百陳起
俊用挑草竹標戳傷馬泳昌戚怡紹平復應照
他物毆人成傷律笞肆拾各折責發落許順沅
訊無糾毆情事惟伊妻奩田未經理明率行往
割田麥肇釁釀命本干律擬業於取供後在押
病故應無庸議看役人等訊無凌虐情弊馬泳
昌等傷俱平復均無庸議戚孔氏在日許給許
順沅妻坐奩田既無分授確據仍歸戚姓管業
以杜爭端屍槍分別飭理無干省釋兇槍發回
貯庫臣謹具

題伏乞

皇上聖鑒勅下三法司核覆施行再此案州審分限

叁箇月應以道光拾貳年柒月初捌獲犯之日

起扣至閏玖月初捌日滿前署州伍家榕未及

具詳於拾壹月拾貳日卸事計遲延兩箇月零

肆日代理州晏曙東是日到任亦未及詳辦即

於是月拾捌日卸事計歷限不及拾日署州劉

鈴是日到任前官審限已逾例得加半加展壹

箇半月未及審解於拾叁年貳月拾貳日卸事

除封印壹月計接審遲延捌日現任知州王用

賓是日到任各前官均逾分限例得加展壹箇

半月又除犯病壹月扣至肆月貳拾柒日滿該

州依限審解並未逾違所有承審遲延壹月以
上卸事職名係前署海州知州伍家樒接審遲
延不及壹月卸事職名係前署海州知州劉鈴
開報附參至道司況分限各壹月應以肆月貳
拾柒該州解道之日起除自州由道解司程限
貳拾壹日統應加至捌月拾捌日全限屆滿合
並陳明謹題請
旨

江蘇巡撫林則徐題本　驗明海州民人許五成等傷斃戚怡恩案分別定擬
道光十三年八月二十七日

道光[illegible]提督軍務總理糧儲臣林則徐

兵部侍郎兼都察院右副都御史巡撫江蘇等處地方提督軍務總理糧儲臣林則徐謹
題為報驗事該臣看得海州民許五成戳傷戚怡
恩身死一案緣許五成與戚怡恩素識無嫌許
五成族兄許順沅之妻母戚孔氏夫故無子繼
立族姪戚衍榮之子為孫戚孔氏許給許順沅
之妻奩田拾叁畝於道光拾貳年叁月戚孔氏
病故戚衍榮查無分授筆據揩田不給伍月初
玖日許順沅見田內麥已成熟雇令許五成許
履昌陳起俊許管等前往收割陳起俊擔挑草

竹標許五成許履昌順攜防夜鐵槍預備割麥
挑回同至田內適戚衍檠先令族姪戚怡恩戚
怡紹及馬泳昌等在地收割許履昌上前吆喝
戚怡恩攔阻彼此爭吵戚怡恩手持鐮刀向許
履昌撲毆許履昌用槍架格許五成慮其受虧
持槍趕護從戚怡恩身後用槍戳適傷戚怡
恩右後肋倒地旋即殞命報驗訊詳審供不諱
許五成依共毆人致死下手致命傷重者絞律
擬絞監候秋後處決謹題請
旨

江蘇巡撫林則徐題本

題明銅山縣民人王對戳斃李六案擬絞監候

題

三法司核擬具奏

江蘇巡撫林則徐題本　題明銅山縣民人王對戳斃李六案擬絞監候

道光十三年八月二十七日

兵部侍郎兼都察院右副都御史巡撫江蘇等處地方提督軍務總理糧儲臣林則徐謹

題爲報明事。據江蘇按察使額騰伊詳，據徐州府

知府善慶詳稱，查核管卷內，據署銅山縣知縣

王文炳詳稱，道光拾貳年拾月初捌日，據地保

張盼報，據客民李居投稱，伊子李六因欠王對

麵錢未還，拾月初伍日王對向伊子索討爭毆，

被王對用刀戳傷身死等語，往查屬實，理合報

驗等情。到縣。據即帶領吏仵前詣屍所，如法相

驗。據仵作熊信喝報：已死李六，問年貳拾柒歲，

驗得仰面左面、右臂均刺有竊盜貳字，合面不

致命左腿刀傷壹處，長柒分，寬壹分，深玖分，血

污餘無故。委係受傷身死。報畢，親驗無異，飭取

兇刀比對傷痕相符塡格取結屍飭棺殮訊據
地保張盼供與報詞同據見證劉七供道光拾
貳年拾月初伍日小的聽得門外吵鬧走出查
看見李六已被王對用刀戳傷左腿倒地小的
連忙喝阻問據李六說因王對向他索欠起釁
的不料李六隔不一會就因傷死了小的通知
屍父李居走來看明投保報驗的並沒起釁別
故小的勸阻不及是實據屍父李居即李祥供
沛縣人李六是小的兒子曾於道光捌年在沛
縣犯竊刺臂又於拾年在豐縣犯竊刺面拾貳
年伍月裏兒子賒欠王對麪錢壹百柒拾文沒
還小的知道能拾月初伍日兒子赴銅山生理

如何路遇王對向兒子索欠爭毆被王對用刀
戳傷身死小的先不知道是劉七通知小的趕
來看明投保報驗的並沒別故求究抵據兇犯
王對供豐縣人年貳拾伍歲父親已故拾叁年
母親王氏現年陸拾肆歲並沒弟兄妻子小的
曾於道光玖拾等年在豐縣行竊事主胡耿光
等家衣物牛隻犯案枷責刺臂與沛縣人李六
素識無嫌道光拾貳年伍月裏李六賒欠小的
麪錢壹百柒拾文沒還拾月初伍日小的到銅
山尋工在劉七門首與李六會遇小的向索前
欠李六沒錢央緩小的不依彼此口角李六向
小的撲毆小的閃側順拔身帶鐵刀嚇戳適傷

李六左腿倒地是劉七走出喝阻不料李六傷
重隕不一會就死了並非有心欲殺也沒起釁
別故及在場幫毆的人鐵刀已蒙起案是實各
等供據此查驗王對左臂刺有竊盜貳字將犯
收禁鐵刀貯庫一面移關豐縣查抄李六王對
犯竊各原案去後嗣准豐縣移開李六先於道
光捌年正月行竊沛縣事主陳貞家牛驢枷責
刺臂又於拾年柒月初叁日糾竊事主李際薩
家枷責刺面交保管束王對即王兌先於道光
玖年肆月貳拾貳日行竊事主胡耿光家錢物
又於是年柒月貳拾柒日糾竊事主胡耿光家
衣物又於拾年伍月貳拾玖日糾竊事主史厚

燥牛隻柒月初肆日行竊事主劉謦棠家衣物被獲同時並發從重歸於盜牛案內問擬枷杖刺臂交保管束各在案錄供通詳奉批飭審道光拾貳年拾壹月拾陸日據禁卒稟報王對在監患病醫治詳咨於拾貳月拾捌日報痊時届封篆未及審解開印後隨提犯證覆訊各供均與前審無異不敘外該署銅山縣知縣王文炳審看得客民王對戳傷李六身死壹案緣王對籍隸豐縣與沛縣人李六素識無嫌李六曾於道光捌年正月行竊沛縣事主陳貞家牛驢枷責刺臂又於拾年柒月糾竊豐縣事主李際灘家衣物枷責刺面王對亦曾於道光玖拾等年

江蘇巡撫林則徐題本　題明銅山縣民人王對戳斃李六案擬絞監候

道光十三年八月二十七日

行竊豐縣事主胡耿光等家牛隻衣物枷責刺
臂拾貳年伍月李六賒欠王對麪錢壹百柒拾
文未還拾月初伍日王對至銅山縣尋工在劉
七門首與李六會遇王對向索前欠李六無錢
懇緩王對不依彼此口角李六向王對撲毆王
對閃側順拔身佩鐵刀嚇戳適傷李六左腿倒
地經劉七出阻詢明情由詎李六傷重移時殞
命投保報縣驗訊通詳奉批飭審遵復提犯研
鞫據供前情不諱詰非有心欲殺亦無起釁別
故及在場幫毆之人案無遁飾查律載鬬毆殺
人者不問手足他物金刃並絞監候等語此案
王對因向李六索欠爭毆用刀戳傷李六身死

應按律問擬王對合依鬬毆殺人者不問手足他物金刃並絞律擬絞監候秋後處決李六所欠王對錢文身死勿徵劉七勸阻不及應無庸議無干省釋屍棺飭屬領埋兇刀解驗等情由府審解到司該江蘇按察使額騰伊提犯親審核擬無異解候勘

題

等情招解到臣提犯親審無異該臣看得銅山縣客民王對戳傷李六身死壹案緣王對籍隸豐縣與沛縣人李六素識無嫌李六曾於道光捌年正月行竊沛縣事主陳自家牛驢被責刺臂又於拾年柒月糾竊豐縣事主李際雍家衣物被責刺面王對亦曾於道光玖拾等年行竊

豐縣事主胡耿光等家牛隻衣物柳青刺臂拾
貳年伍月李六賒欠王對麪錢壹百柒拾文未
還拾月初伍日王對至銅山縣尋工在劉七門
首與李六會遇王對向索前欠李六無錢懇緩
王對不依彼此口角李六向王對撲毆王對閃
側順拔身佩鐵刀嚇戳適傷李六左腿倒地經
劉七出阻詢明情由詎李六傷重移時殞命報
驗訊詳審供不諱詰非有心欲殺亦無起釁别
故及在場幫毆之人案無遁飾查律載鬬毆殺
人者不問手足他物金刃加絞監候等語此案
王對因向李六索欠爭毆用刀戳傷李六身死
應按律問擬王對合依鬬毆殺人者不問手足

他物金刃血絞律擬絞監候秋後處決李六所
欠王對錢文身死勿徵劉七勸阻不及應無庸
議無干省釋屍棺飭屬領埋兇刀發回貯庫臣
謹具
題伏乞
皇上聖鑒勅下三法司核覆施行再此案審限應以
道光拾貳年拾月初捌報驗之日起除犯病封
印各壹月縣審分限應扣至拾叁年叁月初捌
日滿據於肆月初柒日審解計遲延貳拾玖日
所有承審遲延不及壹月職名係署銅山縣知
縣王文炳開報附參前府劉鴻翱未及審轉於
肆月拾玖日陞任廣東南韶連道卸事內除自

縣解府程限壹日計歷審拾壹日該府善慶即
於是日到任接審到任在州縣招解之後例得
扣半加展拾伍日連前官剩限拾玖日府審分
限扣至伍月貳拾叁日滿該府依限審轉至司
院分限應以伍月貳拾叁該府審轉之日起除
自府解司程限貳拾陸日統應扣至捌月拾玖
日全限届滿合併陳明謹題請
旨

江蘇巡撫林則徐題本　題明銅山縣民人王對戳斃李六案擬絞監候

道光十三年八月二十七日

道光

兵部侍郎兼都察院右副都御史巡撫江蘇等處地方提督軍務總理糧儲臣林則徐

兵部侍郎兼都察院右副都御史巡撫江蘇等處地方提督軍務總理糧儲臣林則徐謹

題

題爲報明事該臣看得銅山縣客民王對戳傷李
六身死壹案緣王對與李六素識無嫌道光拾
貳年伍月李六賒欠王對麪錢未還拾月初伍
日王對至銅山縣尋工會遇李六向索前欠李
六央緩不依彼此口角李六向王對撲毆王對
閃避順拔身佩鐵刀嚇戳適傷李六左腿倒地
旋即殞命報驗訊詳審供不諱王對依鬬毆殺
人律擬絞監候秋後處決謹題請

旨

題明如皋縣客民王家效戳斃朱洪遠案擬絞監候（首缺）

王錦礼順取竹棒毆傷何思德左額角何思德
徒住竹棒彼此拉奪時有何思德素好之朱洪
遠攜帶鐵槍頭在田旁空取野菜見而攏護用
槍頭戳傷王錦礼右胳膊王家效上前救護亦
被朱洪遠戳傷右眉叢王家效奪過槍頭朱洪
遠又揪住王家效髮辮拳毆其左胳膊王家效
被毆情急順用槍頭嚇戳適傷朱洪遠咽喉右
盤手倒地經鄰人何加淋勸散詎朱洪遠傷重
移時殞命屍父朱學仁投保報縣驗訊通詳審
供不諱詰非有心欲殺亦無起釁別故及在場
幫毆之人案無遁飾查律載鬬毆殺人者不問
手足他物金刃並絞監候又他物毆人成傷者

江蘇巡撫林則徐題本　題明如皋縣客民王家效戳斃朱洪遠案擬絞監候　道光十三年八月二十七日

笞肆拾各等語此案王家效因朱洪遠用槍頭
戳傷其父上前救護亦被戳傷撥毆順用槍頭
嚇戳適傷朱洪遠身死應按律問擬王家效合
依鬪毆殺人者不問手足他物金刃並絞律擬
絞監候秋後處決王錦礼訊無幫毆朱洪遠情
事其先用竹棒毆傷何思德平復合依他物毆
人成傷律笞肆拾何思德藉端索錢肇釁釀命
應照不應重律杖捌拾分別折責發落朱洪遠
用槍頭戳傷王錦礼等本干律擬業已身死應
無庸議何加淋救阻不及何思德等傷俱平復
亦無庸議無干省釋屍棺飭埋兇器鐵槍頭發
回貯庫臣謹具

題伏乞

皇上聖鑒勅下三法司核覆施行再此案審限陸箇

月應以道光拾叁年貳月初叁報驗之日起除

自縣由州解司程限貳拾壹日統應扣至捌月

貳拾肆日全限屆滿合并陳明謹題請

旨

道光[illegible]提督軍務兼理糧餉臣林則徐

江蘇巡撫林則徐題本　題明如皋縣客民王家效戳斃朱洪遠案擬絞監候

道光十三年八月二十七日

兵部侍郎兼都察院右副都御史巡撫江蘇等處地方提督軍務總理糧儲臣林則徐謹
題為案報事該臣看得如皋縣客民王家效戳傷
朱洪遠身死壹案緣王家效與朱洪遠素不認
識王家效之父王錦礼於道光拾貳年用價典
得夏百淋原典何思德蕩田何思德藉係原業
向王錦礼索取頂首錢文王錦礼不允拾叁年
正月貳拾玖日王家效同父王錦礼在田菜埂
何思德復往向索王錦礼仍不應允何思德攔
阻挑菜致相爭駡王錦礼順取竹棒毆傷何思
德左額角何思德接住竹棒拉奪時有何思德
素好之朱洪遠攜舊鐵槍頭在田旁空取野菜
見而攏護用槍頭戳傷王錦礼右胎膊王家效
上前救護亦被朱洪遠戳傷右眉叢王家效奪
過槍頭朱洪遠又揪住王家效髮辮拳毆其左
胎膊王家效被毆情急順用槍頭嚇戳適傷朱
洪遠咽喉右倒地移時殞命報驗訊詳審供不
諱王家效依鬭毆殺人律擬絞監候秋後處決
謹題請
旨

江蘇巡撫林則徐題本

驗明海州民人尹洪富毆斃妻楊氏案擬絞監候

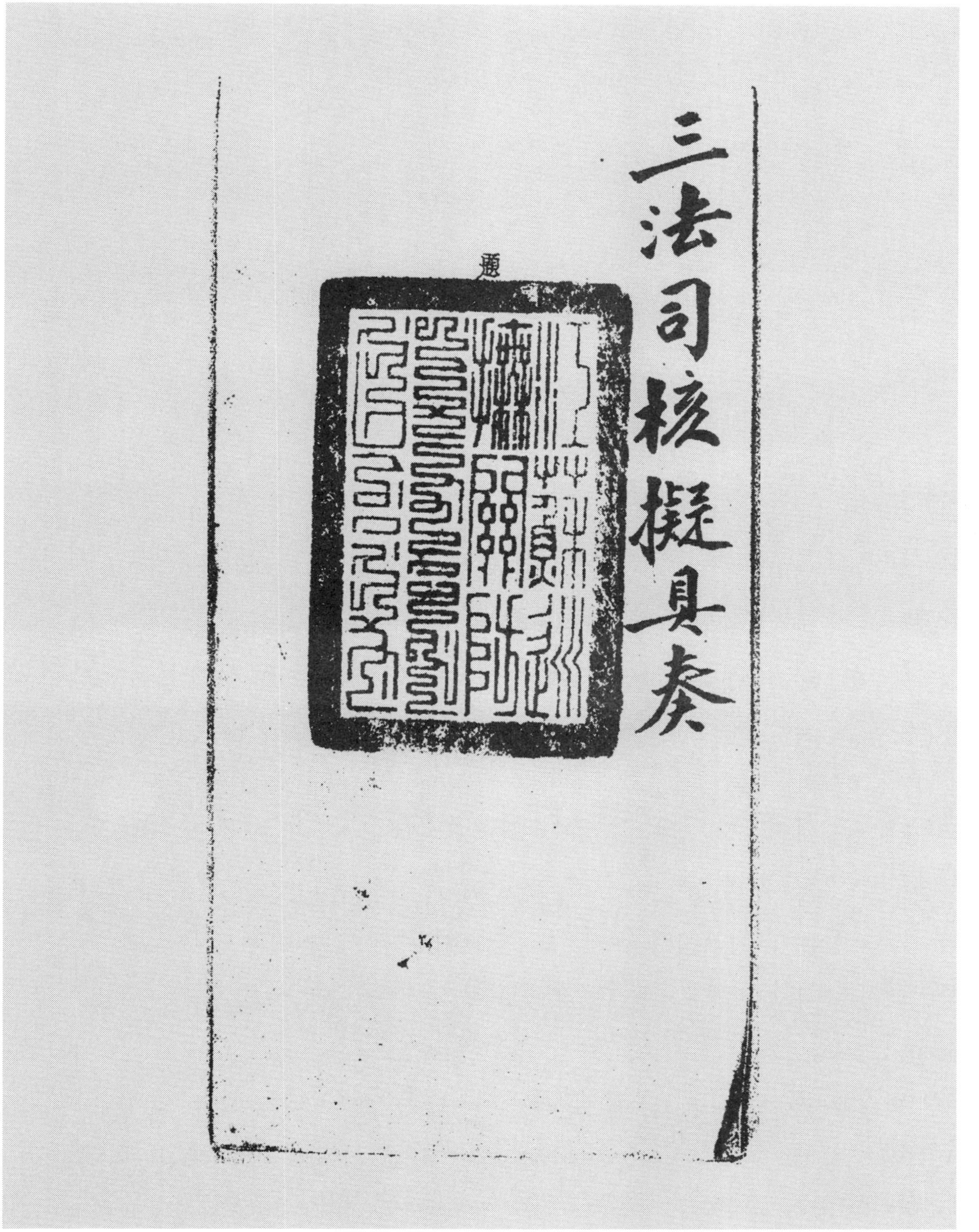
三法司核擬具奏
題

江蘇巡撫林則徐題本　驗明海州民人尹洪富毆斃妻楊氏案擬絞監候

道光十三年八月二十七日

兵部侍郎兼都察院右副都御史巡撫江蘇等處地方提督軍務總理糧儲臣林則徐謹
題為報驗事據江蘇按察使額騰伊詳准淮海道
文麟移據海州知州王用賓詳稱查核管卷内
道光拾貳年拾壹月貳拾柒日據地保相保淋
報據民人尹秀山投稱拾壹月貳拾肆日族兄
尹洪富同妻楊氏赴伊地内爬草楊氏不肯動
手彼此吵鬧尹洪富用鐵爬背打傷楊氏額顱
等處倒地身死等語往查屬實理合報驗等情
到州據經前署州劉鈴帶領吏仵前詣該處勘
得尹秀山宅東里許有地壹塊内生蒿草離尹
洪富住處貳里餘勘畢如法相驗據仵作王萬
喝報已死尹楊氏問年叁拾捌歲驗得仰面致

命額顱鐵器傷壹處斜長壹寸貳分寬肆分深
至骨骨不損皮破血汚不致命左腮頰鐵器傷
壹處斜長壹寸叁分寬伍分深至骨骨不損皮
破血汚右耳輪鐵器傷壹處斜長壹寸壹分寬
叁分紫赤色合面不致命左手背鐵器傷壹處
斜長壹寸伍分寬肆分紫赤色右手背鐵器傷
壹處斜長壹寸伍分寬叁分紫赤色餘無故委
係受傷身死報畢親驗無異飭取兇器鐵爬驗
係農民爬草所用比對傷痕相符填格取結屍
飭棺殮訊據地保相保淋洪與報詞同據地主
尹秀山供尹楊氏是族兄尹洪富的妻子道光
拾貳年拾壹月貳拾肆日尹洪富告訴小的說

他同妻子楊氏到小的地内爬草因尹楊氏怕
冷不肯動手向斥嫌惰楊氏不服混鬧被他用
鐵爬背打傷額顱等處倒地央小的幫擡回家
的話小的趕去查看尹楊氏已因傷死了小的
就投保報驗的並沒别故是實據屍叔楊泳桃
供尹楊氏是小的姪女嫁與尹洪富爲妻一向
和好道光拾貳年拾壹月貳拾肆日小的聽聞
姪女死在尹秀山地内趕去查看姪女頭上有
傷問據尹洪富説因姪女不肯幫同爬草斥罵
不服混鬧被他用鐵爬背打傷身死的小的細
細訪查並沒起釁别故是實據兇犯尹洪富供
海州人年肆拾壹歲父親已故母親李氏弟兄

叁人分居各度尹楊氏是小的妻子沒生子女
平日和睦小的種地度日道光拾貳年拾壹月
貳拾肆日早小的見族弟尹秀山地內生有蒿
草小的拏了鐵爬叫妻子攜帶柳木籃筐同去
爬草賣錢使用走到尹秀山地內妻子怕冷不
肯動手小的斥罵妻子不服頂撞小的生氣順
用鐵爬背嚇打妻子舉手擋抵致傷他兩手背
妻子撞頭潑鬧小的又用鐵爬背打傷他左腿
頰右耳輪妻子拾筐撇毆小的用鐵爬格落乘
勢回打他頭上壹下適傷額顱仰跌倒地小的
見妻子傷重不能行走就去央尹秀山相幫擡
回及同到地內不料妻子已因傷死了並非有

心欲殺也沒起意別故及在場幫毆的人是實
各等供據此將犯收禁餘俱省釋兇器鐵爬貯
庫錄供通報蒙批飭審前署州劉鈴未及審解
卸事卑職到任諭提犯證覆審各供均與前署
州所審無異不敢外該海州知州王用賓審看
得民人尹洪富毆傷伊妻楊氏身死壹案緣尹
洪富籍隸海州種地度日與妻楊氏素相和睦
道光拾貳年拾壹月貳拾肆日早尹洪富見族
弟尹秀山地內生有蒿草自攜鐵爬令妻楊氏
攜帶柳筐同往爬草賣錢使用走至尹秀山地
內楊氏畏冷不肯動手尹洪富斥罵楊氏不服
頂撞尹洪富生氣順用鐵爬背嚇打楊氏舉手

江蘇巡撫林則徐題本　驗明海州民人尹洪富毆斃妻楊氏案擬絞監候
道光十三年八月二十七日

搪抵致傷兩手背楊氏撞頭潑鬧尹洪富又用
鐵爬背毆傷其左腮頰右耳輪楊氏拾筐擲毆
尹洪富用鐵爬格落乘勢回毆適傷其額顱仰
跌倒地尹洪富見其傷重往央尹秀山相幫擡
回及同至地内詎楊氏已因傷殞命尹秀山投
保報州驗訊通詳奉批飭署前署州劉鈐未及
審解卸事卑職到任提犯研鞫據供前情不諱
詰非有心欲殺亦無起釁別故案無遁飾查律
載夫毆妻至死者絞監候等語此案尹洪富用
鐵爬背毆傷伊妻楊氏身死應按律問擬尹洪
富合依夫毆妻至死者絞律擬絞監候秋後處
決無干省釋屍棺飭埋兇器鐵爬解驗等情由

道審解到司該江蘇按察使額騰伊提犯親審
核擬無異解候勘
題等情招解到臣提犯親審無異該臣看得海州
民尹洪富毆傷伊妻楊氏身死壹案緣尹洪富
籍隸海州種地度日與妻楊氏素相和睦道光
拾貳年拾壹月貳拾肆日早尹洪富見族弟尹
秀山地內生有蒿草自攜鐵爬令妻楊氏攜帶
柳筐同往爬草賣錢使用走至尹秀山地內楊
氏畏冷不肯動手尹洪富斥罵楊氏不服頂撞
尹洪富生氣順用鐵爬背嚇打楊氏舉手搪抵
致傷兩手背楊氏撞頭潑鬧尹洪富又用鐵爬
背毆傷其左腮頰右耳輪楊氏拾筐擲毆尹洪

江蘇巡撫林則徐題本 驗明海州民人尹洪富毆斃妻楊氏案擬絞監候 道光十三年八月二十七日

富用鐵爬格落乘勢回毆適傷其額顱仰跌倒
地尹洪富見其傷重往央尹秀山相幫擡回及
同至地内詎楊氏已因傷殞命尹秀山投保報
驗訊詳審洪不諱詰非有心欲殺亦無起釁别
故案無遁飾查律載夫毆妻至死者絞監候等
語此案尹洪富用鐵爬背毆傷伊妻楊氏身死
應按律問擬尹洪富合依夫毆妻至死者絞律
擬絞監候秋後處決無干省釋屍棺飭埋兇器
鐵爬發回貯庫臣謹具
題伏乞
皇上聖鑒勅下三法司核覆施行再此案審限陸箇
月應以道光拾貳年拾壹月貳拾柒報官之日

起前署州劉鈞未及審解於拾叁年貳月拾貳
日卸事除封印壹月計歷審壹箇月零拾伍日
該州王用賓是日到任前官承審壹月以上例
得加展壹月連前官剩限壹箇月零拾伍日又
自州由道解司程限貳拾壹日統應扣至拾叁
年捌月拾柒日全限屆滿合並陳明謹題請
旨

江蘇巡撫林則徐題本　驗明海州民人尹洪富毆斃妻楊氏案擬絞監候

道光十三年八月二十七日

道光
方提督軍務總理糧儲臣林則徐

兵部侍郎兼都察院右副都御史巡撫江蘇等處地方提督軍務總理糧儲臣林則徐謹
題
爲報驗事該臣看得海州民尹洪富毆傷伊妻
楊氏身死一案緣尹洪富與妻楊氏素相和睦
道光拾貳年拾壹月貳拾肆日早尹洪富見族
弟尹秀山地內生有蒿草自攜鐵爬令妻楊氏
攜帶柳筐同往爬草賣錢使用走至尹秀山地
內楊氏畏冷不肯動手尹洪富斥罵楊氏不服
頂撞尹洪富生氣順用鐵爬背嚇打楊氏舉手
攜抵致傷兩手背楊氏撞頭撒鬧尹洪富又用
鐵爬背毆傷其左腮頰右耳輪楊氏拾筐擲毆
尹洪富用鐵爬格落乘勢回毆適傷其額顱仰
跌倒地移時殞命報驗訊詳審供不諱尹洪富
合依夫毆妻至死者絞律擬絞監候秋後處決謹
題請
旨

江蘇巡撫林則徐題本　題報新陽縣知縣苗臨澧病故日期
道光十三年九月初九日

江蘇巡撫林則徐題本　**題報新陽縣知縣苗臨澧病故日期**

兵部侍郎兼都察院右副都御史巡撫江蘇等處地方提督軍務總理糧儲臣林則徐謹

題爲報明病故事道光拾叁年玖月初壹日據署
崑山縣知縣程士偉呈稱捌月貳拾玖日據新
陽縣典史林宗卯據新陽縣知縣苗臨澧家屬
張升呈稱家長苗臨澧係奉天寧海縣人由癸
酉科拔貢
朝考貳等引
見奉
旨以知縣用簽掣陝西題補麟遊縣知縣調補略陽縣
知縣丁憂回籍服滿赴部候選因揀選引
見奉
旨著發往江蘇差遣補用等因欽此

江蘇巡撫林則徐題本　題報新陽縣知縣苗臨澧病故日期
道光十三年九月初九日

題署新陽縣知縣道光玖年柒月貳拾陸日先行
任事玖月拾陸日奉文准補茲於道光拾叁年
捌月貳拾玖日在署病故理合報明等情據此
當將印信封貯縣庫倉庫監獄敬謹防範外申
請轉報等情到縣據此合將新陽縣知縣苗臨
澧病故日期呈報具
題等情到臣據此該臣查得新陽縣知縣苗臨澧
於道光拾叁年捌月貳拾玖日在署病故據署
崑山縣知縣程士偉呈報前來除委員接署外
臣謹恭疏具
題伏乞
皇上聖鑒勅部查照施行再所遺新陽縣知縣係疲

江蘇巡撫林則徐題本　題報新陽縣知縣苗臨澧病故日期
道光十三年九月初九日

難中缺雖應歸部選江蘇現有應補人員應請
留外容臣另行遴員請補合併陳明謹具題
聞

道光[illegible]提督軍務總理糧餉臣林則徐

兵部侍郎兼都察院右副都御史巡撫江蘇等處地方提督軍務總理糧儲臣林則徐謹

題為報明病故事該臣查得新陽縣知縣苗臨澧

於道光拾叁年捌月貳拾玖日在署病故據署

崑山縣知縣程士偉呈報前來謹具題

聞

江蘇巡撫林則徐題本　題參崑山縣知縣吳時行等疏防行舟被劫案屆滿賊犯無獲

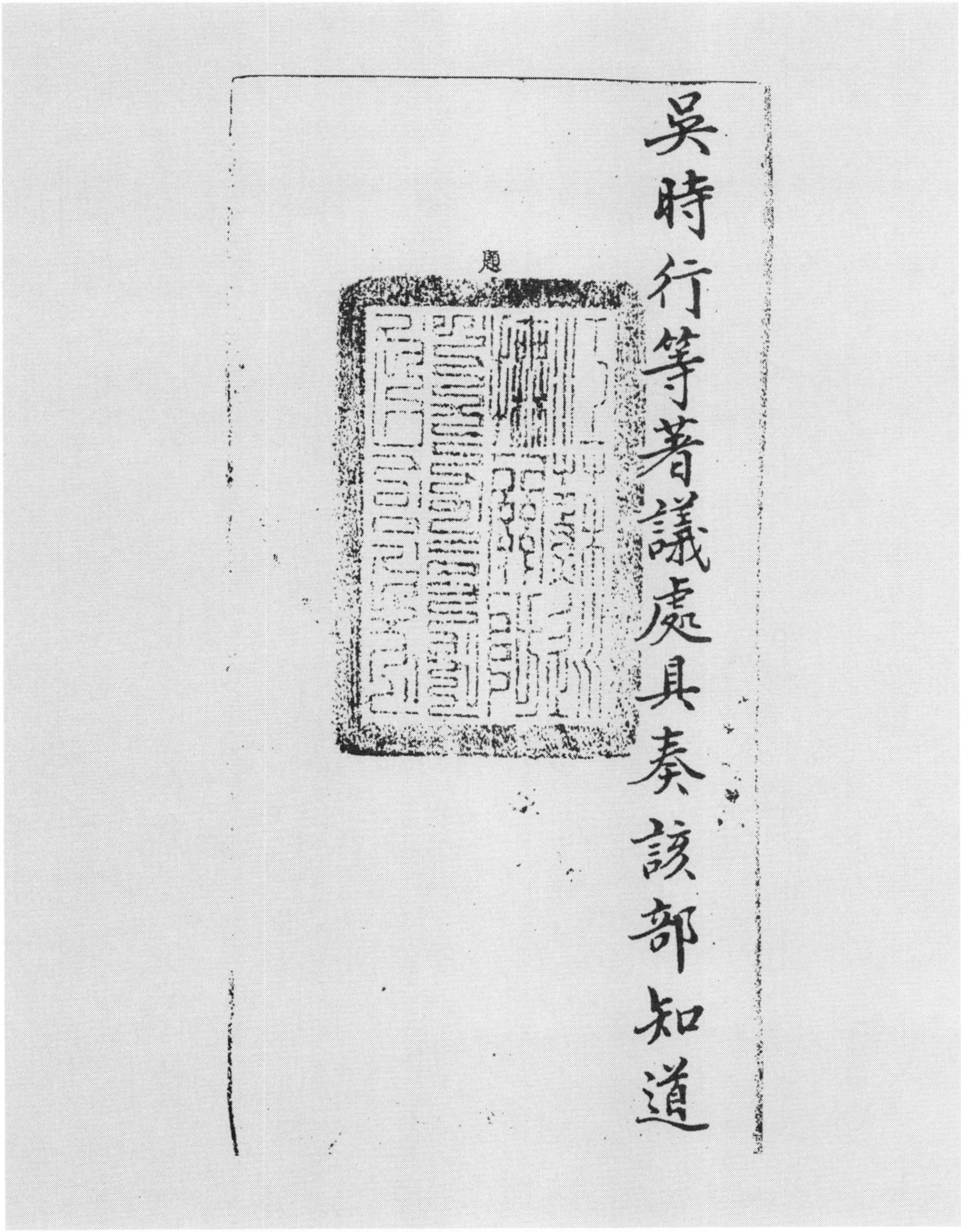

題

吳時行等著議處具奏該部知道

江蘇巡撫林則徐題本　題參崑山縣知縣吳時行等疏防行舟被劫案屆滿賊犯無獲

道光十三年九月初九日

江蘇巡撫林則徐題本　題參崑山縣知縣吳時行等疏防行舟被劫案屆滿贓犯無獲

道光十三年九月初九日

兵部侍郎兼都察院右副都御史巡撫江蘇等處地方提督軍務總理糧儲臣林則徐謹

題爲詳參疏防文職事據江蘇按察使額騰伊詳

據署蘇州府知府陳經詳據崑山縣知縣吳時

行詳稱道光拾叁年叁月拾陸日據事主吳榮

等稟稱叁月拾伍日夜船至崑山縣菉葭浜吳

淞港地方有匪船靠攏匪等肆伍人持刀過船

聲言查土逼身開箱搶去銀洋衣服開單稟候

緝究等情到縣當經會營前詣失事處所勘明

被搶情形提訊事主船户人等供與報詞相同

飭牙估贓値銀伍拾柒兩壹錢捌分錄供通詳

奉批緝參在案茲查此案疏防限屆贓匪無獲

合將印捕職名開報等情由府開列督捕督緝

職名詳叅到司除飭勒緝贓匪務獲究報並移
取巡道兼轄職名另詳外該江蘇按察使額騰
伊查得崑山縣事主吳榮等行舟被搶銀洋衣
物壹案疏防例限肆箇月應以道光拾叁年叁
月拾伍失事之日起扣至柒月拾伍日届滿贓
匪無獲所有文職疏防職名印官係崑山縣知
縣吳時行捕官係署崑山縣石浦司巡檢事試
用從玖品沈炳督捕係署蘇州府總捕同知查
總督緝係不同城署蘇州府知府陳經理合
開報伏候核叅再此案失事處所離城叁拾里
離汛伍里並無墩舖防兵台并聲明等情到臣
據此該臣查得崑山縣事主吳榮等行舟被搶

江蘇巡撫林則徐題本　題參崑山縣知縣吳時行等疏防行舟被劫案屆滿贓犯無獲
道光十三年九月初九日

銀洋衣物壹案疏防例限肆個月應以道光拾
叁年叁月拾伍失事之日起扣至柒月拾伍日
屆滿贓匪無獲開列疏防職名請參前來除飭
勒緝贓匪務獲究報並俟參限兼輯職名另咨
外所有文職疏防職名印官係崑山縣知縣吳
時行捕官係署崑山縣石浦司巡檢事試用從
玖品沈炳督捕係署蘇州府總捕同知查德基
督緝係不同城署蘇州府知府陳經相應列參
至此案失事處所離城叁拾里離汛伍里並無
墩舖防兵合並陳明臣謹具
題伏乞
皇上聖鑒勅部議覆施行謹題請

江蘇巡撫林則徐題本　題參崑山縣知縣吴時行等疎防行舟被劫案屆滿贓犯無獲

道光十三年九月初九日

旨

道光十三年九月初九日兵部侍郎兼都察院右副都御史巡撫江蘇等處地方提督軍務總理糧儲臣林則徐

江蘇巡撫林則徐題本　題參崑山縣知縣吳時行等疎防行舟被劫案屆滿贓犯無獲
道光十三年九月初九日

兵部侍郎兼都察院右副都御史巡撫江蘇等處地方提督軍務總理糧儲臣林則徐謹

題爲詳參疎防文職事。該臣查得崑山縣事主吳

榮等行舟被搶銀洋衣物壹案，疎防例限肆箇

月，應以道光拾叁年叁月拾伍失事之日起扣

至柒月拾伍日屆滿，贓匪無獲，開列疎防職名

請參前來。除飭勒緝贓匪務獲究報，並飭移取

兼轄職名另咨外，所有文職疎防職名，印官係

崑山縣知縣吳時行，捕官係署崑山縣石浦司

巡檢事試用從玖品沈炳，督捕係署蘇州府總

捕同知查德基，督緝係不同城署蘇州府知府

陳經，相應列參。謹題請

旨。

江蘇巡撫林則徐題本

驗明東臺縣客民王婉小傷斃王秉莒案擬絞監候

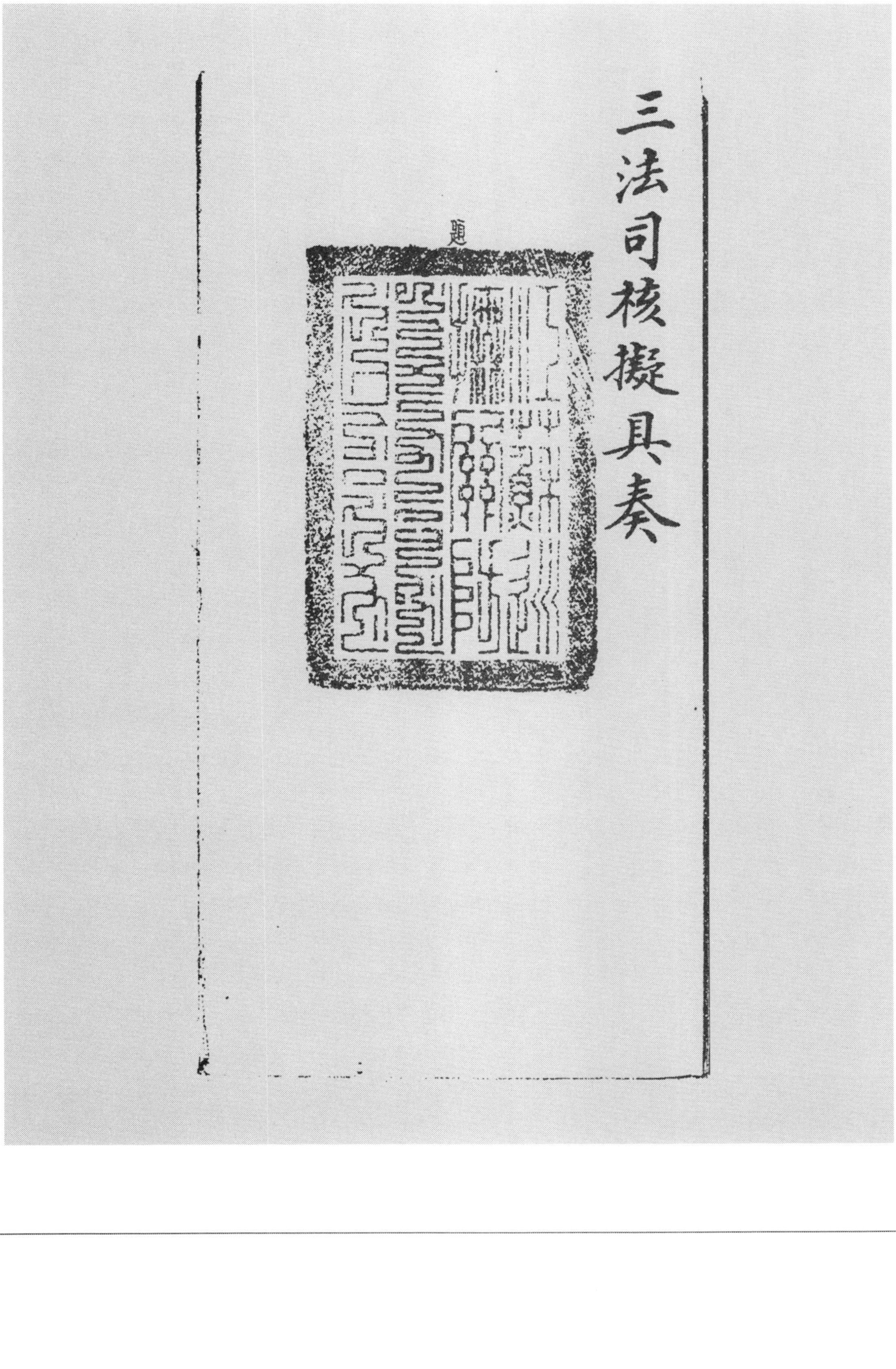
題

三法司核擬具奏

江蘇巡撫林則徐題本　驗明東臺縣客民王婉小傷斃王秉菖案擬絞監候

道光十三年九月初九日

兵部侍郎兼都察院右副都御史巡撫江蘇等處地方提督軍務總理糧儲臣林則徐謹
題為報驗事據江蘇按察使額騰伊詳據揚州府
知府孫盛詳據署東臺縣知縣孔昭顯詳稱查
接管卷內道光拾貳年拾貳月拾伍日據地保
方明高報據民婦王朱氏投稱伊夫王秉菖先
與族兄王庭章合買水車壹部嗣伊夫將車賣
錢獨用王庭章屢向索分未給拾貳月拾肆日
下午王庭章之子王婉小復向催索伊夫斥其
不應當街逼討王婉小拉取伊夫棉襖跑走伊
夫攜刀追趕被王婉小奪刀戳傷右肋身死等
語往查屬實報候驗究等情到縣經前縣盧雲
亭帶領吏仵前詣屍所如法相驗據仵作王鵬

喝報已死王秉菖問年叁拾玖歲驗得仰面不
致命右肋刃傷壹處斜長壹寸玖分寬肆分深
透內皮捲血污餘無故委係受傷身死報畢親
驗無異飭取兇刀比對傷痕相符填格取結屍
飭棺殮隨訊據地保方明高供與報詞同據鄰
證陳洪供王秉菖是興化縣人道光拾貳年捌
月裏因避水帶同妻子王朱氏來租小的房屋
居住他先欠少王婉小車價錢文小的不知道
拾貳年拾貳月拾肆日下午聽聞王婉小向王
秉菖索錢爭吵小的趕出查看見王婉小拏取
王秉菖棉襖說是抵欠跑走王秉菖光著上身
手拏劈篾尖刀追趕王婉小轉身用棉襖裹奪

尖刀過手被王秉菖仰面推跌倒地王秉菖也
帶跌撲壓王婉小身上舉拳毆打王婉小用刀
嚇戳適傷王秉菖右肋喊痛滾轉小的趕上把
王婉小扭獲王朱氏扶王秉菖進屋不料王秉
菖傷重停了一會就死了王朱氏投保報驗的
小的勸阻不及是實據應訊夏桐供小的開酒
店生理道光拾貳年拾貳月拾肆日上午王秉
菖在小的店裏喫酒有他族姪王婉小走來向
王秉菖索討車價錢文口角小的從中說勸王
秉菖應許回家措還各散後來王婉小如何到
王秉菖家索錢爭鬧戳傷王秉菖身死小的不
知道是實據屍妻王朱氏供興化縣人王秉菖

是丈夫道光拾貳年捌月裏丈夫因原籍被水
帶了婦人與無服族兄王庭章同到東臺各自
賃房居住丈夫先於拾壹年叁月與王庭章在
籍各出錢壹千文合買水車壹部後來丈夫因
沒錢使用私自把水車賣錢壹千貳百文被王
庭章查知向丈夫分價未付他兒子王婉小先
因毆傷無服族叔王學進身死問擬減流發配
福建省安置恭遇
恩赦減釋於拾貳年拾壹月裏回籍也到東臺與他
父親同住屢向丈夫索分車錢沒有給還拾貳
月拾肆日上午丈夫在夏稠酒店喫酒王婉小
又向丈夫催索口角是夏稠勸散下午時候丈

夫坐在門前解衣向陽捉蝨王婉小又來催討
丈夫斥他不應當街逼索王婉小分辯丈夫說
錢是沒得給還王婉小就把丈夫身披棉襖扯
取跑走說是抵欠丈夫順拾地上劈篾尖刀追
趕婦人上前喊阻見王婉小轉身用棉襖裹奪
刀子過手被丈夫仰面推跌倒地丈夫也帶跌
撲壓王婉小身上用拳毆打王婉小用刀戳傷
丈夫右肋喊痛滾轉王婉小爬起要逃經鄰人
陳洪趕來扭住婦人忙扶丈夫進屋不料丈夫
傷重不能言語停了一會就死了婦人投保報
驗的並沒起釁別故求究檢據犯父王庭章供
興化縣人年陸拾貳歲王秉莒是無服族弟與

江蘇巡撫林則徐題本 驗明東臺縣客民王婉小傷斃王秉菖案擬絞監候 道光十三年九月初九日

兒子王婉小素好無嫌道光拾貳年捌月裏小
的同王秉菖因避水來到東臺各自賃房居住
兒子先因毆傷無服族弟王學進身死犯案問
絞減流發配福建省安置疊遇
恩赦減釋到拾貳年拾壹月裏回籍尋到東臺與小
的居住小的先於拾壹年叁月與王秉菖在籍
各出錢壹千文合買水車壹部那年玖月王秉
菖私把水車賣掉得錢獨用小的查知先後同
兒子屢向催討未還拾貳年拾貳月拾肆日兒
子又去向王秉菖索討爭毆不知怎樣把王秉
菖戳死了小的事後知道的是實據兇犯王婉
小即王婉保供興化縣人年貳拾捌歲父親王

庭章年陸拾貳歲母親已故並沒弟兄妻子王
秉菖是無服族叔素好無嫌小的先於道光貳
年在原籍興化縣因壓傷無服族叔王學進身
死問擬於肆年上減流僉把小的發配福建安
溪縣安置恭逢捌年拾壹月初玖日
恩詔減徒小的呈請在配拘役後又恭逢拾壹年正
月拾貳日
恩旨釋放奉給執照回籍到拾貳年拾壹月裏回到
興化因路上把文照遺失沒有赴縣呈繳聞知
父親同族叔王秉菖已避水來到東臺各自居
住小的也來與父親同居父親向小的說拾壹
年叁月與王秉菖在籍合出錢壹千文合買水

車臺部後來王秉菖私把水車賣去得錢獨用
叫小的屢向王秉菖索討未還拾貳年拾貳月
拾肆日上午小的路過夏桐酒店門首見王秉
菖在內喫酒又向催討口角是夏桐勸令王秉
菖回家措還各散下午時候小的往向取錢王
秉菖坐在門前解衣向陽捉蝨見小的走去斥
說不應當街索討使他沒臉小的分辯王秉菖
說錢是沒得歸還小的生氣就把他身披棉襖
扯取作抵往前跑走王秉菖不依拾取地上尖
刀趕來小的怕他追及戳傷回身用棉襖裹奪
尖刀過手王秉菖把小的仰面推跌倒地他也
帶跌撲壓小的身上用拳亂毆小的一時情急

江蘇巡撫林則徐題本　驗明東臺縣客民王婉小傷斃王秉莒案擬絞監候
道光十三年九月初九日

用刀拂戳適傷王秉莒右肋王秉莒喊痛滾轉
小的爬起要逃被鄰人陳洪趕來扭住不料王
秉莒傷重不多一會就死了並非有心致死也
沒起釁別故是實各等供據此將犯收禁備關
興化縣查抄王婉小犯事釋回原案核辦一面
錄供通詳蒙批飭審前縣盧雲亭未及覆審卸
事卑職到任催准興化縣抄移犯案內開王婉
小即王婉保籍隸興化道光貳年肆月拾貳日
王婉保與孀母王楊氏叔王庭椿在田工作王
婉保無服族叔王學進牧放牛隻誤至王楊氏
田旁踐食扁豆王楊氏曾見將牛牽走王學進
不依上前奪牛該犯攔阻王學進斥護扭住該

犯衣領該犯往後掙扎王學進用力一拉滑跌
倒地該犯亦被帶跌撲壓其身上不期撲跌勢
猛致右膝蓋壓傷王學進左脇並墊傷右臂次
日殞命審依同姓服盡親屬相毆至死以凡論
鬬殺者絞律擬絞監候彙入秋審可矜肆年奉
文減流發配福建安溪縣安置嗣奉行知王婉
保在配恭逢捌年拾壹月初玖日
恩詔減爲滿徒情願在配拘役嗣於拾壹年捌月又
奉行知該犯在配復逢拾壹年正月拾貳日
恩旨累減釋放未據王婉保將配所發給文照赴縣
呈繳等因移覆到縣並飭據該族長王連海呈
明王婉小即王婉保與王東莒委係無服繪圖

呈送核與犯供無異隨提犯證覆訊各供均與
前縣所審無異不敘外該署東臺縣知縣孔昭
穎審看得客民王婉小戳傷無服族叔王秉菖
身死壹案緣王婉小即王婉保籍隸興化與無
服族叔王秉菖素好無嫌王婉小先於道光貳
年在原籍興化縣因毆傷無服族叔王學進身
死擬絞肆年減流發配福建安溪縣安置恭逢
捌年拾壹月初玖日
恩詔減徒該犯呈明自願在配拘役復逢拾壹年正
月拾貳日
恩旨釋放經配所發給文照回籍於拾貳年拾壹月
抵籍因文照在路遺失未經赴縣呈繳維時王

婉小之父王庭章先因避水與王秉菖挈眷至
東臺縣各自賃房居住王婉小尋往與伊父同
居王庭章曾於拾壹年叁月與王秉菖各出錢
壹千文合買水車壹部旋王秉菖將車賣錢自
用王庭章屢向分價未給迨告知王婉小亦向
王秉菖催索無還拾貳年拾貳月拾肆日上午
王秉菖在夏桐酒店沽飲王婉小路過復向索
討口角經夏桐勸令王秉菖回家措還各散是
日下午王婉小往向取錢適王秉菖坐在門前
解衣向陽捉蝨見王婉小走至即斥其不應當
街索討王婉小分辯王秉菖聲言錢無歸償王
婉小即將其身披棉襖拉取作抵往前跑走王

秉菖不依順拾地上劈篾尖刀追趕王婉小恐被追及戳傷轉身用棉襖裹奪尖刀過手砍王秉菖仰面推跌倒地王秉菖亦帶跌撲壓王婉小身上舉拳毆打王婉小情急用刀嚇戳適傷王秉菖右肋經王秉菖之妻王朱氏同鄰人陳洪起勸無及詎王秉菖傷重旋即殞命報經前縣盧雲亭驗訊通詳奉批飭審盧雲亭未及審解卸事卑職到任催准興化縣抄移犯案提犯研鞫據供前情不諱詰非有心欲殺亦無起釁別故案無遁飾查律載同姓服盡親屬相毆至死以凡論又鬬毆殺人者不問手足他物金刃並絞監候各等語此案王婉小因向無服族叔

王秉菖索分車價爭毆奪刀戳傷王秉菖身死應按律問擬王婉小即王婉保合依同姓服盡親屬相毆至死以凡論鬪毆殺人者絞律擬絞監候秋後處決陳洪救阻不及應無庸議王秉菖所欠王庭章車價錢文身死勿徵無干省釋屍棺飭埋兇刀解驗等情由府審解到司該江蘇按察使裕謙伊提犯親訊核擬無異解候勘

題等情招解到臣提犯親審無異該臣看得東臺縣客民王婉小戳傷無服族叔王秉菖身死壹案緣王婉小即王婉保籍隸興化與無服族叔王秉菖素好無嫌王婉小先於道光貳年在原籍興化縣因壓傷無服族叔王學進身死擬絞

肆年減流發配福建安溪縣安置恭逢例年拾
壹月初玖日
恩詔減徒該犯呈明自願在配拘役復逢拾壹年正
月拾貳日
恩旨釋放經配所發給文照回籍於拾貳年拾壹月
抵籍因文照在路遺失未經赴縣呈繳維時王
婉小之父王庭章先因避水與王秉菖挈眷移
居東臺各自賃房居住王婉小尋往與伊父同
居王庭章曾於拾壹年叁月與王秉菖各出錢
壹千文合買水車壹部嗣王秉菖將車賣錢自
用王庭章屢向分價未給追告知王婉小亦向
王秉菖催索無還拾貳年拾貳月拾肆日上午

王秉菖在夏桐酒店沽飲王婉小路過復向索
討口角經夏桐勸令王秉菖回家措還各散是
日下午王婉小往向取錢適王秉菖坐在門前
解衣向陽捉虱見王婉小走至即斥其不應當
街索討王婉小分辯王秉菖聲言錢無歸償王
婉小即將其身披棉襖扯取作抵往前跑走王
秉菖不依順拾地上劈篾尖刀追趕王婉小恐
被追及戳傷轉身用棉襖裹奪尖刀過手被王
秉菖仰面推跌倒地王秉菖亦帶跌撲壓王婉
小身上舉拳毆打王婉小情急用刀嚇戳適傷
王秉菖右肋經王秉菖之妻王朱氏同鄰人陳
洪超勸無及詎王秉菖傷重旋即殞命報縣驗

江蘇巡撫林則徐題本　驗明東臺縣客民王婉小傷斃王秉莒案擬絞監候

道光十三年九月初九日

訊通詳審供不諱詰非有心欲殺亦無起釁別
故案無遁飾查律載同姓服盡親屬相毆至死
以凡論又鬪毆殺人者不問手足他物金刃並
絞監候各等語此案王婉小因向無服族叔王
秉莒索分車價爭毆奪刀戳傷王秉莒身死應
按律問擬王婉小即王婉保合依同姓服盡親
屬相毆至死以凡論鬪毆殺人者絞律擬絞監
候秋後處決陳洪救阻不及應無庸議王秉莒
所欠王庭章車價錢文身死勿徵無干省釋屍
棺飭埋兇刀發回貯庫臣謹具
題伏乞
皇上聖鑒勅下三法司核覆施行再此案縣審分限

叁箇月應以道光拾貳年拾貳月拾伍報驗之日起除封印壹月扣至拾叁年肆月拾伍日滿前縣盧雲亭未及審解於肆月拾叁日卸事該署縣孔昭顯是日到任接審前官歷審壹月以上例得加展壹箇月連前官剩限貳日應展至伍月拾伍日滿府司院分限各壹月應以伍月拾伍該縣審解之日起除自縣由府解司程限拾肆日統應扣至捌月貳拾玖日全限屆滿合併陳明謹題請

旨

江蘇巡撫林則徐題本 驗明東臺縣客民王婉小傷斃王秉菖案擬絞監候

道光十三年九月初九日

道光[illegible]兵部侍郎兼都察院右副都御史[illegible]處地方提督軍務總理糧儲臣林則徐

兵部侍郎兼都察院右副都御史巡撫江蘇等處地方提督軍務總理糧儲臣林則徐謹

題爲報驗事。該臣看得東臺縣客民王婉小戳傷無服族叔王秉菖身死一案。緣王婉小與無服族叔王秉菖素好無嫌。王婉小先於道光貳年在原籍興化縣因戳傷無服族叔王學進身死，擬絞減流，發配福建安溪縣安置。恭逢拾年拾壹月初玖日

恩詔減徒，在配拘役。復逢拾壹年正月拾貳日

恩旨釋放。於拾貳年拾壹月抵籍。維時王婉小之父王庭章先因避水與王秉菖挈眷移居東臺，各自賃房居住。王婉小往與伊父同居。王庭章曾於拾壹年叁月與王秉菖各出錢壹千文合買水車壹部。嗣王秉菖將車賣錢自用。王庭章屢

向分價未給追告知王婉小亦向王秉菖催索
無還拾貳年拾貳月拾肆日上午王秉菖在夏
桐酒店沽飲王婉小復向索討口角經夏桐勸
令王秉菖回家措還各散是日下午王婉小往
向取錢王秉菖斥其不應當街索討聲言錢無
歸償王婉小即將王秉菖身披棉襖拉取作抵
往前跑走王秉菖不依順拾地上劈篾尖刀追
趕王婉小轉身用棉襖裹奪尖刀過手被王秉
菖仰面推跌倒地王秉菖亦帶跌撲壓王婉小
身上舉拳毆打王婉小情急用刀嚇戳適傷王
秉菖右肋旋即殞命報驗訊詳審供不諱王婉
小依同姓服盡親屬相毆至死以凡論鬭毆殺
人者絞律擬絞監候秋後處決謹題請

旨

道光十三年九月初九日

江蘇巡撫林則徐題本　**審明興化縣民人樊文沅與葉李氏通姦謀殺本夫案分別定擬**

題

三法司核擬具奏

江蘇巡撫林則徐題本　審明興化縣民人樊文沅與葉李氏通姦謀殺本夫案分別定擬

道光十三年九月初九日

一

兵部侍郎兼都察院右副都御史巡撫江蘇等處地方提督軍務總理糧儲臣林則徐謹

題為委審事據江蘇按察使額騰伊詳據揚州府

知府陳鑾詳據甘泉縣知縣鍾承露與化縣知

縣龔善思會詳稱道光拾叁年陸月拾陸日卑

職鍾承露蒙揚州府札開案據與化縣驗報縣

民樊文沅商同姦婦葉李氏謀殺縱姦本夫葉

桂淋私埋滅跡壹案以案關重大押帶犯卷赴

郡請委員會審等情札委會同審辦等因蒙此

遵即會同卑職龔善思查與化縣原詳內開道

光拾叁年伍月拾伍日卑職善思訪聞民人樊

文沅有因姦致死本夫埋屍匿報之事飭差密

拏去後旋於伍月拾柒日據地保吉朝聘與大

鵰報稱莊民樊文沅與葉李氏素有姦情本夫
葉桂淋貪利縱容伍月初捌日夜樊文沅葉李
氏商同將葉桂淋致死薶埋義塚現奉訪拏已
將樊文沅葉李氏獲住報候驗究等情到縣隨
帶吏仵押犯前詣埋屍義塚勘得該處四無居
民當令樊文沅等指定掩埋葉桂淋處所刨開
浮土起出屍身係用蘆席細紮飭令解開該屍
身穿舊藍布大褂藍布小棉襖白布褲藍布帶
赤足勘畢如法相驗據仵作顧新喝報已死葉
桂淋問年叁拾肆歲驗得仰面致命咽喉連不
致命食氣顙揢傷壹道橫長肆寸捌分左有大
指印寬肆分右有食指中指印寬捌分紫紅色

血癊不致命右手腕有指甲抓傷壹道皮擖左
肋有膝傷壹處斜長貳寸壹分青紅色不致命
並物連致命腎囊有手指捺按傷壹處紅色不
致命左臁肋有膝傷壹處斜長貳寸青紅色合
面致命腦後墊傷壹處圓圓壹寸捌分紅色餘
無故委係搭傷身死報畢親驗無異飭令樊文
沅將手指比對傷痕相符項格取結屍飭棺殮
訊據樊文沅供稱與葉桂淋之妻葉李氏有姦
葉桂淋知情縱容嗣葉桂淋因伊無錢資助禁
止往來伊戀姦情密商同葉李氏將葉桂淋搭
死用蘆席綑紮央允樊文彩樊芝蘭檯至義塚
掩埋伊所穿夾襖尚有血跡訊之葉李氏供亦

相同提訊樊文彩樊芝蘭供認聽從埋屍屬實
飭令樊文沅脫下藍布夾襖查驗左袖有血跡
帶回貯庫錄供通詳奉批飭審一面押帶犯卷
赴郡聽候會審在案蒙委前因隨提犯證逐一
研訊據地保吉朝聘樊大鵬同供葉桂淋租住
樊芝蘭房屋他妻子葉李氏與樊文沅有姦葉
桂淋貪圖資助知情縱容道光拾叁年伍月初
捌日夜樊文沅如何商同葉李氏把葉桂淋致
死掩埋小的們先不知道後蒙訪拏隨查明確
實把樊文沅葉李氏拏獲報驗的是實據埋屍
人樊文彩供年叁拾捌歲樊文沅是堂兄據樊
芝蘭供年叁拾肆歲與樊文沅樊文彩同姓不

宗一向認識相好又據同供葉桂淋同妻葉李
氏租住小的樊芝蘭房屋葉李氏與樊文沅有
姦葉桂淋貪圖資助知情縱容小的們都知道
的道光拾叁年伍月初捌日夜小的樊芝蘭雇
小的樊文彩同在田裏車水貳更時候樊文沅
走來密向小的們說葉桂淋因向他要錢不給
禁止往來妵說葉李氏再與他通姦定要一并
殺死他心裏氣忿又與葉李氏通姦情密商同
葉李氏把葉桂淋搭死恐怕敗露想埋屍滅跡
央懇小的們幫同樓埋的話小的們因平日都
承樊文沅照應幫助錢文不好回覆只得應允
就跟他走回見葉桂淋屍身已用蘆席紮好就

相幫擡到義塚掩埋走散的小的們實止事後
幫同擡埋並沒在場加功的事是實據兇犯樊
文沅供興化縣人年叁拾捌歲父母俱故哥子
樊文魁分居各度小的娶妻汪氏並沒兒子與
葉桂淋一向認識他與妻子葉李氏租住樊芝
蘭房屋小的時常往來葉李氏見面不避道光
拾叁年叁月不記日子小的到葉桂淋家閒談
適葉桂淋外出就與葉李氏調戲成姦那月初
拾日小的又去與葉李氏續舊被葉桂淋回家
撞見向小的不依小的懇勿聲張情願送給錢
文葉桂淋貪利應允任聽小的與葉李氏姦宿
小的陸續給過錢物不記確數到伍月初間葉

桂淋向小的要錢小的沒錢付給初捌日小的
又到葉桂淋家葉李氏說葉桂淋因小的不肯
給錢不許往來並說他再與小的通姦定要一
并殺死小的氣忿不甘又因與葉李氏通姦情
密起意把葉桂淋致死就與葉李氏相商葉李
氏應允約到晚上下手那夜小的買了酒菜去
向葉桂淋捏說小的已借得錢文明日就可送
來勸他不必性急邀同喫酒貳更時候葉桂淋
酒醉到院內出恭小的悄悄走到他背後揪住
髮辮把他仰拉倒地墊傷腦後小的順勢用左
膝壓住他左肋又將右手抓住他右手腕左手
掐他咽喉葉桂淋喊不出聲兩脚掙扎葉李氏

趕至用兩手揿按葉桂淋腎囊又用左膝壓住
他左膁肋不多一會葉桂淋就氣閉身死鼻内
血出沾污小的衣袖小的尋取蘆席草繩把屍
身包裹想撞埋滅跡曉得葉桂淋房主樊芝蘭
與小的堂弟樊文彩都在田裏車水他們平日
靠小的幫助錢文照應料肯聽從隱瞞就趕去
向樊芝蘭們告知央懇幫同撞埋他們應允跟
隨小的轉回一同把屍撞到義塚地内掩埋走
散小的實因葉桂淋禁止往來心裏氣忿又與
葉李氏通姦情密起意商同葉李氏把葉桂淋
致死私埋並沒起釁别故及另有在場加功的
人樊芝蘭們實止事後知情幫同撞埋是實據

江蘇巡撫林則徐題本 審明興化縣民人樊文沅與葉李氏通姦謀殺本夫案分別定擬

道光十三年九月初九日

一

姦婦葉李氏供興化縣人年叁拾叁歲翁姑俱故葉林是丈夫並無兒女丈夫與婦人租住樊芝蘭房屋樊文沅與丈夫素識往來婦人見面不避道光拾叁年叁月不記日期樊文沅走來閒談適丈夫外出與婦人調戲成姦那月初拾日樊文沅又來與婦人續舊適丈夫回家撞遇向樊文沅不依樊文沅懇勿聲張情願資助錢文丈夫貪利應允就任聽樊文沅與婦人姦宿樊文沅陸續給過錢物不記數目伍月初間丈夫又向樊文沅要錢樊文沅回覆無錢丈夫就不許他往來並向婦人說如再與樊文沅通姦定要一并殺死到初捌日丈夫出去買物樊

文沅走來婦人告知前情樊文沅氣忿不甘起
意把丈夫致死與婦人商量婦人戀姦情密也
就應允約定晚上下手那夜樊文沅拏了酒菜
來向丈夫說他已借得錢文明日就可送來勸
丈夫不要性急邀同喫酒戌更時候丈夫酒醉
到院內出恭樊文沅隨後跟去婦人也就趕出
見樊文沅已把丈夫跪壓在地用手搯住丈夫
咽喉丈夫喊不出聲兩脚掙扎婦人趕攏用兩
手捺住丈夫腎囊她用左膝壓住丈夫左脇助
不多一會丈夫就氣閉身死鼻內血出沾污樊
文沅衣袖樊文沅尋取蘆席草繩將屍身包裹
想掩埋滅跡當去央懇樊芝蘭樊文彩幫同把

屍撈去掩埋的婦人曾因與樊文沉通姦情密
後因丈夫禁止往來聽從樊文沉把丈夫致死
並沒另有起釁别故及在場加功的人樊芝蘭
們委係事後知情幫同撈埋當時並沒在場再
婦人已懷孕叁月是與丈夫同房受孕是實等
供據卽飭傳穩婆陸葛氏驗明懷孕屬實將犯
還禁餘人分别保釋外該甘泉縣知縣鍾承露
興化縣知縣龔善思會審看得興化縣民樊文
沉與葉李氏通姦商同謀殺縱姦本夫葉桂淋
私埋滅跡壹案緣樊文沉籍隸興化與葉桂淋
素識往來葉桂淋之妻葉李氏見面不避道光
拾叁年叁月間樊文沉至葉桂淋家閒談適葉

桂淋外出即與葉李氏調戲成姦是月初拾日
樊文沅復往續舊適葉桂淋回家撞遇向樊文
沅不依樊文沅懇勿聲張情願資助錢文葉桂
淋貪利應允任聽樊文沅與葉李氏姦宿樊文
沅陸續資助錢物不記數目伍月初間葉桂淋
復向樊文沅取錢樊文沅無錢付給葉桂淋即
欲禁其往來當向葉李氏聲稱如再與樊文沅
通姦定行一并殺死初捌日葉桂淋出外買物
樊文沅走至葉李氏告知前情樊文沅氣忿不
甘起意將葉桂淋致死向葉李氏商謀葉李氏
戀姦情密亦即應允約俟晚間下手是夜樊文
沅攜帶酒菜往向葉桂淋捏稱伊已借得錢文

明日即可送給勸其不必性急邀同飲酒葉桂
淋信以爲實即與樊文沅共飲亂更時分葉桂
淋飲入醉鄉走至院内出恭樊文沅潛至葉桂
淋背後揪住髮辮將其仰按倒地墊傷腦後順
勢用左膝壓住葉桂淋左肋又將右手抓住其
右手腕左手搯住咽喉葉桂淋喊不出聲兩脚
掙扎葉李氏亦即趕至用兩手按捺葉桂淋腎
囊並用膝壓住其左膁肋葉桂淋被搯氣閉殞
命樊文沅尋取蘆席草繩將屍包紮欲即掩埋
滅跡稔知葉桂淋房主樊芝蘭與該犯堂弟樊
文彩在田車水平日均藉該犯周恤料肯聽從
隱瞞即往向告知央懇相幫擡埋樊芝蘭等因

素輯共照顧亦即允從幫同將屍擡至義塚掩埋而該經甲職龔善思訪聞獲犯驗訊通詳並以案關重大押帶犯卷赴郡奉府飭委甲職鍾承露會同審辦提犯研鞫據供前情不諱詰無起釁别故及另有同行加功之人樊芝蘭等委係事後聽從擡埋亦無在場同謀情事案無遁飾查例載本夫縱容妻妾與人通姦審有確據人所共知被妻妾起意謀殺或姦夫起意係知情同謀姦婦皆擬斬立決姦夫擬斬監候又毆故殺人案内兇犯起意埋屍滅跡其止於聽從擡埋者照里長地鄰棄屍律杖陸拾徒壹年不失屍者減壹等各等語此案葉李氏與樊文沅

通姦本夫葉桂淋貪利縱容衆供確鑿嗣因葉
桂淋向樊文沅索錢不給禁止往來該犯等戀
姦情密輒敢商同將葉桂淋致斃實屬淫惡葉
李氏合依本夫縱容妻妾與人通姦審有確據
被姦夫起意謀殺姦婦係知情同謀擬斬立決
例擬斬立決現已懷孕叁月應照律俟產後百
日處決姦夫樊文沅起意謀殺縱姦本夫除埋
屍滅跡輕罪不議外合依本夫縱容通姦姦夫
起意謀殺擬斬監候例擬斬監候秋後處決照
例先行刺字樊芝蘭樊文彩宗非知情同謀惟
事後幫同埋屍均合依毆故殺人案內兇犯起
意埋屍滅跡止於聽從擡埋者照里長地鄰棄

屍不失律杖壹百各折責發落地保吉朝聘樊
大鵬既知樊文沅與葉李氏通姦容隱不首迨
樊文沅等將葉桂淋謀死又漫無覺察均照不
應重律杖捌拾折責革役屍棺飭埋血衣解驗
等情由府審解到司該江蘇按察使額騰伊提
犯親審核擬無異解候勘
題等情招解到臣提犯親審無異該臣看得興化
縣民樊文沅與葉李氏通姦商同謀殺縱姦本
夫葉桂淋私埋滅跡壹案緣樊文沅籍隸興化
與葉桂淋素識往來葉桂淋之妻葉李氏見面
不避道光拾叁年叁月間樊文沅至葉桂淋家
閑談適葉桂淋外出即與葉李氏調戲成姦是

月初拾日樊文沅復往續舊適葉桂淋回家撞
遇向樊文沅不依樊文沅懇勿聲張情願資助
錢文葉桂淋貪利應允任聽樊文沅與葉李氏
姦宿樊文沅陸續資助錢物不記數目伍月初
間葉桂淋復向樊文沅取錢樊文沅無錢付給
葉桂淋即欲禁其往來當向葉李氏聲稱如再
與樊文沅通姦定行一并殺死初捌日葉桂淋
出外買物樊文沅走至葉李氏告知前情樊文
沅氣忿不甘起意將葉桂淋致死向葉李氏商
謀葉李氏戀姦情密亦即應允約俟晚間下手
是夜樊文沅攜帶酒菜往向葉桂淋捏稱伊已
借得錢文明日即可送給勸其不必性急邀同

飲酒葉桂淋信以爲實即與樊文沅共飲酣更時分葉桂淋飲入醉鄉走至院內出恭樊文沅潛至葉桂淋背後揪住髮辮將其仰拉倒地墊傷臆後順勢用左膝壓住葉桂淋左肋又將右手抓住其右手腕左手搭住咽喉葉桂淋喊不出聲兩腳掙扎葉李氏亦即趕至用兩手捺按葉桂淋腎囊故用膝壓住其左臁肋葉桂淋被搯氣閉殞命樊文沅尋取蘆席草繩將屍包紮欲即掩埋滅跡稔知葉桂淋房主樊芝蘭與該犯堂弟樊文彩在田車水平日均藉該犯周恤料肯聽從隱瞞即往向告知央懇相幫擡埋樊芝蘭等因素賴樊文沅照顧亦即允從幫同將

死棧王義埰掩埋而散經該縣顧善思訪聞獲
犯驗訊通詳帶犯赴郡由府飭委甘泉縣鍾承
露會審據各供認前情不諱詰無起釁別故及
另有同行加功之人樊芝蘭等委係事後聽從
擡埋亦無在場同謀情事案無遁飾查例載本
夫縱容妻妾與人通姦審有確據人所共知者
妻妾起意謀殺或姦夫起意係知情同謀姦婦
皆擬斬立決姦夫擬斬監候又毆故殺人案內
兇犯起意埋屍滅跡其止於聽從擡埋者照里
長地鄰棄屍律杖陸拾徒壹年不失屍者減壹
等各等語此案葉李氏與樊文沅通姦本夫葉
桂淋貪利縱容衆供確鑿嗣因葉桂淋向樊文

沅索錢不給禁止往來該犯等戀姦情密輒敢商同將葉桂淋致斃實屬淫惡葉李氏合依本夫縱容妻妾與人通姦審有確據被姦夫起意謀殺姦婦係知情同謀擬斬立決例擬斬立決現已懷孕叁月應照律俟產後百日處決姦夫樊文沅起意謀殺縱姦本夫除埋屍滅跡輕罪不議外合依本夫縱容通姦姦夫起意謀殺擬斬監候例擬斬監候秋後處決照例先行刺字樊芝蘭樊文彩訊非知情同謀惟事後幫同埋屍均合依毆故殺人案內兇犯起意埋屍滅跡止於聽從擡埋者照里長地鄰棄屍不失律杖壹百各折責發落地保吉朝聘樊大鵬既知樊

文沅與葉李氏通姦容隱不首迨樊文沅等將
葉桂淋謀死又漫無覺察均照不應重律杖捌
拾折責革役屍棺飭埋血衣發回案結銷毀臣
謹具
題伏乞
皇上聖鑒勅下三法司核覆施行再此案審限兩箇
月應以道光拾叁年陸月拾陸札委會審之日
起除自縣由府解司程限拾日統應扣至捌月
貳拾陸日全限屆滿合並陳明謹題請
旨

道光
地方提督軍務總理糧儲臣林則徐

兵部侍郎兼都察院右副都御史巡撫江蘇等處地方提督軍務總理糧儲臣林則徐謹
題爲委審事該臣看得興化縣民樊文沅與葉李
氏通姦商同謀殺縱姦本夫葉桂淋壹案緣樊
文沅與葉桂淋素識往來葉桂淋之妻葉李氏
見面不避道光拾叁年叁月間樊文沅至葉桂
淋家閒談適葉桂淋外出即與葉李氏調戲成
姦是月初拾日樊文沅復往續舊適葉桂淋回
家撞遇向樊文沅不依樊文沅懇勿聲張情願
資助錢文葉桂淋貪利應允任聽樊文沅與葉
李氏姦宿樊文沅陸續資助錢物不記數目伍
月初間葉桂淋復向樊文沅取錢樊文沅無錢
付給葉桂淋即欲禁其往來當向葉李氏聲稱
如再與樊文沅通姦定行一并殺死初捌日葉
桂淋出外買物樊文沅走至葉李氏告知前情
樊文沅氣忿不甘起意將葉桂淋致死向葉李
氏商謀葉李氏戀姦情密亦即應允約俟晚間

下手是夜樊文沉攜帶酒菜往向葉桂淋揑稱
伊已借得錢文明日即可送給勸其不必性急
邀同飲酒葉桂淋信以爲實即與樊文沉共飲
前更時分葉桂淋飲入醉鄉走至院内出恭樊
文沉潛至葉桂淋背後揪住髮辮將其仰扭倒
地壓傷腦後順勢用左膝壓住葉桂淋左肋又
將右手揿住其右手腕左手掐住咽喉葉桂淋
喊不出聲兩脚掙扎葉李氏亦即趕至用兩手
捺按葉桂淋腎囊並用膝壓住其左臁肕葉桂
淋被掐氣閉殞命經該縣訪聞獲犯驗訊通詳
審供不諱葉李氏依本夫縱容妻妾與人通姦
被姦夫起意謀殺姦婦係知情同謀擬斬立決
例擬斬立決現已懷孕叁月應照律俟産後百
日處決樊文沉依本夫縱容通姦姦夫起意謀
殺擬斬監候例擬斬監候秋後處決謹題請
旨

兩江總督陶澍江蘇巡撫林則徐奏摺　**審明高成煦蔑倫殺父案擬凌遲梟首**（污損）

奏

兩江總督陶澍江蘇巡撫林則徐奏摺　審明高成煦蔑倫殺父案擬凌遲梟首

道光十三年九月十二日

兩江總督臣陶澍
江蘇巡撫臣林則徐跪

奏為拏獲蔑倫重犯審明辦理恭摺奏祈

聖鑒事據署上元縣知縣候補知州馮思澄詳稱訪

得縣屬道德鄉民人高成煦於八月廿五日夜

毆傷伊父高湘身死隨即飭差查拏據地保甘

湧族人高炯等盤出實情協同縣差將兇犯拏

獲當經驗訊得實詳明押帶犯證赴蘇審辦旋

據具報該犯患病沉重即經臣林則徐以蔑倫

重犯本應在犯事地方正法若解赴蘇州恐沖

途病斃轉致倖逃顯戮不足以昭炯戒咨會

陶澍就近審明辦理即經飭委江寧鹽巡道積

拉明阿督同署江寧府知府王錫蒲審明解勘

前來臣陶澍當即督同在省司道親提研鞫緣
高成煦籍隸上元縣道德鄉地方與父高湘種
田度日素無違犯高成煦幼有痴迷瘋疾時發
時愈道光十三年八月十二日高湘給錢一百
七十文令其買米高成煦將錢喫酒花用至晚
回家高湘詢知責罵不許喫飯至夜間又詈罵
不休高成煦出言頂撞高湘出房攜取鐵鍬向
毆高成煦一時痴迷黑暗中將鐵鍬奪過又恐
高湘復拏別物毆打即以鐵鍬在暗中架格適
傷高湘偏左喊痛倒地高成煦即將高湘抱登
床上詎高湘傷重延至次早殞命高成煦畏懼
鎖門逃躲至十七日回身無盤費仍復潛回經

兩江總督陶澍江蘇巡撫林則徐奏摺 審明高成煦蔑倫殺父案擬凌遲梟首
道光十三年九月十二日

地保甘湯及該族人高炯等以高湘數日未見
向其查問高成煦言語支吾高炯等再三盤詰
並欲進房查看高成煦無言可辯吐出實情即
經該縣訪聞飭差拏獲提訊各供無異案無遁
飾查律載子毆父殺者凌遲處死等語此案高
成煦因伊父高湘詈罵膽敢奪鍬致傷身死實
屬罪大惡極自應按律問擬凌遲處死該犯病
甚沉重臣於審明後即恭請
王命飭委署江寧府知府王錫蒲臣標中軍副將鄧
序元將該犯高成煦綁赴犯事地方凌遲處死
仍梟首懸竿示衆用昭炯戒該族人高炯等訊
無諱匿情事應毋庸議除供招送部外臣等謹

合詞恭摺具
奏伏乞
皇上聖鑒謹
奏
刑部知道
道光十三年九月　十二　日

兩江總督陶澍江蘇巡撫林則徐奏片　**委任王夢齡署理海州知州**（污損）

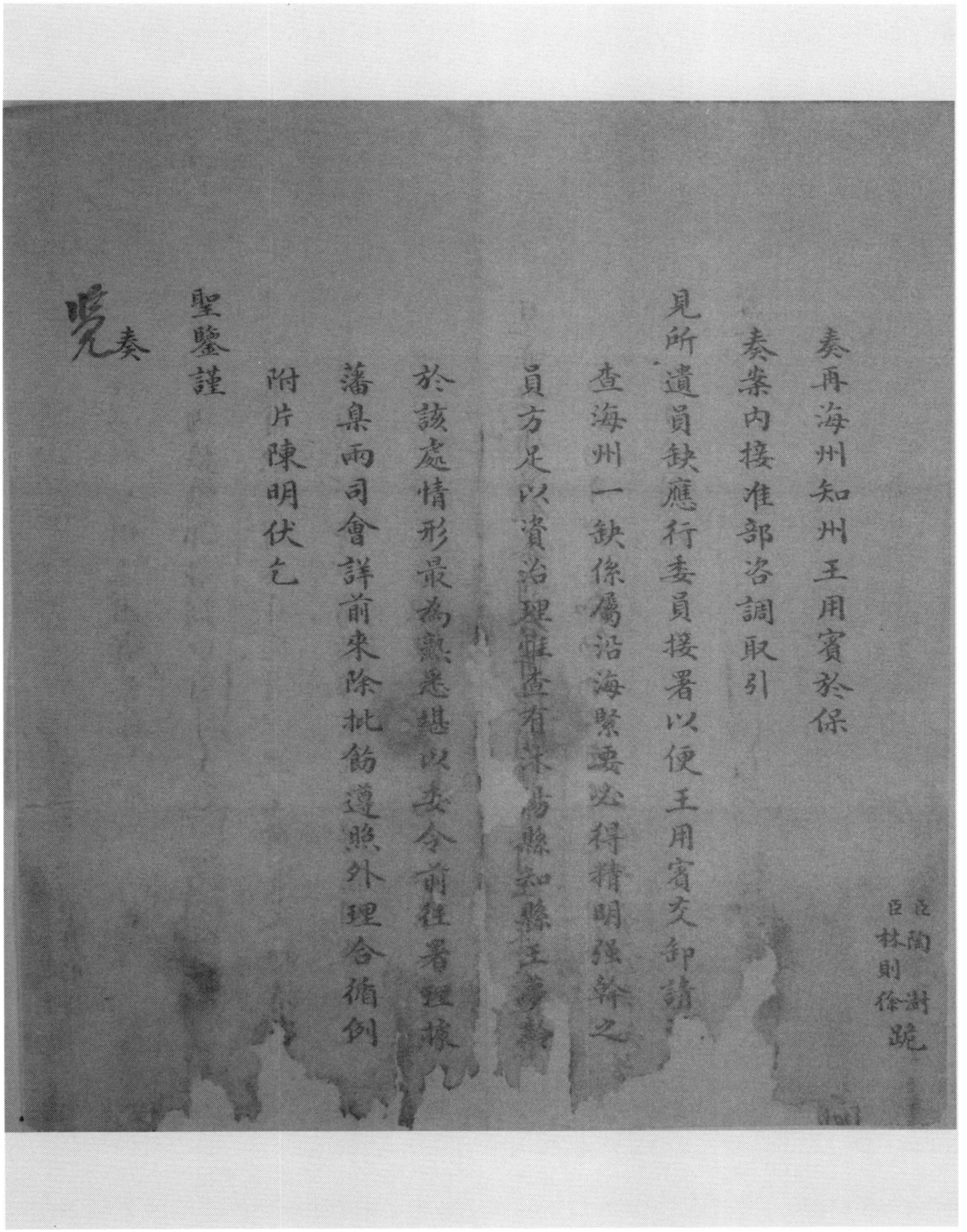

臣陶澍
臣林則徐跪

奏再海州知州王用賓於保
奏案內接准部咨調取引
見所遺員缺應行委員接署以便王用賓交卸請
查海州一缺係屬沿海緊要必得精明强幹之
員方足以資治理茲查有沭陽縣知縣王夢齡
於該處情形最為熟悉堪以委令前往署理據
藩臬兩司會詳前來除批飭遵照外理合循例
附片陳明伏乞
聖鑒謹
奏
覽

兩江總督陶澍江蘇巡撫林則徐奏摺　**請以鍾承露調署銅山縣知縣盧元良調署甘泉縣知縣**（污損）

奏

兩江總督陶澍江蘇巡撫林則徐奏摺　請以鍾承露調署銅山縣知縣盧元良調署甘泉縣知縣

道光十三年九月十五日

兩江總督臣陶澍江蘇巡撫臣林則徐跪
奏為沿河附郭首邑要缺知縣需員恭懇
聖恩俯准揀員調補以裨地方事竊照銅山縣知縣
崔志元請陞徐州府銅沛河務同知經部覆准
在案所遺員缺係衝繁難兼三沿河要缺例應
在外揀選調補該縣界連豫東民風強悍訟獄
繁多且係附郭首邑時有發審案件為通省難
治之區必得精明幹練之員方足以資治理臣
等與藩臬兩司公同遴選查有甘泉縣知縣鍾
承露年五十六歲安徽舒城縣人由世襲恩騎
尉捐納縣丞籤掣江蘇咨署靖江縣縣丞實授
句容縣縣丞因委赴湖北採買米石出力

兩江總督陶澍江蘇巡撫林則徐奏摺　請以鍾承露調署銅山縣知縣盧元良調署甘泉縣知縣

道光十三年九月十五日

奏准以應陞之缺陞用續調新陽縣縣丞[illegible]
年陞署今職八年四月到[illegible]
見奏[illegible]
旨甘泉縣知縣准其以鍾承露陞署[illegible]用
回任蕭縣署揚河通判任內隨同堵築馬棚灣漫
口出力奏[illegible]
上諭賞加同知銜在任試署期滿現在另請實授該
員年強才練辦事幹勤以之請調銅山[illegible]堪
勝任惟本任甘泉縣係[illegible]三
繁缺與例稍有未符第銅山俗悍民刁[illegible]
訟最關緊要較之甘泉尤為繁劇以之調署實
屬人地得宜其所遺甘泉縣知縣[illegible]

兩江總督陶澍江蘇巡撫林則徐奏摺　請以鍾承露調署銅山縣知縣盧元良調署甘泉縣知縣

道光十三年九月十五日

邑例應在外揀員調補查有儀徵縣
良年三十七歲江西進士引[illegible]
見奉[illegible]
旨以知縣即用欽此籤掣江蘇[illegible]
題補今職十一年七月先行署事十二年[illegible]奉
文准補該員年力正壯辦事勤明以之調補甘
泉縣亦屬人地相宜惟歷俸未滿三年與例前
有未符但人地實在相需例得專摺[illegible]
奏請據藩臬兩司會詳請[illegible]
奏前來臣等往返札商意見相同合無仰
皇上天恩俯念員缺緊要准以甘泉縣知縣鍾承露
調署銅山縣知縣儀徵縣知縣盧元良

兩江總督陶澍江蘇巡撫林則徐奏摺　請以鍾承露調署銅山縣知縣盧元良調署甘泉縣知縣　道光十三年九月十五日

泉縣知縣實於沿河地方均有裨
俞允該員等係現任知縣請調知縣銜缺相當毋庸
送部引
見任內一切因公處分遵例毋庸核計其應完未
銀兩現飭完繳清楚造冊咨銷所遺寶應知
縣員缺江省現有應補人員容另遴員請補臣
等謹會同署江南河道總督臣張井合詞恭摺
具
奏伏乞
皇上聖鑒訓示謹
奏
另有旨

兩江總督陶澍江蘇巡撫林則徐奏摺　請以鍾承露調署銅山縣知縣盧元良調署甘泉縣知縣

道光十三年九月十五日

道光十三年九月　十五　日

江蘇巡撫林則徐題本　**題參蕭縣知縣趙毓丹等疎防命案屆滿逃兇無獲**（蟲蛀）

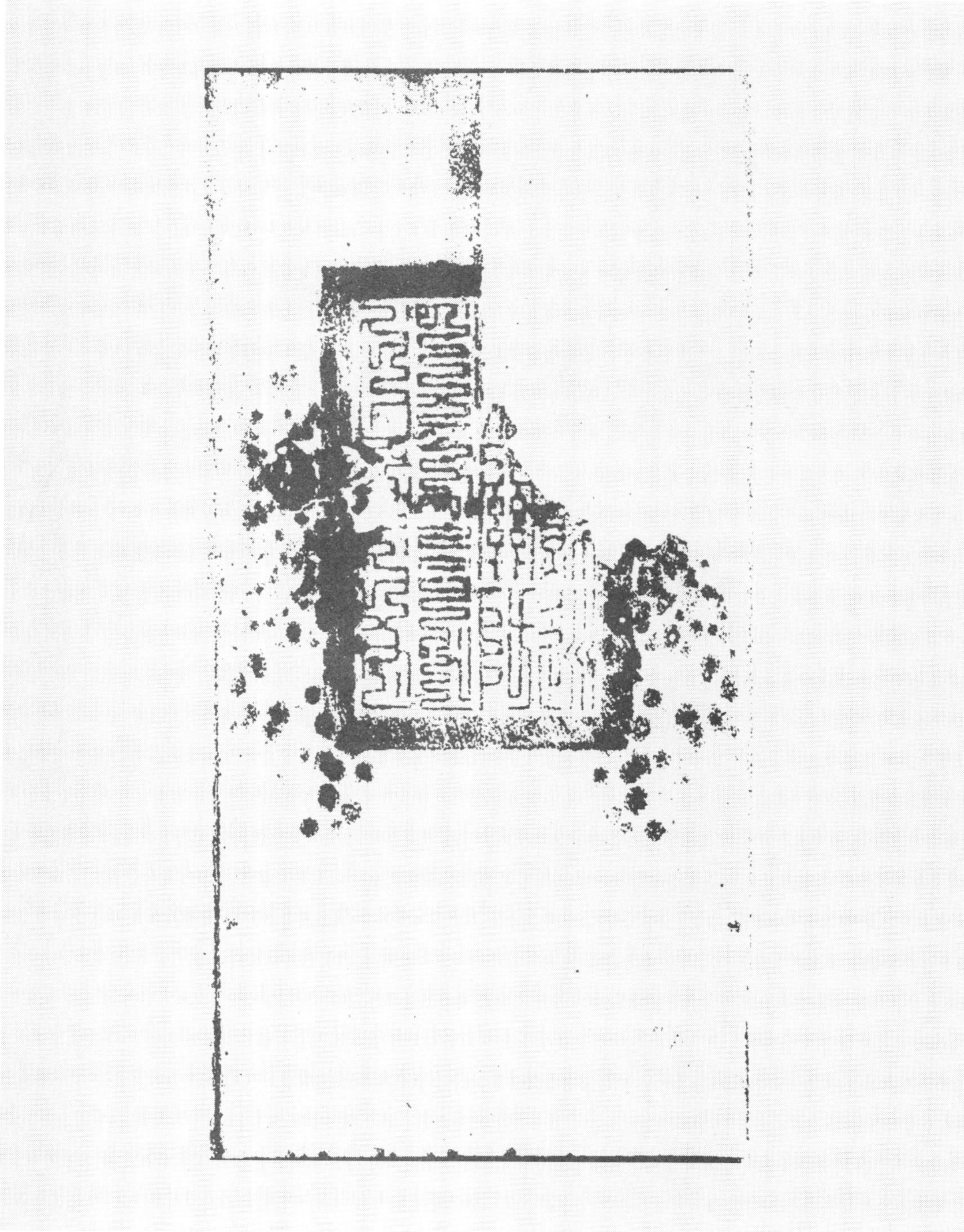

兵部侍郎兼都[illegible]史巡撫江蘇等處地方提督軍務總理糧儲臣林則徐謹

題為詳叅疏[illegible]職事據江蘇按察使額騰伊詳

稱據徐州府[illegible]府善慶詳據蕭縣知縣趙毓丹

[illegible]年貳月貳拾柒日據地保鄭有

具報[illegible]伊堂弟王淋於貳月貳

赴城賣藤未[illegible]次日伊伯王三令伊往

至許家莊地內見王淋不知被何人毆傷

右太陽等處身死失[illegible]身穿青布小襖白布小

柴錢文[illegible]語往看屬實報候驗淮等情

血據屍父王[illegible]報同前由各到縣據即會營帶

領吏仵前[illegible]勘驗王淋委係受傷身死該屍上

身無衣[illegible]物情形屍防指驗提訊屍親人

江蘇巡撫林則徐題本　題參蕭縣知縣趙毓丹等疎防命案屆滿逃兇無獲

道光十三年九月十九日

等供與報[illegible]異還差勒緝錄供通詳蒙批緝
參茲查疎[illegible]限屆兇犯無獲合將印捕職名開
送等情由府[illegible]遞開督捕督緝兼轄職名到司
逃兇務獲究報外該江蘇按察使額
騰伊[illegible]縣民王洪受傷身死兇犯脫逃驗
[illegible]情形壹案疎防例限肆箇月應以道光
[illegible]年貳月貳拾伍失事之日起扣至陸月貳
拾伍日屆滿逃兇無獲所有文職疎防職名印
[illegible]縣知縣趙毓丹捕官係蕭縣典史陳國
柱督捕係不[illegible]城銅沛同知陸楷督緝係不同
城徐州府[illegible]劉鴻翔兼轄係不同城分巡徐
州道李國[illegible]捕官陳國柱於拾叁年肆月初

陸日未經[illegible]之先赴省驗看卸事代理典史
師泰章是到任旋於陸月拾壹日卸事計接
緝兩箇月零伍日陳國柱是日回任印官趙毓
[illegible]拾叁年叁月貳拾柒日未經限滿之先
[illegible]病請假卸事代理縣張書紳是日到任於伍
叁日卸事計接緝壹箇月零拾陸日該縣
丹是日回任所有疏防限內接緝壹月以
上事職名印官係代理蕭縣知縣張書紳備
官係[illegible]理蕭縣典史師泰章均係代理人員不
復回任應請[illegible]結現任知縣趙毓丹典史陳國
柱俱俟接[illegible]限滿有無獲犯另行詳參督緝知
府劉鴻翱已[illegible]拾叁年肆月拾玖日未經限滿

之先陞任廣東南韶連道御事不復回任應請
議詰現任知府善慶是日到任係接督緝之員
例無處分理合聲明開報伏候核參再此案失
事處離城汛各拾伍里該處並無墩堡防兵
告弁么明等情到臣據此該臣查得蕭縣民王
傷身死兇犯脫逃驗有失物情形查案疏
限肆箇月應以道光拾叁年貳月貳拾伍
事之日起扣至陸月貳拾伍日屆滿逃兇無
獲開列疏防職名請參前來除飭勒緝逃兇務
獲兇報外所有文職疏防職名印官係蕭縣知
縣趙毓丹捕官係蕭縣典史陳國柱督捕係不
同城銅沛同知陸楷督緝係不同城徐州府知

府劉鴻翱兼轄係不同城分巡徐州道李國瑞

查捕官陳國柱於拾叁年肆月初陸日未經限

滿之先赴省驗看卸事代理典史師泰章是日

到任於陸月拾壹日卸事計接算兩箇月零

拾日陳國柱是日回任印官趙毓丹亦於拾叁

年貳拾柒日未經限滿之先因病請假卸

縣張書紳是日到任於伍月拾叁日卸

算壹箇月零拾陸日該縣趙毓丹是日

回任限內接算壹月以上卸事職名

印官係代理蕭縣知縣張書紳補官係代理蕭

縣典史師泰章均係代理人員不復回任應行

議結現任知縣趙毓丹典史陳國柱俱俟接扣

江蘇巡撫林則徐題本　題參蕭縣知縣趙毓丹等疎防命案屆滿逃兇無獲　道光十三年九月十九日

限滿有無獲犯另行咨參督緝知府劉鴻翶已
於拾叁年肆月拾玖日未經限滿之先陞任廣
東南韶連道卸事不復回任應行議結現任知
府善慶係接督緝之員例無處分相應聲明列
入再此案失事處所離城汛各拾伍里該處並
無墩堡防兵合並陳明臣謹具
題伏乞
皇上聖鑒勅部議覆施行謹題請
旨

道光[illegible]地方提督軍務總理糧餉臣林則徐

兵部侍郎兼都察院右副都御史巡撫江蘇等處地方提督軍務總理糧餉臣林則徐謹
題為詳參疏防文職事。該臣查得蕭縣民王淋受
傷身死，兇犯脫逃，驗有失物情形。查案疏防例
限[illegible]箇月，應以道光拾叁年貳月貳拾伍日失事
之日起，扣至陸月貳拾伍日屆滿，逃兇無獲，開
列疏防職名，請參前來。除飭勒緝逃兇務獲究
報外，所有文職疏防職名：印官係蕭縣知縣趙
毓丹，捕官係蕭縣典史陳國柱，督捕係不同城
銅沛同知陸楷，督緝係不同城徐州府知府劉
鴻翶，兼轄係不同城分巡徐州道李國瑞。疏防
限內接緝壹月以上卸事職名：印官係代理蕭
縣知縣張書紳，捕官係代理蕭縣典史師泰章。
相應列參，謹題請
旨。

江蘇巡撫林則徐題本 核銷上元等州縣衛道光十一年被水災民等撫恤賑濟錢糧（首缺）

硃批另有旨欽此同日奉到道光拾壹年拾貳月拾
玖日內閣奉
上諭本年江蘇省城各州廳縣衛被水業經降旨蠲
緩錢糧分別給賑小民自可無虞失所朕念來春
青黃不接之時災區户鮮蓋藏有需接濟復降旨
令該督撫等體察情形具奏茲據陶澍等查明奏
請恩施該處積水未消被災較重自應先春布澤
早沛恩膏著加恩將上元江寧句容溧水高淳江
浦六合丹陽山陽阜寧桃源鹽城高郵泰州東臺
江都甘泉儀徵興化寶應泰興等貳拾壹州縣及
淮安大河揚州叁衛坐落各縣屯田成災拾分玖
分捌分柒分並陸分災極貧乏食軍民賞給壹月

口糧俾資接濟該督等即刊刻謄黄徧行曉諭務
令民沾實惠以副朕軫念災黎有加無已至意該
部即遵諭行欽此又奉行知抄片内開再上年江
蘇各州縣被水成災仰蒙
皇上天恩於蠲緩錢糧分别給賑之外
特旨垂詢今春應否接濟等語臣等欽遵轉行查辦
嗣據江蘇兩藩司查明上元江寧句容溧水高
淳江浦六合丹徒山陽阜寧桃源鹽城高郵泰
州東臺江都甘泉儀徵興化寶應泰興等貳拾
壹州縣淮安大河揚州叁衛民力拮据詳請將
上元等貳拾壹州縣及淮安等叁衛坐落各縣
屯田成災拾分玖分捌分柒分極次貧民並陸

分災極貧乏食軍民酌請壹月口糧貧生兵屬
一律辦理等因臣程祖洛與督臣陶澍據詳擬
具
奏稿往返札商本無錯落迨臣程祖洛繕摺時將
成災拾分玖分捌分柒分句下極次貧民肆字
及貧生兵屬一律辦理捌字遺漏繕寫畢貧生
兵屬已悉在大賑之中其陸分災極貧乏食軍
民句上有並字截清界限與成災拾分玖分捌
分柒分者亦有區別惟聲敘究未能明晰不敢
稍事迴護相應據實檢舉
奏明請
旨更正并請將臣程祖洛交部議處至此案現已欽

奉
恩旨臣等已先飭屬查照該司等原詳分別辦理以
仰副
聖主矜恤災黎有加無已之至意所有懇摺遺漏字
句致未明晰自行檢舉緣由理合附片陳
奏伏乞
皇上聖鑒謹
奏於道光拾貳年貳月初柒日附片具
奏叁月初柒日奉到
硃批另有旨欽此同日奉
上諭一道道光拾貳年貳月貳拾叁日內閣奉
上諭據程祖洛奏上年江蘇被水各州縣酌請口糧

摺内將成災拾分玖分捌分柒分向下極次貧民
肆字及貧生兵屬一律辦理捌字遺漏繕寫自行
檢舉奏請更正等語除該撫現已飭屬查照原詳
分別辦理外程祖洛著交部議處欽此又奉行知
抄片内開再被災各屬貧民業經疊次賑恤復
蒙
皇上先春布凱
恩賞展賑民情安貼自可無虞失所惟現在東作方
興麥收尚遠其距海最窪之處沉浸太深并二
麥亦未及多種須俟秋稻成熟爲日正長前雖
奏蒙
俞旨免税招商而地方需米既多隨到隨罄商人志

在國則遠道搬運難免價日增昂向來下江民
食每借皖西楚蜀米穀流通近因各省同災僅
恃四川壹省之米經過楚省即紛紛截買米船
來江無幾深恐春末夏間無米可炊不得不預
爲籌計惟是川路既遥兼多險阻祗能就湖北
境内川米停泊之處酌量採買又山東連年豊
稔毗連江省之兖沂等屬與近水次之濟寧等
處糶價較賤及本省徐州府屬接連河南境地
小米麥價亦平擬即委員分投購買運回災區
減價平糶以資接濟免致臨渴掘井至買米應
動銀款現查請撥江寧藩司賑餘壹百陸拾伍
萬餘兩除散放冬春貳賑外尚可稍有贏餘雖

江以南資送回籍尚有賜賑歸來之户未能截
數而各屬捐賑頗多的盈剩虛約計仍可節剩
銀拾餘萬兩藩即以此項江北賑剩之銀儘數
採買輓艫轉運分撥災區核實減糶將糶存價
銀陸續提解司庫歸還原款報撥所需運脚各
費如有不敷統於事竣另行捐廉歸補如此一
轉移間既於正款絲毫無損而於災黎大有裨
益據江寧藩司趙盛奎具詳請
奏前來理合附片陳明伏乞
聖鑒謹
奏於道光拾貳年貳月拾貳日會同附
奏叁月拾壹日奉到

硃批知道了欽此又奉行開道光拾貳年伍月貳拾
陸日准戶部咨江南司案呈准陞任江蘇巡撫
程祖洛咨據江寧布政使趙盛奎詳稱奉部議
覆查江寧等屬本年被災應須撫恤賑貸口糧
銀兩先據該督等請將蘇省藩道各庫存貯正
項及捐監漕價各款共銀壹百叁萬餘兩奏留
備用在案今據奏稱前次奏撥銀壹百餘萬兩
業已儘數陸續撥發冬春展賑計應籌備銀陸
拾萬兩除將蘇州藩司所屬賑剩銀貳拾萬兩
撥入江寧藩庫備用外尚不敷銀肆拾萬兩擬
撥九江關稅銀伍萬兩蕪湖關稅銀玖萬兩鳳
陽關稅銀捌萬兩龍江西新關稅銀陸萬兩滸

墾關稅銀肆萬兩江海關稅銀肆萬兩淮安關
稅銀叁萬兩揚州關稅銀壹萬兩以上共撥銀
肆拾萬兩計正展兩賑先後共撥銀壹百陸拾
伍萬伍千餘兩今查鳳陽關原撥銀捌萬兩并
墾關原撥銀肆萬兩准先後查覆俱屬無銀可
撥除照數扣除外尚該協撥正展賑銀壹百伍
拾叁萬伍千餘兩查海門廳正展各賑已全由
官紳捐辦無庸開銷帑項其餘各州縣亦皆有
義賑協濟茲就各屬報到户口約略核算計正
展兩賑除應放賑銀於實撥數內動支外尚可
餘銀拾餘萬兩除俟放竣另飭造冊報銷并將
賑餘銀兩另文詳請奏明暫留江省委員買米

減糶以濟民食俟糶收價銀提解司庫再行報
撥外所有鳳陽滁豐貳關短解銀拾貳萬兩現
在無款再行改撥緣由理合查明詳請咨明再
現奉部文内聲敍先據奏撥蘇省藩道各庫存
貯正項及捐監漕價各款共銀壹百叁萬餘兩
遵查原撥蘇藩司正項並封貯等銀柒拾貳萬
捌千玖百捌拾伍兩貳錢玖分叁釐又捐監銀
壹拾萬兩機漕米價銀伍萬叁千兩又江糧道
庫銀拾肆萬玖千陸百捌拾伍兩肆錢貳分蘇
糧道庫銀貳萬叁千柒百捌拾玖兩叁錢捌分
伍釐總共實撥解銀壹百伍萬伍千肆百陸拾
兩玖分捌釐今部文内所敍係除零核計致有

不符台并聲明等情相應咨達為此會同兩江
總督陶澍合咨查照前來查江蘇省江寧等屬
上年被災應需今春展賑口糧銀兩案內部撥
滸墅關稅銀拾貳萬兩前據該貳關監
督呈報道光拾壹年徵收稅銀除支給經費並
兩次動撥河工及留備安省賑恤外現在無項
可以動撥當經本部存俟該省請撥到日再行
辦理在案今據該撫咨稱上年江淮等屬被災
計正展兩賑共撥銀壹百陸拾伍萬伍千餘兩
今查鳳陽關原撥銀捌萬兩滸墅關原撥銀肆
萬兩俱屬無銀可撥除照數扣除外尚該協撥
正展各賑銀壹百伍拾叁萬伍千餘兩並飭各

屬報到户口約略核算計正展兩賑除應放賑
銀於賫撥款內動支外尚可餘銀拾餘萬兩除
俟放竣另册報銷并將賑餘銀兩另請奏明
留江省委員買米減糶以濟民食俟糶收價銀
提解司庫再行報撥外所有鳳陽滸墅貳關短
解銀拾貳萬兩現在無庸再行改撥等語查江
淮等屬上年被災先後共奏撥正展銀壹百陸
拾伍萬伍千餘兩內除鳳陽滸墅貳關短解銀
壹拾貳萬兩賫撥正展銀壹百伍拾叁萬伍千
餘兩既據該撫咨稱就各屬報到户口約略核
計除動支外尚餘銀拾餘萬兩留爲江省買米
減糶共原撥鳳陽滸墅貳關短解銀拾貳萬兩

無庸再行次駁應如所咨辦理所有費用過正
展口糶銀兩仍咨該撫轉飭俟歲竣之日按照
例限據實造冊題報核銷至所攤賑餘銀拾餘
萬兩另請奏明暫留江省委員買米減糶以濟
民食俟糶收價銀提解司庫再行報撥之處應
令該撫即行奏明辦理至先據奏撥蘇省藩道
各庫存貯正項及消監漕價各款共銀壹百叁
萬餘兩係照該撫原奏之數除零核計今既據
該撫將各款零尾細數分晰報部應仍咨該撫
轉飭統於口糧報銷案內造報查核並知照兩
江總督可也又奉行知抄摺內開
奏爲河南等省採買米麥平糶不敷價脚等補歸

敕仰祈
聖鑒事竊照道光拾壹年江寧等屬被水成災因米
糧昂貴民食維艱經臣陶澍會同前撫臣程祖
洛
奏明酌借藩庫銀兩委員前赴河南等省採買米
麥來江糶濟民食行據前江寧藩司賡言飭委
前任江防同知宋傳曾等齎帶米價銀壹萬兩
運脚銀叁千兩前往購辦該委員行抵徐州適
値臣林則徐於河南藩司調任江寧時先於豫
省藩庫動撥銀兩卽在劉家口等處委員購買
小麥叁萬石分起解寧飭將所帶米價銀壹萬
兩就近解存徐州府庫一面齎帶運脚銀兩前

赴光同一帶會同歸德等府購買大米壹萬伍
千伍百石並將徐州府庫存貯米價銀兩就近
札飭徐州府採買小麥叁千石先後運解來省
當即確按各災屬市集糧價酌撥減糶以資民
食惟次年春末夏初為日正長彙看被水災區
民食仍屬維艱雖經臣陶澍先已
奏請
聖恩免稅招商而災地較廣需米甚多隨到隨糶商
人志在圖利難免價日增昂復經臣等
奏明籌撥拾壹年賑餘銀兩委員分赴山東河南
湖北等省採買米麥來江糶濟民食隨經飭委
江防同知朱傳曾試用知縣朱恭壽江寧督糧

同知朱獻章等齎帶價脚銀壹拾陸萬叁千兩
分往湖北河南山東等省價平地方購買米麥
先後運解來江酌減價值撥發各屬領糶並因
蘇屬被歉各州縣米糧亦復昂貴卽於東省採
買米麥內酌撥叁千石零運往蘇省分撥減糶
各在案伏查道光拾壹年採買河南大米壹萬
伍千伍百石小麥叁萬石除領運來江所需水
陸運脚銀捌千陸百捌拾兩玖錢貳分叁釐係
由江寧藩庫動墊應於糶價銀內撥歸外所有
河南省採買正價共銀柒萬玖千玖百玖拾玖
兩壹錢柒分捌釐經河南撫臣
奏明亦應由江寧就近報撥至買回米麥分撥各

州縣減價平糶共該糶價銀玖萬壹千叁百陸
拾肆兩柒錢捌釐除歸還運脚價值共銀捌萬
捌千陸百捌拾兩壹錢壹釐又撥補徐州府採
買小麥叁千石減糶不敷銀壹拾玖兩貳錢陸
分計餘剩銀貳千陸百陸拾伍兩叁錢肆分柒
釐所有道光拾貳年採買湖北河南山東等省
大米壹萬柒千伍百石粟米小麥肆萬壹千伍
百伍拾捌石伍斗壹升共用過價脚銀壹拾肆
萬陸百柒拾叁兩玖錢肆分貳釐又山東倉穀
碾運粟米叁千石共價脚銀肆千叁百捌拾貳
兩貳錢柒分肆釐分撥各屬減價平糶共該銀
壹拾貳萬柒千壹百貳拾叁兩玖分陸釐計虧

析糶價不敷銀壹萬柒千玖百叁拾叁兩壹錢
貳分除道光拾壹年採買河南米麥平糶盈餘
銀貳千陸百陸拾伍兩叁錢肆分柒釐堪以償
數撥補外實不敷銀壹萬伍千貳百陸拾柒兩
柒錢柒分叁釐皆因各路採買米麥來江客販
不能居奇民間又禁囤積是以市價日就平減
此項減糶不敷銀兩應即籌議歸補免致正款
虛懸覆查道光元年江寧所屬被災買米壹萬
伍千石折耗糶價不敷銀柒千伍拾玖兩柒錢
壹分叁釐係前督臣孫玉庭
奏明於江淮揚徐海通陸府州攤廉歸補今此次
購買米麥數萬餘石不敷銀數較多臣等擬於

江寧所屬司道府廳州縣應領養廉銀內無分
正署分作拾年統攤全完歸入賑餘本款報撥
在各官應支養廉銀內每百兩僅只抽捐銀貳
兩貳錢壹釐伍毫爲數有限攤捐較易而於正
項不致虛懸此係在外攤捐之款應請無庸造
冊報銷所有各屬解存糶價銀兩會經
奏明撥用本年春賞口糧銀陸萬兩又歸還碾運
山東穀價銀肆千貳百兩餘銀統俟提齊另行
歸還賑餘本款報部撥用並將司庫動墊運腳
銀兩分別收歸還款據江寧布政使趙盛奎造
冊詳請具
奏前來除冊送部查核外謹合詞具

安伏乞
皇上聖鑒訓示謹
奏道光拾叁年叁月貳拾陸日會摺具
奏於肆月拾伍日奉到
硃批戶部知道欽此奉經先後移行欽遵辦理各在
案該江寧布政使趙盛奎查得道光拾壹年江
寧淮安揚州通州肆府州屬之上元江寧句容
溧水高淳江浦六合山陽阜寧清河桃源鹽城
高郵泰州東臺江都甘泉儀徵興化寶應泰興
淮安大河揚州等貳拾肆州縣衛或因夏秋雨
水過多江潮異漲或因堤工掣塌漫水被淹當
經勘實成災拾分玖分捌分柒分陸分伍分及

勘不成災不等當於被水災之初先奉
奏請將上元江寧句容高淳江浦六合阜寧桃源
鹽城高郵泰州東臺江都甘泉儀徵興化寶應
揚州等拾捌州縣衛被淹較重實在乏食災黎
先行撫恤壹月口糧嗣勘實成災分數又奉
題請將上元江寧句容溧水高淳江浦六合山陽
阜寧桃源鹽城高郵泰州東臺江都甘泉儀徵
興化寶應泰興等貳拾州縣成災拾分玖分捌
分柒分災極次貧並陸分災極貧災民貧生兵
屬人等照例分別給發大賑淮安大河揚州等
參衛坐落各縣災軍隨同各該縣一律查辦其
清河縣勘不成災之臨湖各鄉圖乏食貧民於

隆冬賞給壹月口糧所需撫恤賑濟口糧銀兩
槩以折色散放大建每大口月給銀壹錢伍分
小口給銀柒分伍釐小建每大口月給銀壹錢
肆分伍釐小口給銀柒分貳釐伍毫業於該年
秋災情形案內
題報在案嗣復奉
恩旨垂詢次年春間應否接濟等因又經欽遵確查
請將上元江寧句容溧水高淳江浦六合山陽
阜寧桃源鹽城高郵泰州東臺江都甘泉儀徵
興化寶應泰興等貳拾州縣成災拾分玖分捌
分柒分極次貧並陸分災極貧之食災民貧生
兵屬人等展賑壹月口糧淮安大河揚州等叁

衛坐落各縣災軍一律辦理等因俱經
奏奉
恩旨俞允在案所需撫恤銀兩係
奏明於司庫地丁銀內動支共放發銀玖萬捌百
肆拾兩叁錢叁分貳釐其正展賑口糧銀兩為
數較鉅本省無款可支當奉兩次
奏撥各司道關庫銀兩除鳳陽滸墅貳關未解銀
壹拾貳萬兩續經詳請咨部扣除外實協撥蘇
藩司江蘇糧道蕪湖江海揚州九江龍江淮安
等關共銀壹百伍拾叁萬伍千肆百陸拾兩玖
分飭趕緊核明應放銀數隨時撥發移行該
管府道督飭核實散放並經由司節次親往抽

查給放俱係實惠在民事竣後即經飭令趕緊
造冊報銷並又節准在案今據上元江寧句容
溧水高淳江浦六合山陽阜寧清河桃源鹽城
高郵泰州東臺江都甘泉儀徵興化寶應泰興
等貳拾壹州縣將災民兵屬貧生及坐落各縣
之淮安大河揚州屬衛災軍隨同民户一律查
辦由各該縣彙造報銷冊結呈由該管州府道
層層覆核加結移送到司覆加查核統計上元
江寧句容溧水高淳江浦六合山陽阜寧清河
桃源鹽城高郵泰州東臺江都甘泉儀徵興化
寶應泰興等貳拾壹州縣撫恤正賑展賑賞給
口糧災民兵屬貧生及坐落各縣災軍共計大

口柒百壹拾貳萬玖千伍百貳口小口叁百玖
拾肆萬玖千壹百捌拾伍口共給過銀壹百叁
拾伍萬伍百陸拾貳兩陸錢伍分柒釐伍毫又
上元江寧句容溧水高淳江浦六合山陽阜寧
桃源鹽城高郵泰州東臺江都甘泉儀徵興化
寶應等拾玖州縣撫恤正賑展賑貧生共大口
肆萬貳千陸百貳拾陸口小口貳萬柒千陸拾
叁口共給過銀捌千叁百叁拾玖兩陸錢伍分
除動撥銀兩另於動款冊內分晰登報外相應
彙造報銷司冊並出具司保結具文詳送並將
屬送簡明報銷各冊結附呈伏候
題銷再該年撫恤正展賑案內除鳳陽滸墅貳關

未解外實共

奏撥司庫地丁及各司道關庫共銀壹百陸拾貳

萬陸千叁百兩肆錢叁分內除現據報銷軍民

兵屬堡夫共用銀壹百叁拾伍萬伍百陸拾貳

兩陸錢伍分柒釐伍毫又貧生共用銀捌千叁

百叁拾玖兩陸錢伍分外實該餘剩銀貳拾陸

萬柒千叁百玖拾捌兩壹錢貳分貳釐伍毫內

除於道光拾貳年春間

奏明動用前項賑剩銀兩委員前往湖北河南山

東等省採買平糶米麥用過價脚銀壹拾肆萬

陸百柒拾叁兩玖錢肆分貳釐外實該撫賑餘

剩應行報撥銀壹拾貳萬陸千柒百貳拾肆兩

壹錢捌分伍毫現將已未解及入撥銀數於動
款冊內分晰登報至貧生壹項例應動支存公
另款惟當時委查戶口隨查隨賑未能分款是
以循照上屆道光捌年等案先於統發賑款內
動放事竣原應於存公銀內歸還今司庫存公
壹款抵支年例廉工經費等用現在所存無幾
不敷放歸而撫賑本款除動放外餘剩尚多似
可就款支用所有前項報銷貧生費用銀捌千
叁百叁拾玖兩陸錢伍分應請即於原撥撫賑
款內作正開支以省輾轉而清款項再各屬應
造撫賑花名報銷細冊前奉部咨彙案
奏准删免無庸送部是以現就簡明屬冊核轉至

此有報銷歷屆成案係照通行部件例加限陸
箇月造報應於道光拾貳年貳月底展限於該
之日起設加至道光拾貳年捌月底限滿節次
飭催因江寧縣應造賑濟簡明冊結於拾叁年
陸月拾陸日始據送到並因屬造未協報轉駁
接以致核轉稍稽所有江寧縣造報遲延職名
現在飭取另行開報少送鹽城縣正展賑貧生
學結候送到另呈補咨合并聲明等情據此該
臣查得道光拾壹年江寧淮安揚州通州肆府
州屬之上元江寧句容溧水高淳江浦六合山
陽阜寧清河桃源鹽城高郵泰州東臺江都甘
泉儀徵興化寶應泰興淮安大河揚州等貳拾

等州縣衛或因夏秋雨水過多江潮異漲或因
堤工衝決漫水被淹當經勘實成災拾分玖分
捌分柒分陸分伍分及勘不成災不等當將被
水災之初先經
奏請將上元江寧句容高淳江浦六合阜寧桃源
鹽城高郵泰州東臺江都甘泉儀徵興化寶應
揚州等拾捌州縣衛被淹較重貧在乏食災黎
先行撫恤壹月口糧嗣勘實災分又經
題請將上元江寧句容溧水高淳江浦六合山陽
阜寧桃源鹽城高郵泰州東臺江都甘泉儀徵
興化寶應泰興等貳拾州縣成災拾分玖分捌
分柒分災極次貧並陸分災極貧災民貧生兵

屬人等照例分別給發大賑淮安大河揚州等
叁衛坐落各縣災軍隨同各該縣一律查辦其
清河縣勘不成災之臨湖各鄉圖之貧民於
隆冬賞給壹月口糧所需撫恤賑濟口糧銀兩
槩放折色大建每大口月給銀壹錢伍分小口
銀柒分伍釐小建每大口月給銀壹錢肆分伍
釐小口給銀柒分貳釐伍毫業於該年秋災情
形案內
題報在案嗣復奉
恩旨垂詢次年春間應否接濟等因又經欽遵確查
請將上元江寧句容溧水高淳江浦六合山陽
阜寧桃源鹽城高郵泰州東臺江都甘泉儀徵

江蘇巡撫林則徐題本　核銷上元等州縣衛道光十一年被水災民等撫恤賑濟錢糧　道光十三年九月十九日

興化寶應泰興等廳治州縣成災治分及分例

分按分極次貧並陸分災極貧之貧災民貧生

共屬人等展賑壹月口糧淮安六河揚州等叁

衙並落各縣災單一律辦理等因奉經

奏奉

恩旨允准在案所需撫恤銀兩係

奏明於司庫地丁銀內動支具正展賑口糧銀兩

爲數較鉅本省無款可支兩次

奏撥各司道關庫銀兩所有動用銀兩節經飭催

造冊報銷在案今據江寧布政使趙盛奎詳稱

據上元等廳治暨州縣及坐落各縣之淮安等

叁衛由各該縣衛造報銷冊結呈由該管州府

道覆核加結移司覆加查核計上元江寧句容
溧水高淳江浦六合山陽阜寧清河桃源鹽城
高郵泰州東臺江都甘泉儀徵興化寶應泰興
等貳拾壹州縣撫恤正賑展賑賞給口糧災民
兵竈堡夫及坐落各縣災軍共計大口柒百壹
拾貳萬玖千伍百貳口小口叁百玖拾肆萬玖
千壹百捌拾伍口共給銀壹百叁拾伍萬伍百
陸拾貳兩零又上元江寧句容溧水高淳江浦
六合山陽阜寧桃源鹽城高郵泰州東臺江都
甘泉儀徵興化寶應等拾玖州縣撫恤正賑展
賑賞生共大口肆萬貳千陸百貳拾陸口小口
貳萬柒千陸拾叁口共給銀捌千叁百叁拾玖

兩零彙造報銷司冊出具司結同屬送關明報

銷冊結呈送核

題再該年撫恤正展賑卹內除鳳陽滸墅貳關未

解外實共

奏撥司庫地丁及各司道關庫共銀壹百陸拾貳

萬陸千叁百兩零內除現據報銷軍民兵屬堡

夫共用銀壹百叁拾伍萬伍百陸拾貳兩零又

貸生共用銀捌千叁百叁拾玖兩零實該餘剩

銀貳拾陸萬柒千叁百玖拾捌兩零內除於道

光拾叁年春間

奏明動用前項賑剩銀兩委員前往湖北河南山

東等省採買平糶米麥用過價腳銀壹拾肆萬

陸百柒拾叁兩零賫該撫賑餘剩應行報撥銀
壹拾貳萬陸千柒百貳拾肆兩零現將已未解
及入撥銀數於動款冊內分晰登報至貧生壹
項例應動支存公另款惟當時委查戶口簡查
滿賑未能分款是以循照上屆道光捌年等案
先於統發賑款內動放事竣原應於存公銀內
歸還今司庫存公壹款祇支年例慶工經費等
用現在所存無幾不敷放歸而撫賑本款除動
放外餘剩尚多似可就款支用所有前項報銷
貧生賞用銀捌千叁百叁拾玖兩零應請即於
原撥撫恤賑款內作正開支以省輾轉而清款
項至撫賑花名細冊前奉部咨

奏准到日是以現就簡明屬冊核轉此案報銷歷
旨係奉准展賑遵行部件扣限陸箇月造報悉於
道光拾貳年貳月底展賑放竣之日起該扣至
道光拾貳年捌月底限滿節次飭催因江寧縣
應造賑濟簡明冊結於拾叁年陸月拾陸日始
據送到並因屬造未協輾轉駁換以致核轉稍
稽所有江寧縣造報遲延職名現在飭取另行
開報少從體城縣正展賑貧生學結俟送到另
呈繕咨合并聲明等情前來臣覆核無異除冊
結送部查核外謹會同兩江總督臣陶澍合詞
具
題伏乞

皇上聖鑒敕部核覆施行謹題請

旨

[illegible]

江蘇巡撫林則徐題本　核銷上元等州縣衛道光十一年被水災民等撫恤賑濟錢糧
道光十三年九月十九日

兵部侍郎兼都察院右副都御史巡撫江蘇等處地方提督軍務兼理糧餉臣林則徐謹
題
爲報銷撫恤賑濟口糧銀米事。該臣查得道光
拾壹年江寧淮安揚州通州肆府州屬之上元
等廳拾肆州縣衛或因秋雨水過多江湖異
漲或因濱江潮湧漫水溢淹當經勘實成災拾
分玖分捌分柒分陸分伍分及勘不成災不等
當將被水災之初先經
奏
請將上元等拾捌州縣衛被淹極重貧民乏食
災黎先行撫恤壹月口糧隨勘實災分又經
題
請將上元等廳拾州縣成災拾分玖分捌分柒
分災極次貧並陸分災極貧災民貧生兵屬入
等照例分別給發大賑淮安等參衛坐落各縣
災單隨同各該縣一律查辦其清河縣勘不成
災之鹽湖各鄉圖之貧民於隆冬賞給壹月
口糧所需撫恤賑濟口糧銀兩米於折色大建
每大口月給銀壹錢伍分小口銀柒分伍釐小
建每大口月給銀壹錢肆分伍釐小口給銀柒
分貳釐伍毫嗣復奉
恩旨
垂詢次年春間應否接濟等因又經飭遵確查
請將上元等廳拾州縣成災拾分玖分捌分柒
分極次貧並陸分災極貧之貧災民貧生兵屬
人等展賑壹月口糧淮安等參衛坐落各縣災
單一律辦理等因俱經
奏奉
恩旨俞允在案所需撫恤銀兩係
奏明於司庫地丁銀內動支其正展賑口糧銀兩
兩次
奏撥各司道關庫銀兩所有動用銀兩即經飭催
造冊報銷在案今據江寧布政使盛奎詳稱
據上元等廳拾壹州縣及坐落各縣之淮安等
參衛由各該縣彙造報銷冊結由該管州府道
覆核加結移司覆加查核計上元江寧句容溧

江蘇巡撫林則徐題本　核銷上元等州縣衛道光十一年被水災民等撫恤賑濟錢糧
道光十三年九月十九日

於高淳江浦六合山陽阜寧清河桃源鹽城高
郵泰州東臺江都甘泉儀徵興化寶應泰興等
廳給臺用撥款加正賑展賑貸給口糧災民共
屬運夫另案各縣衛單共計大口柒百壹拾
柒萬玖千伍百貳口小口叁百玖拾肆萬玖千
壹百捌拾伍口共給銀壹百叁拾伍萬伍百陸
拾兩零又上元江寧句容溧水高淳江浦六
合山陽阜寧桃源鹽城高郵泰州東臺江都甘
泉儀徵興化寶應等拾玖州縣衛借三縣衛
貸生共大口肆萬貳千陸百貳拾陸口小口貳
萬柒千陸拾叁口共給銀捌千叁百叁拾玖兩
零俱遵報銷司冊出具司結分送簡明報銷
冊結呈送核
題等情前來臣覆核無異除冊結送部外謹會題
請
旨

江蘇巡撫林則徐題本　題參丹徒縣知縣景壽春等疎防行舟被劫屆滿贓犯無獲

道光十三年十月初六日

江蘇巡撫林則徐題本　題參丹徒縣知縣景壽春等疎防行舟被劫屆滿贓犯無獲

題

景壽春等著議處具奏該部知道

江蘇巡撫林則徐題本　題參丹徒縣知縣景壽春等疎防行舟被劫屆滿贓犯無獲

道光十三年十月初六日

兵部侍郎兼都察院右副都御史巡撫江蘇等處地方提督軍務總理糧儲臣林則徐謹

題爲詳參疎防文職事據江蘇按察使怡良詳稱

查接管卷内據署鎮江府知府趙廷熙詳據丹

徒縣知縣景壽春詳稱道光拾叁年叁月貳拾

貳日據丹陽縣文生束森稟稱伊子束元熙等

雇坐船隻赴府考試於是月貳拾夜行至丹徒

辛豐鎮地方被匪收縴上船打開艙門伊子驚

喊被匪持刀嚇禁搶去衣錢等物報候勘緝等

情到縣當經會營前詣失事處所勘明被搶屬

實提訊事主船户人等供與報詞相同飭牙估

贓値銀肆拾兩壹錢造册通詳奉批緝拏在案

兹查此案疎防限屆贓匪無獲合將印捕職名

開參等情由府詳列督撫會銜並准巡道開移
兼轄職名詳移到前司移交前來旋飭勒緝贓
匪務獲究辦外該江蘇按察使怡良查得丹徒
縣客民來森具報行舟被匪搶去錢物壹
案疏防例限肆個月應以道光拾叁年叁月貳
拾失事之日起扣至柒月貳拾日屆滿贓匪無
獲所有文職疏防職名印官係丹徒縣知縣景
壽春捕官係丹徒縣丹徒司巡檢和中育督捕
係署鎮江府糧捕通判劉廷綸督緝係同城前
任鎮江府知府黃在厚兼轄係分巡常鎮通海
道李彥章查督緝知府黃在厚已於伍月貳拾
日未經限滿之先因病出缺應請議結接署知

府李昭美及現署知府范廷照均係接督緝之
員例無處分相應聲明伏候核參至此案失事
處所離城肆拾壹里離汛陸里並無塘汛防兵
合并聲明等情到臣據此該臣查得丹徒縣客
民東森貝報行舟被匪嚇禁搶去銀物壹案疏
防例限肆箇月應以道光拾叁年叁月貳拾失
事之日起扣至柒月貳拾日屆滿贓匪無獲開
列疏防職名請參前來除飭勒緝贓匪務獲究
報外所有文職疏防職名印官係丹徒縣知縣
景壽春捕官係丹徒縣丹徒司巡檢和中首督
捕係署鎮江府糧捕通判劉廷榦督緝係同城
前任鎮江府知府黃在厚兼轄係分巡常鎮通

海道李彥章查督緝知府黃在厚已於伍月貳
拾日未經限滿之先因病出缺應行議結接署
知府李昭美及現署知府趙廷熙均係接督緝
之員例無處分相應聲明列叅至此案失事處
所離城肆拾壹里離汛陸里並無墩舖防兵合
並陳明臣謹具
題伏乞
皇上聖鑒勅部議覆施行謹題請
旨

江蘇巡撫林則徐題本 題參丹徒縣知縣景壽春等疏防行舟被劫届滿贓犯無獲
道光十三年十月初六日

道光
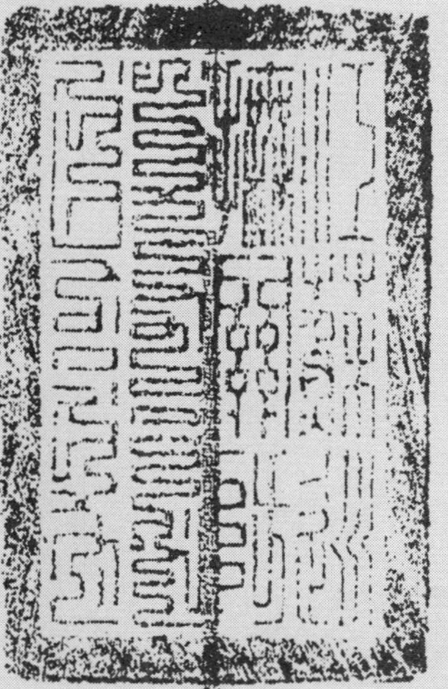
方提督軍務總理糧儲臣林則徐

兵部侍郎兼都察院右副都御史巡撫江蘇等處地方提督軍務總理糧儲臣林則徐謹
題為詳叅疏防文職事該臣查得丹徒縣客民東
森具報行舟被匪嚇禁搶去錢物壹案疏防例
限肆箇月應以道光拾叁年叁月貳拾失事之
日起扣至柒月貳拾日屆滿贓匪無獲開列疏
防職名請叅前來除飭勒緝贓匪務獲究報外
所有文職疏防職名印官係丹徒縣知縣景壽
春補官係丹徒縣丹徒司巡檢和中青督補係
署鎮江府糧補通判劉廷翰督緝係同城前任
鎮江府知府黃在厚兼轄係分巡常鎮通海道
李彥章相應列叅謹題請
旨

江蘇巡撫林則徐題本　題參睢寧縣知縣劉與權等疎防命案限滿兇犯無獲
道光十三年十月初六日

江蘇巡撫林則徐題本　**題參睢寧縣知縣劉與權等疎防命案限滿兇犯無獲**

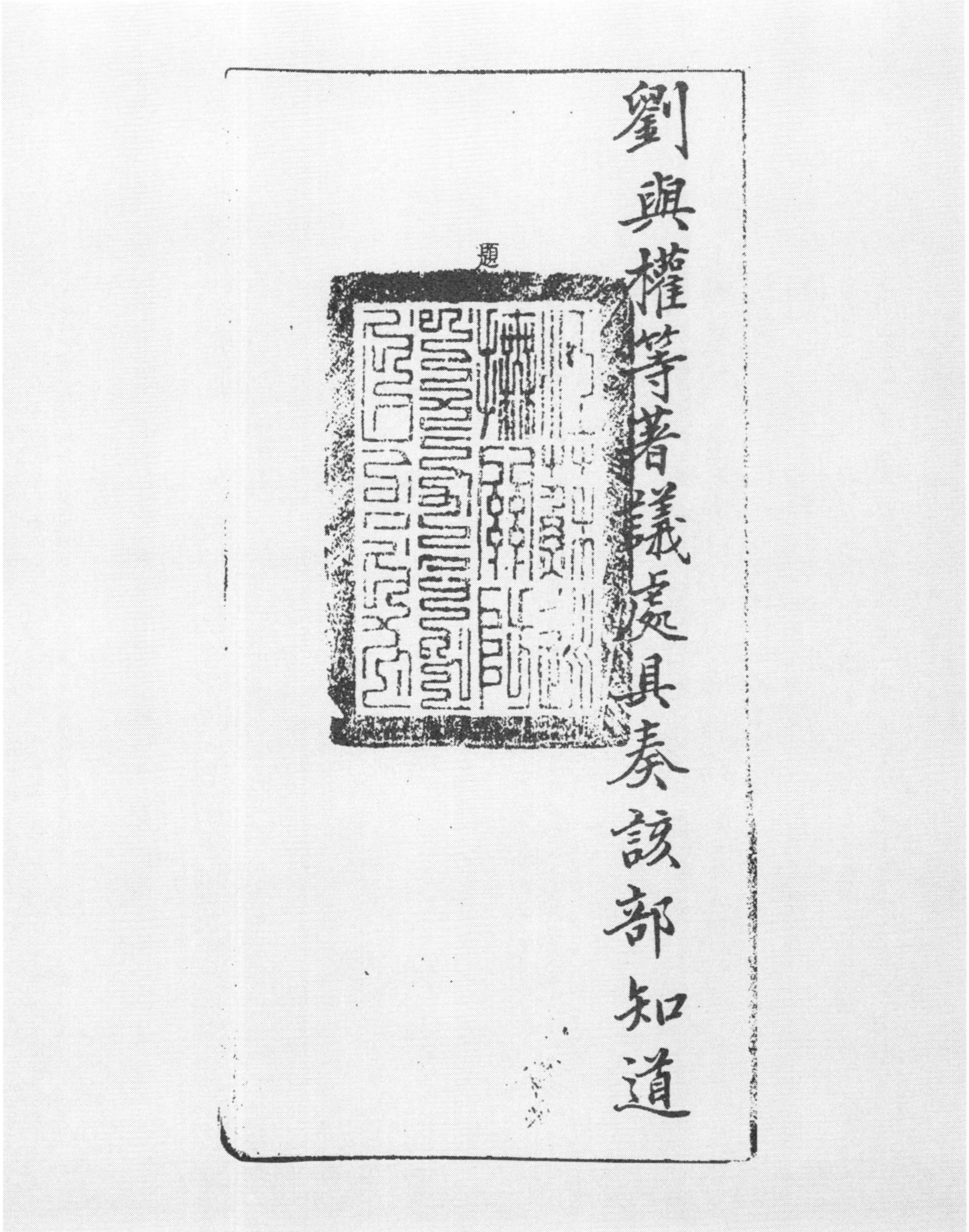
劉與權等著議處具奏該部知道

題

兵部侍郎兼都察院右副都御史巡撫江蘇等處地方提督軍務總理糧儲臣林則徐謹

題為詳參疏防文職事據江蘇按察使怡良詳稱

查接管卷內據徐州府知府善慶詳據睢寧縣

知縣劉與權詳稱道光拾叁年叁月初貳日據

地保仝登渠報叁月初壹日見魏邦憲地內有

一無名男子受傷身死理合報驗等情到縣據

經營前詣屍所勘得該處有南北地壹段係

屬曠野附近並無居民查勘該屍上身無衣驗

係被毆身死飭傳並無屍屬出認提訊地主保

鄰人等供與報詞相同錄供通詳奉批飭叅在

案茲查此案該屍上身無衣是讎是盜難以懸

揣合將印捕疏防職名開報等情由府道遞開

督捕督緝兼轄各職名到前司移交前來除飭
勒緝逃兇務獲究報外該江蘇按察使怡良查
得睢寧縣地保仝登渠具報魏邦憲地內無名
男子受傷身死驗有失物情形壹案疎防例限
肆箇月應以道光拾叁年叁月初壹見屍之日
起扣至柒月初壹日屆滿兇犯無獲所有文職
疎防職名印官係睢寧縣知縣劉與權捕官係
睢寧縣典史韋德禮督捕係不同城銅沛同知
陸楷督緝係不同城前任徐州府知府劉鴻翺
兼轄係分巡徐州道李國瑞理合開報查督緝
知府劉鴻翺已於肆月拾玖日未經限滿之先
陞任御事不復回任應請議結現任知府善慶

係接督緝之員例無處分相應聲明伏候核參
至此案見屍處所離城貳拾里離汛里數未據
聲明現飭查明另詳合并聲明等情到臣據此
該臣查得睢寧縣地保仝登采具報魏邦憲地
內無名男子受傷身死驗有失物情形壹案疎
防例限肆箇月應以道光拾叁年叁月初壹見
屍之日起扣至柒月初壹日屆滿兇犯無獲開
列疎防職名請參前來除飭勒緝兇犯務獲究
報外所有文職疎防職名印官係睢寧縣知縣
劉與權捕官係睢寧縣典史章德督捕係不
同城銅沛同知陸楷督緝係不同城前任徐州
府知府劉鴻翱兼轄係分巡徐州道李國瑞查

督緝知府劉鴻翱已於肆月拾玖日未經限滿
之先陞任卸事不復回任應行議結現任知府
善慶係接督緝之員例無處分相應聲明列叅
主此案見屍處所離城貳拾里離汛里數未據
聲明現飭查明另咨合並陳明臣謹具
題伏乞
皇上聖鑒勅部議覆施行謹題請
旨

江蘇巡撫林則徐題本　題參睢寧縣知縣劉與權等疏防命案限滿兇犯無獲　道光十三年十月初六日

道光拾叁年拾月初陸日兵部侍郎兼都察院右副都御史巡撫江蘇等處地方提督軍務總理糧儲臣林則徐

兵部侍郎兼都察院右副都御史巡撫江蘇等處地方提督軍務總理糧儲臣林則徐謹
題為詳參疏防文職事該臣查得睢寧縣地保仝
登渠具報魏邦憲地內無名男子受傷身死驗
有失物情形壹案疏防例限肆箇月應以道光
拾叁年叁月初壹見屍之日起扣至柒月初壹
日屆滿兇犯無獲開列疏防職名請參前來除
飭緝兇犯務獲究報外所有文職疏防職名
印官係睢寧縣知縣劉與權捕官係睢寧縣典
史章德懋督捕係不同城銅沛同知陸楷督緝
係不同城前任徐州府知府劉鴻翱兼轄係分
巡徐州道李國瑞相應列參謹題請
旨

江蘇巡撫林則徐題本　**題參睢寧縣知縣劉與權等疎防遠湖窯井命案屆滿兇犯無獲**

劉與權等著議處具奏該部知道

題

江蘇巡撫林則徐題本　題參睢寧縣知縣劉與權等疏防遠湖窯井命案屆滿兇犯無獲
道光十三年十月初六日

兵部侍郎兼都察院右副都御史巡撫江蘇等處地方提督軍務總理糧儲臣林則徐謹
題爲詳參疏防文職事。據江蘇按察使怡良詳稱：
查接管卷內，據徐州府知府善慶詳據睢寧縣
知縣劉與權詳稱：道光拾叁年正月拾壹日據
地保李文煥報：正月初拾日，職員王文元家遠
湖窯井內見有浮屍撈起，查看係屬受傷男屍，
赤身無衣，僅穿破襪，腰繫石塊，並無屍屬出認，
報候驗緝等情。到縣。據經帶領吏仵前詣該處
勘得：王文元家有瓦窯壹座，窯南有一甎井，
該屍仰臥井南地上，赤身無衣，下穿白布無底
夾襪，赤足無鞋，腰繫麻繩，拴有青石壹塊。驗得
該屍致命偏左刃傷壹處，偏右木器傷壹處，不

致命右耳相連耳根刃傷壹處致命腦後刃傷
壹處委係受傷身死訊據保鄰并職員王文元
等供與報詞相同錄供通詳奉批飭叅在案查
無名男子受傷身死腰繫石塊似係讎殺惟赤
身無衣又有失物情形應照讎盜未明開叅合
將印捕職名開報等情由府開列督捕督緝職
名詳送前司移交前來并准徐州道開移兼轄
職名到司除飭勒緝逃兇務獲究報外該江蘇
按察使怡良查得睢寧縣地保李文煥稟報王
文元井內受傷無名男屍驗有失物情形壹案
疎防例限肆箇月應以道光拾叁年正月初拾
見屍之日起扣至伍月初拾日届滿兇犯無獲

所有文職疎防職名印官係睢寧縣知縣劉與
權捕官係睢寧縣典史章德懋督捕係不同城
銅沛同知陸楷督緝係不同城前任徐州府知
府劉鴻翱兼轄係分巡徐州道李國端理合開
報伏候核咨再查督緝知府劉鴻翱已於肆月
拾玖日未經限滿之先陞任卸事不復回任應
請議結該府善慶係接督緝之員例無處分至
見屍處所離城貳拾里離汛若干里數未據聲
明現飭查明另詳合并聲明等情到臣據此該
臣查得睢寧縣地保李文、煥稟報王文元井內
受傷無名男屍驗有失物情形壹案疎防例限
肆箇月應以道光拾叁年正月初拾見屍之日

起扣至伍月初拾日屆滿兇犯無獲開列疏防
職名請參前來除飭勒緝逃兇務獲究報外所
有文職疏防職名印官係睢寧縣知縣劉與權
捕官係睢寧縣典史章德懋督捕係不同城銅
沛同知陸楷督緝係不同城前任徐州府知府
劉鴻翱兼轄係分巡徐州道李國瑞相應列參
再查督緝知府劉鴻翱已於肆月拾玖日未經
限滿之先陞任卸事不復回任應行議結該府
善慶係接督緝之員例無處分至見屍處所離
城貳拾里離汛若干里數未據聲明現飭查明
另咨合並陳明臣謹具
題伏乞

皇上聖鑒勅部議覆施行謹題請

旨

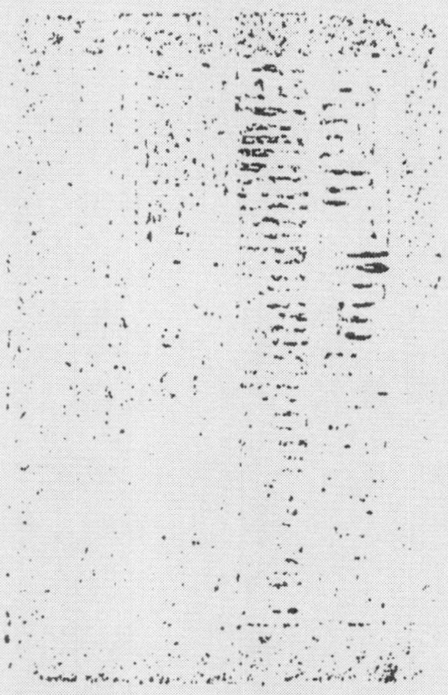

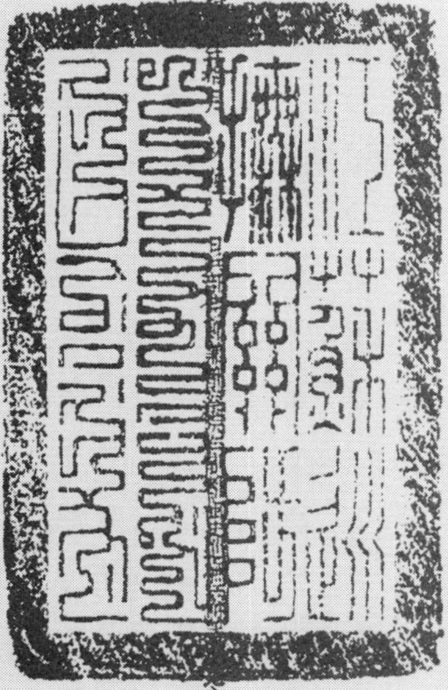

道光十三年十月[illegible]兼提督軍務總理糧儲臣林則徐

江蘇巡撫林則徐題本 題參睢寧縣知縣劉與權等疏防遠湖窯井命案屆滿兇犯無獲

道光十三年十月初六日

兵部侍郎兼都察院右副都御史巡撫江蘇等處地方提督軍務總理糧餉臣林則徐謹

題為詳參疏防文職事。該臣查得睢寧縣地保李文煥稟報王文元井內受傷無名男屍驗有失物情形，查案疏防例限肆箇月，應以道光拾叁年正月初拾見屍之日起，扣至伍月初拾日屆滿，兇犯無獲，開列疏防職名請參前來。除飭勒緝逃兇務獲究報外，所有文職疏防職名，印官係睢寧縣知縣劉與權，捕官係睢寧縣典史章德懋，督捕係不同城銅沛同知陸楷，督緝係不同城前任徐州府知府劉鴻翱，兼轄係分巡徐州道李國瑞，相應列參。謹題請

旨。

江蘇巡撫林則徐題本

題參署泰州知州劉文澈等疎防命案届滿兇犯無獲

該部議奏

題

兵部侍郎兼都察院右副都御史巡撫江蘇等處地方提督軍務總理糧儲臣林則徐謹
題爲詳參疏防文職事據江蘇按察使怡良詳稱
查接管卷内據揚州府知府豫盈詳據署泰州
知州劉文澈詳稱道光拾貳年拾貳月初肆日
訪聞嘉泰坊有官姓被人致死情事正在飭差
確查間即據屍子官在潮具報伊父官應年向
住税務橋土地廟拾壹月貳拾捌日前往探望
驚見伊父死於廟内樓上咽喉等處有傷屍旁
遺有破青布棉襖破藍布大褂各壹件查看伊
父衣被等物不見不知被何人致死惟有劉三
不時住宿廟内今訪無蹤屍已殮厝義塚開單
呈叩驗緝等情到州據即會營勘得税務橋即

在城內該處有朝南廟屋叁間中係神座東係
廚房西首小樓壹間內外門窗並無損跡左右
亦無鄰居據宮在湖指稱當日伊往探望見廟
門虛掩樓門關鎖伊扭鎖進內見伊父死在樓
板鋪上等語又至州城西門外離廟半里義塚
勘得宮應年屍棺浮厝地上用草爲遮蓋開棺
相驗飭仵驗報已死宮應年致命額顱擦傷壹
處參差不齊難量分寸咽喉上格傷壹處横長
肆寸陸分左邊相連揢印貳道共闊玖分右邊
揢印壹道闊陸分紅紫色血暈腎囊擦傷壹處
參差不齊難量分寸紅色不致命左膝擦傷壹
處細小難量分寸左肐肘擦傷壹處細小難量

分寸紅色右手背壓傷壹處圍圓貳寸肆分青
腫致命脊膂左擦傷壹處細小難量分寸紅色
委係被搭身死塡格取結弔驗破藍布大褂左
肩及兩袖俱有血跡飭估失贓值銀貳兩柒錢
提訊各供均與報詞無異錄供通詳蒙臬司以
情節未確批府行提人卷訊明宮在潮因原籍
高郵州被水隨父宮應年至泰州寄住嗣宮應
年因屋小浼脚夫柴引松等薦至土地廟居住
宮在潮時往探望拾貳年拾壹月貳拾柒夜宮
應年被人搭死次日宮在潮往探瞥見投知柴
引松等前往看明當欲報驗柴引松等慮恐拖
累囑令滅報幫助錢文買棺盛殮宮在潮聽從

江蘇巡撫林則徐題本 題參署泰州知州劉文澈等疏防命案屆滿兇犯無獲 道光十三年十月初六日

殮屆害報訟無別情將宮在湖比照父被殺子
受賄私和無論贓數多寡杖壹百流叁千里例
上量減壹等杖壹百徒叁年解勘詳咨聲明正
兇飭緝獲日另結文武應叅職名飭取補叅行
知在案查此案勘有失物情形兇犯無獲擬盜
未明應照盜案開叅疏防如日後獲犯審係擬
殺再行詳請更正合將印捕職名開送等情由
府道遞開督捕督緝兼轄各職名到前司移交
前來除飭勒緝兇犯并劉三務獲究報外該江
蘇按察使怡良查得泰州民宮應年被格身死
兇犯脫逃驗有失物情形壹案疏防例限肆箇
月應以道光拾貳年拾壹月貳拾柒失事之日

起扣至拾叁年叁月貳拾柒日屆滿兇犯無獲
所有文職疎防職名印官係署泰州知州劉文
澈捕官係泰州吏目吳昂督捕係不同城揚州
府總捕同知趙廷熙督緝係不同城前任揚州
府知府王青蓮兼轄係不同城署分巡淮揚道
王貽象相應開報詳候核參再查督捕同知趙
廷熙先於道光拾貳年拾壹月拾玖日經江藩
司札委護送琉球國
貢使至山東交替報明公出於拾貳月拾壹日差
竣公回計公出貳拾壹日失事之日係在公出
期內例應免議督緝知府王青蓮已於道光拾
叁年正月拾玖日未經限滿之先調任江寧府

卸事不復回任應請議結該府豫盆係接督緝
之員例無處分至失事處所即在城內合并聲
明等情到臣據此該臣查得泰州民宫應年被
搶身死兇犯脫逃驗有失物情形壹案疏防例
限肆箇月應以道光拾貳年拾壹月貳拾柒失
事之日起扣至拾叁年叁月貳拾柒日屆滿兇
犯無獲開列疏防職名請叅前來除飭勒緝兇
犯并劉三務獲究報外所有文職疏防職名印
官係署泰州知州劉文澈捕官係泰州吏目吳
昂督捕係不同城揚州府總捕同知趙廷熙督
緝係不同城前任揚州府知府王青蓮兼轄係
不同城署分巡淮揚道王貽象相應列叅再查

督捕同知趙延熙先於道光拾貳年拾壹月拾
玖日經江藩司札委護送琉球國
貢使至山東交替報明公出於拾貳月拾壹日差
竣公回計公出貳拾壹日失事之日係在公出
期內例得免議督緝知府王青蓮已於道光拾
叁年正月拾玖日未經限滿之先調任江寧府
卸事不復回任應行議結該府豫盈係接督緝
之員例無處分至失事處所即在城內合並陳
明臣謹具
題伏乞
皇上聖鑒勅部議覆施行謹題請
旨

江蘇巡撫林則徐題本　題參署泰州知州劉文澂等疎防命案屆滿兇犯無獲

道光十三年十月初六日

道光[illegible]方提督軍務總理糧儲臣林則徐

兵部侍郎兼都察院右副都御史巡撫江蘇等處地方提督軍務總理糧儲臣林則徐謹

題爲詳參疎防文職事。該臣查得泰州民宮應年

被搶身死，兇犯脫逃，驗有失物情形壹案，疎防

例限肆箇月，應以道光拾貳年拾壹月貳拾柒

失事之日起，扣至拾叁年叁月貳拾柒日屆滿

兇犯無獲，開列疎防職名，請參前來。除飭緝

兇犯并劉三務獲究報外，所有文職疎防職名

印官係署泰州知州劉文澂，補官係泰州吏目

吳昂督捕，係不同城揚州府總捕同知趙廷熙

督緝，係不同城前任揚州府知府王青蓮兼轄

係不同城署分巡淮揚道王貽象，相應列參。謹

題請

旨

江蘇巡撫林則徐題本　驗明睢寧縣民王遵禹傷斃楊沅卜案擬絞監候

道光十三年十月初六日

江蘇巡撫林則徐題本　**驗明睢寧縣民王遵禹傷斃楊沅卜案擬絞監候**

三法司核擬具奏

題

江蘇巡撫林則徐題本　驗明睢寧縣民王遵禹傷斃楊沅卜案擬絞監候
道光十三年十月初六日

兵部侍郎兼都察院右副都御史巡撫江蘇等處地方提督軍務總理糧儲臣林則徐謹
題爲報驗事據江蘇按察使顔𪊟伊詳據徐州府
知府善慶詳據睢寧縣知縣劉與權詳稱道光
拾貳年閏玖月貳拾叁日據地保王夢夕報據
民人楊沅泗投稱伊弟楊沅卜與陳學茂於閏
玖月貳拾貳日因向王遵禹退還錢店假票口
角爭毆楊沅卜被王遵禹用槍戳傷身死等語
往查屬實將犯帶候驗究等情到縣據即押犯
帶領吏仵前詣屍所如法相驗據仵作扈端喝
報已死楊沅卜問年貳拾柒歲驗得仰面致命
咽喉刃傷壹處斜長壹寸肆分寬叁分深透内
氣顙斷皮開血污餘無故委係受傷身死報畢

親驗無異飭取兇器鐵槍比對屍傷相符塡格
取結屍飭棺殮隨訊據地保王夢夕供與報詞
同據地鄰杜克茂供道光拾貳年閏玖月貳拾
貳日小的在地耕作望見莊鄰王遵禹攜槍跑
走楊沅卜持棍追趕並拾土塊擲打王遵禹轉
身用槍戳傷楊沅卜倒地小的連忙趕勸王遵
禹當時逃跑停了一會楊沅卜就死了他們因
何起釁小的不知道實是勸阻不及是實據應
訊陳學茂供小的與王遵禹素識道光拾貳年
秋間王遵禹向小的借錢拾千文捌月貳拾玖
日王遵禹照數清還內有萬隆店錢票壹張計
錢貳千文閏玖月貳拾壹日小的價買楊沅卜

驢頭就將萬隆店錢票付給楊沅卜赴店取錢
查係假票交還小的同去向王遵禹退換王遵
禹說他是賣麥錢票內中有無萬隆店票他記
不清楚且事隔兩月不肯退換小的不依彼此
口角是楊得志勸散貳拾貳日王遵禹用牛車
拉運糧食在集糶賣小的看見復向退票討錢
王遵禹不允大家爭鬧隨後楊沅卜帶著趕驢
的木棍走來幫同小的理論王遵禹斥罵他多
管楊沅卜用棍向毆王遵禹閃避順拏車上防
夜鐵槍架格楊沅卜拾取石塊向擲王遵禹攜
槍跑走楊沅卜持棍追毆被王遵禹轉身用槍
戳傷咽喉倒地小的們趕上喝阻王遵禹跑走

查看楊沅卜傷重不多一會就死了通知楊沅
泗投保報驗的並沒別故是實據屍兄楊沅泗
供楊沅卜是堂弟道光拾貳年閏玖月貳拾壹
日楊沅卜把驢壹頭賣與陳學茂給有萬隆店
錢票壹張計錢貳千文楊沅卜持票赴店取錢
說是假票不肯付錢就交還陳學茂說原是王
遵禹付給同去向王遵禹退換不允口角走散
小的是知道的貳拾貳日王遵禹在集糶賣糧
食陳學茂復向退票討錢不給彼此爭鬧適楊
沅卜帶著趕驢木棍走去幫同陳學茂理論與
王遵禹爭毆被王遵禹用槍戳傷身死陳學茂
通知小的就去看明投保報驗的並沒別故求

究抵是實據兇犯王遵禹供睢寧縣人年肆拾
叁歲父親王遇春已故母親王氏年柒拾貳歲
並沒弟兄娶妻壽氏生有壹子年纔貳歲小的
與楊沅卜素識無嫌道光拾貳年秋間小的向
陳學茂借錢拾千文捌月貳拾玖日小的賣了
麥子得有錢票照數清還內中有無萬隆店錢
票小的記不清楚閏玖月貳拾壹日陳學茂說
他將小的原還錢票買得楊沅卜驢頭內有萬
隆店錢票壹紙計錢貳千文楊沅卜赴店取錢
說是假票不肯付錢同著楊沅卜來向小的退
換小的因事隔兩月無從根查不允退票陳學
茂不依彼此口角是楊得志勸散貳拾貳日小

的用牛車拉運糧食赴集糶賣車上插有防夜
木柄鐵頭槍壹杆與陳學茂在集撞見複向小
的退票討錢互相爭鬧隨後楊沅卜帶著木棍
走來幫同陳學茂理論小的斥駡他多管楊沅
卜就用棍向小的毆打小的閃避順拏車上鐵
槍架格楊沅卜拾取石塊擲來小的攜槍跑走
楊沅卜持棍趕打小的情急轉身用槍嚇戳那
知楊沅卜趕來勢猛小的收手不及適傷他咽
喉倒地隔了一會就死了並非有心欲殺也沒
起釁別故及在場幫毆的人是實各等供據此
將犯收禁兇器鐵頭槍貯庫餘俱省釋錄供通
詳蒙批飭審道光拾叁年正月貳拾貳日據禁

卒稟報王遵禹在監患病醫治詳咨於貳月貳
拾伍日報痊隨提犯證覆訊各供均與前審無
異不敍外該睢寧縣知縣劉與權審看得縣民
王遵禹戳傷楊沅卜身死壹案緣王遵禹籍隸
睢寧縣與楊沅卜素識無嫌道光拾貳年秋間
王遵禹向陳學茂借錢拾千文捌月貳拾玖日
王遵禹賣麥得有錢票照數清還內有萬隆店
號錢票壹紙計錢貳千文閏玖月初拾日陳學
茂將錢票向楊沅卜買驢楊沅卜赴店取錢查
係假票不肯給付楊沅卜將票交還陳學茂一
同往向王遵禹退換王遵禹因失記錢票店號
並以事隔兩月不允承換致相口角經楊得志

勸散貳拾貳日王遵禹用牛車拉運糧食赴集
糶賣陳學茂在集撞見復向王遵禹退票索錢
互相爭鬧適楊沅卜攜帶趕驢木棍踵至幫同
陳學茂理論王遵禹斥其多管楊沅卜即用棍
向毆王遵禹閃避順取車上防夜鐵槍架格楊
沅卜拾石向擲王遵禹攜槍跑走楊沅卜持棍
追毆王遵禹情急轉身用槍嚇戳不期楊沅卜
趕上勢猛王遵禹收手不及適傷楊沅卜咽喉
倒地移時殞命報縣驗訊通詳奉批飭審遵複
提犯研鞫據供前情不諱詰非有心欲殺亦無
起釁別故及在場幫毆之人案無遁飾查律載
鬬毆殺人者不問手足他物金刃並絞監候等

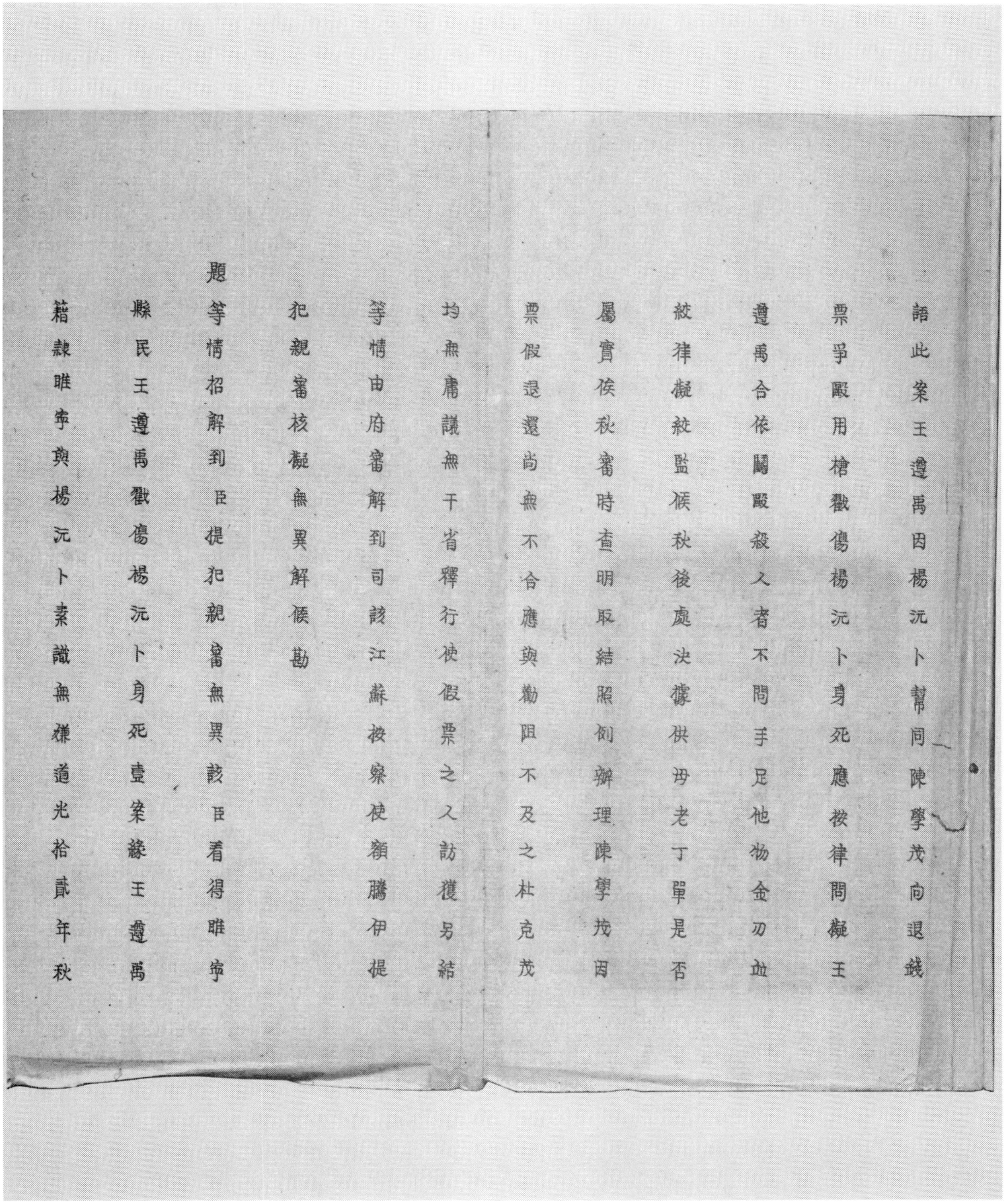
語此案王遵禹因楊沅卜幫同陳學茂向退錢
票爭毆用槍戳傷楊沅卜身死應按律問擬王
遵禹合依鬭毆殺人者不問手足他物金刃並
絞律擬絞監候秋後處決據供毋老丁單是否
屬實俟秋審時查明取結照例辦理陳學茂因
票假退還尚無不合應與勸阻不及之杜克茂
均無庸議無干省釋行使假票之人訪獲另結
等情由府審解到司該江蘇按察使額騰伊提
犯親審核擬無異解候勘
題
等情招解到臣提犯親審無異該臣看得睢寕
縣民王遵禹戳傷楊沅卜身死壹案緣王遵禹
籍隸睢寕與楊沅卜素識無嫌道光拾貳年秋

間王遵禹向陳學茂借錢拾千文捌月貳拾玖
日王遵禹賣麥得有錢票照數清還內有萬隆
店號錢票壹紙計錢貳千文閏玖月貳拾壹日
陳學茂將錢票向楊沅卜買驢楊沅卜赴店取
錢查係假票不肯給付楊沅卜將票交還陳學
茂一同往向王遵禹退換王遵禹因失記錢票
店號並以事隔兩月不允承換致相口角經楊
得志勸散貳拾貳日王遵禹用牛車拉運糧食
赴集糶賣陳學茂在集撞見復向王遵禹退票
索錢互相爭鬧適楊沅卜攜帶趕驢木棍蹤至
幫同陳學茂理論王遵禹斥其多管楊沅卜即
用棍向毆王遵禹閃避順取車上防夜鐵槍架

格楊沅卜拾石向擲王遵禹攜槍跑走楊沅卜
持棍追毆王遵禹情急轉身用槍嚇戳不期楊
沅卜趕上勢猛王遵禹收手不及適傷楊沅卜
咽喉倒地移時殞命報驗訊詳審供不諱詰非
有心欲殺亦無起釁別故及在場幫毆之人案
無遁飾查律載鬭毆殺人者不問手足他物金
刃並絞監候等語此案王遵禹因楊沅卜幫同
陳學茂向退錢票爭毆用槍戳傷楊沅卜身死
應按律問擬王遵禹合依鬭毆殺人者不問手
足他物金刃並絞律擬絞監候秋後處決據供
毋老丁單是否屬實俟秋審時查明訊取供結
照例辦理陳學茂因票假退還尚無不合應與

勸阻不及之杜克茂均無庸議無干省釋行使
假票之人飭緝獲日另結臣謹具
題伏乞
皇上聖鑒勅下三法司核覆施行再此案縣審分限
叁箇月應以道光拾貳年閏玖月貳拾叁報驗
之日起除封印犯病各壹月扣至拾叁年貳月
貳拾叁日滿據於伍月初叁日解府內除自縣
解府程限肆日計遲延兩箇月零陸日所有承
審遲逾分限壹月以上職名係睢寧縣知縣劉
與權府審分限壹月扣至陸月初叁日滿該府
於伍月貳拾日奉委護送臺灣逆匪並順赴桃
源查勘新漲灘地帶印公出至陸月拾叁日公

江蘇巡撫林則徐題本　驗明睢寧縣民王遵禹傷斃楊沅卜案擬絞監候
道光十三年十月初六日

回應扣公出貳拾叁日展至陸月貳拾伍日滿
該府依限審解至司院分限各壹月應以陸月
貳拾伍該府審解之日起除自府解司程限貳
拾陸日統應扣至玖月貳拾壹日全限屆滿合
並陳明謹題請
旨

道光拾叁年拾月初陸日兵部右侍郎兼都察院右副都御史巡撫江蘇等處地方提督軍務總理糧餉臣林則徐

江蘇巡撫林則徐題本　驗明睢寧縣民王遵禹傷斃楊沅卜案擬絞監候

道光十三年十月初六日

兵部侍郎兼都察院右副都御史巡撫江蘇等處地方提督軍務總理糧儲臣林則徐謹
題爲報驗事。該臣看得睢寧縣民王遵禹戳傷楊
沅卜身死壹案。緣王遵禹與楊沅卜素識無嫌。
道光拾貳年秋間，王遵禹向陳學茂借錢拾千
文，捌月貳拾玖日王遵禹賣麥得有錢票照數
清還，內有萬隆店號錢票壹紙，計錢貳千文。閏
玖月貳拾壹日，陳學茂將錢票向楊沅卜買驢，
楊沅卜赴店取錢，查係假票，不肯給付。楊沅卜
將票交還陳學茂，一同往向王遵禹退換。王遵
禹因失記錢票店號，並以事隔兩月，不允承換，
致相口角，經楊得志勸散。貳拾貳日王遵禹用
牛車拉運糧食赴集糶賣，陳學茂在集撞見，復
向王遵禹退票索錢，互相爭鬧。適楊沅卜攜帶
趕驢木棍踵至，幫同陳學茂理論。王遵禹斥其
多管，楊沅卜即用棍向毆，王遵禹閃避，順取車
上防夜鐵槍架格。楊沅卜拾石向擲，王遵禹攜
槍跑走，楊沅卜持棍追毆。王遵禹情急轉身用
槍嚇戳，適傷楊沅卜咽喉倒地，移時殞命。報驗
訊詳審供不諱。王遵禹依鬪毆殺人律擬絞監
候，秋後處決。謹題請
旨。

江蘇巡撫林則徐題本

驗明元和縣客民朱達啓毆斃陸阿忝案擬絞監候

三法司核擬具奏

題

江蘇巡撫林則徐題本　驗明元和縣客民朱達啓毆斃陸阿忝案擬絞監候

道光十三年十月初六日

兵部侍郎兼都察院右副都御史巡撫江蘇等處地方提督軍務總理糧儲臣林則徐謹
題爲報驗事據江蘇按察使額騰伊詳據署蘇州
府知府陳經詳據元和縣知縣平翰詳稱道光
拾叁年叁月貳拾玖日據地保史秀沅報據民
人陸景昌投稱貳月貳拾日伊兄陸阿忝因向
朱達啓索欠爭毆被朱達啓棍毆左臁肕傷骨
稟驗飭醫調治伊兄傷重醫治無效延至叁月貳
拾捌日身死等語往查屬實報候驗究等情並
據屍弟陸景昌報同前由到縣卷查道光拾叁
年貳月貳拾日據民人陸景昌稟稱伊兄陸阿
忝因向朱達啓索欠被毆致傷等情飭仵驗得
陸阿忝左臁肕木器傷壹處填單附卷訊據陸

阿忝供稱朱達啓向伊借錢壹百文未還今向
索爭毆被朱達啓用木棍毆傷等語提訊朱達
啓狡不承認飭醫調治傳證質訊在案據報前
情隨帶吏仵親詣屍所如法相驗據件作戈坤
喝報已死陸阿忝問年叁拾捌歲驗得仰面不
致命左臁肕木器傷壹處斜長貳寸伍分闊肆
分深抵骨骨碎皮破血污餘無故委係受傷身
死報畢親驗無異飭取兇器短木棍比對傷痕
相符填格取結屍飭棺殮隨訊據地保史秀沅
供與報詞同據鄰佑王少均范錦成同供道光
拾叁年貳月貳拾日陸阿忝怎樣向朱達啓索
欠爭毆被朱達啓用木棍打傷稟驗飭醫那時

小的門外出沒有看見是事後回歸纔曉得的
不料陸阿忝傷重醫治不好到叁月貳拾捌日
因傷死了並沒起釁別故是實據屍弟陸景昌
供陸阿忝是胞兄與朱達啓素識無嫌道光拾
叁年正月裏朱達啓借欠哥子錢壹百文屢討
沒還小的是知道的貳月貳拾日哥子到朱達
啓家討錢爭鬧被朱達啓用木棍打傷左膁肕
經卓三勸散通知小的稟案驗傷飭醫不料哥
子傷重醫治不好到叁月貳拾捌日因傷死了
小的投保報驗的並沒起釁別故求究抵據勸
證卓三洪與朱達啓陸阿忝認識道光拾叁年
貳月貳拾日小的在朱達啓家閒談陸阿忝適

後走來向朱達啓催討欠錢壹百文朱達啓恐
謾陸阿忝不依斥駡朱達啓回駡陸阿忝趕攏
撲毆朱達啓閃避順拏桌上短木棍彎身回毆
致傷陸阿忝左臁肕倒地小的上前勸散通知
陸阿忝的兄弟陸景昌稟驗飭醫不料陸阿忝
傷重醫治不好到叁月貳拾捌日因傷死了並
沒起釁別故小的勸阻不及是實據兇犯朱達
啓供句容縣人年肆拾歲父親已故母親談氏
哥子朱達洪小的並沒妻子向在蘇州生理與
陸阿忝素識無嫌道光拾叁年正月不記日子
小的向陸阿忝借錢壹百文沒有歸還貳月貳
拾日陸阿忝來家催討小的無錢恐謾陸阿忝

不依斥罵小的回罵陸阿忝起攏撲毆小的閃
避順拏桌上短木棍彎身回毆致傷陸阿忝左
臁肕倒地是時三勸散陸阿忝的兄弟陸景昌
稟驗飭醫不料陸阿忝傷重醫治不好到是月
貳拾捌日因傷死了並非有心欲殺也沒起釁
別故及在場幫毆的人木棍已蒙起案是實各
等供據此將犯收禁木棍貯庫錄供通詳奉批
飭審遵提犯證覆訊各供均與前審無異不叙
外該元和縣知縣平翰審看得客民朱達啓毆
傷陸阿忝身死壹案緣朱達啓籍隸句容縣向
在蘇州生理與陸阿忝素識無嫌道光拾叁年
正月間朱達啓向陸阿忝借錢壹百文未償貳

月貳拾日陸阿忝往向索討朱達啓無錢央緩
陸阿忝不依斥罵朱達啓回詈陸阿忝趕攏撲
毆朱達啓閃避順取木棍回毆適傷陸阿忝左
膁肕倒地經卑三勸散通知陸阿忝之弟陸景
昌稟縣驗傷醫治詎陸阿忝傷重延至叁月貳
拾捌日殞命報驗訊詳奉批飭審遵復提犯研
鞫據供前情不諱究非有心欲殺亦無起釁别
故及在場幫毆之人案無遁飾查律載鬬毆殺
人者不問手足他物金刃並絞監候等語此案
朱達啓用木棍毆傷陸阿忝左膁肕骨損越叁
拾捌日身死係在破骨傷保辜正限伍拾日之
内應按律問擬朱達啓合依鬬毆殺人者不問

手足他物金刃並絞律擬絞監候秋後處決韋
三勸阻不及應無庸議朱達啓所欠陸阿忝錢
文照追給屬收領無干省釋屍棺飭屬領埋兇
器木棍解驗等情由府審解到司該江蘇按察
使顏鵬伊提犯親審核擬無異解候勘
題等情招解到臣提犯親審無異該臣看得元和
縣客民朱達啓毆傷陸阿忝身死一案緣朱達
啓籍隸句容縣向在蘇州生理與陸阿忝素識
無嫌道光拾叁年正月間朱達啓向陸阿忝借
錢壹百文未償前月貳拾日陸阿忝往向索討
朱達啓無錢央緩陸阿忝不依斥罵朱達啓回
詈陸阿忝趕攏撲毆朱達啓閃避順取木棍回

毆適傷陸阿忝左膝胳倒地經韋三勸散通知
陸阿忝之弟陸景昌稟縣驗傷飭醫詎陸阿忝
傷重延至是月貳拾捌日殞命報驗訊詳審供
不諱究非有心欲殺亦無起釁別故及在場幫
毆之人案無遁飾查律載鬬毆殺人者不問手
足他物金刃並絞監候等語此案朱達啓用木
棍毆傷陸阿忝左膝胳骨損越叁拾捌日身死
係在破骨傷保辜正限伍拾日之內應按律問
擬朱達啓合依鬬毆殺人者不問手足他物金
刃並絞律擬絞監候秋後處決韋三勸阻不及
應無庸議朱達啓所欠陸阿忝錢文照追給屬
收領無干省釋屍棺飭埋兇器木棍發回銷毀

臣謹具
題伏乞
皇上聖鑒勅下三法司核覆施行再此案審限陸箇
月應以道光拾叁年叁月貳拾玖報驗之日起
扣至玖月貳拾玖日全限屆滿合並陳明謹題
請
旨

江蘇巡撫林則徐題本　驗明元和縣客民朱達啓毆斃陸阿忝案擬絞監候　道光十三年十月初六日

兵部侍郎兼都察院右副都御史巡撫江蘇等處地方提督軍務兼理糧餉臣林則徐謹
題爲報驗事。該臣看得元和縣客民朱達啓毆傷
陸阿忝身死一案，緣朱達啓與陸阿忝素識無
嫌。道光拾叁年正月間朱達啓向陸阿忝借錢
未償。貳月貳拾日陸阿忝往向索討，朱達啓無
錢央緩，陸阿忝不依斥罵，朱達啓回詈，陸阿忝
趕攏撲毆，朱達啓閃避，順取木棍回毆，適傷陸
阿忝左臁肕，倒地。稟縣驗傷，飭醫延至叁月貳
拾捌日因傷殞命。報驗訊詳審供不諱。朱達啓
依鬬毆殺人律擬絞監候，秋後處決。謹題請
旨

道光拾叁年拾月[illegible]提督軍務兼理糧餉臣林則徐

圖書在版編目（CIP）數據

清宫林則徐檔案匯編.7/ 中國第一歷史檔案館　福建省林則徐研究會　編.－福州：海峽文藝出版社，2016.12

ISBN 978－7－5550－0601－5

Ⅰ.①清…　Ⅱ.①中…②福…　Ⅲ.①林則徐（1785~1850）—檔案資料—匯編　Ⅳ.①K827＝52

中國版本圖書館 CIP 數據核字（2015）第 197939 號

清宫林則徐檔案匯編　7

中國第一歷史檔案館　福建省林則徐研究會　編

責任編輯　茅林立　陳　婧

美術編輯　劉小岳

出版發行　海峽出版發行集團
　　　　　　海峽文藝出版社

經　　銷　福建新華發行(集團)有限責任公司

社　　址　福州市東水路 76 號 14 層　　**郵編**　350001

發 行 部　0591-87536797

印　　刷　福建新華印刷有限責任公司　　**郵編**　350011

廠　　址　福州市福新中路 42 號

開　　本　889 毫米 × 1194 毫米　1/16

字　　數　750 千字

印　　張　34.5

版　　次　2016 年 12 月第 1 版

印　　次　2016 年 12 月第 1 次印刷

書　　號　ISBN 978－7－5550－0601－5

定　　價　300.00 元

如發現印裝質量問題，請寄承印廠調換